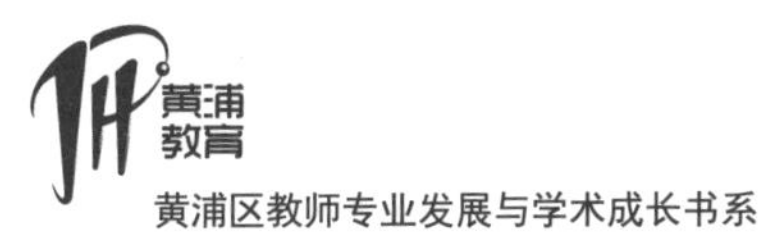

黄浦区教师专业发展与学术成长书系

成语“心”解

曾　强 著

序　言

心有所感，言有所寓

一

记忆的画卷缓缓展开。那是一个很普通的日子，我到某银行去办事，刚一进门，就迎上了一位客户经理好奇的目光。她仿佛旧识般打量了我一番，轻声问道：“您是否曾在大境中学教过心理学？”

这个突如其来的询问，让我愣了一下。看到我困惑的表情，她赶紧解释道：“我曾经在学校电视台上看到过您，那时您每周都会主持心理午间直播。”她眼中闪烁着一丝兴奋，告诉我她中学起就一直对心理学怀有浓厚兴趣。虽然当时没有机会选修这门课，但每周观看心理午间直播给她带来了许多欢乐，这也成为她高中生活中难得的回忆。记得有一集讲座，内容是有关视错觉在生活中的应用，在揭晓答案之前，直播画面中还特意拉一个近景特写，并配上动画片《名侦探柯南》中的经典台词“真相只有一个”，这一幕在她心中留下了深刻印象。

时光匆匆，虽然毕业已久，但仍有学生记得那些瞬间，这让我心中涌起一种莫名的感动。她的话语打开了我记忆的闸门，让我重新想起了那段美好的时光。当时，学校刚推出“15+5”午间论坛，鼓励老师们每天主讲 15 分钟，随后学生们针对主题展开 5 分钟的自由讨论。我清楚地记得，为了提升直播讲座的吸引力，我精心准备，通过分享生活轶事、社会热点和成语故事来引入话题，将心理学的种子播撒在学生们的心田，让学生们了解心理学是一门既不神秘又相当严谨的学科，心理学知识蕴藏在我们日常生活的点滴之中。

心理午间直播讲座持续开展了近三年，在这期间，我积累了许多有趣的素材，最后因为我的工作调动而停播。大约在 2005 年，我受邀开始在《学生导报》上开设“成语心解”专栏，其中不少内容就源自那个午间直播讲座。在这个专栏里，我前前后后写了近八十期文章。我通过解读成语故事，挖掘其背后的心理学原理，试图以“小成语，大道理”的方式，让成语变得生动有趣，也让心理学走进我们的生活。

二

心理学作为一个独立学科，是在 19 世纪之后才从哲学中分离出来的。它被认为有着漫长的过去，但只有短暂的历史。这意味着，有人的地方就有心理学，心理学的思考与人类的心理活动几乎是同步发展的，而中国成语正是这种古老心理学思想的一种体现。当我们追溯古代的智慧，会惊喜地发现，那些古老的成语，不仅承载着深厚的文化底蕴，更蕴含着丰富的心理学思想。

有些成语直接描述人们丰富多样的心理状态。比如，形容情绪状态时，可以用“心花怒放”“怒发冲冠”“郁郁寡欢”“悲痛欲绝”“胆战心惊”等反映人们内心的喜怒哀乐。“急中生智”说明人在紧急情况下的应激反应，而“力不从心”说明人深陷困境时的习得性无助状态。在没有现代心理学的古代，我们的祖先们已经能够通过这些简洁而深刻的词语，精准地描绘出人们的心理活动。

有些成语所揭示的心理规律，蕴含现代心理学的重要原理。从感知到思维，从情感到意志，成语几乎涵盖了心理学的各个方面。例如，“鹤立鸡群”体现了感觉对比的原理，“草木皆兵”则揭示了错觉现象的产生，“豁然开朗”描述了灵感的闪现，“骑虎难下”反映了动机的冲突，“锲而不舍”展现人的坚强意志，“东施效颦”则揭示了人们的模仿行为。

还有一些成语，它们背后蕴含着生动的故事，展示了特定的心理现象和心理学效应。例如，“疑人偷斧”讲述了一个人因丢失斧头而怀疑邻居的故事，这恰恰体现了心理学中的“标签效应”。而“爱屋及乌”则表达了人们因喜爱一个人而连带喜欢与他相关的事物，这反映了心理学中的“晕轮效应”。此外，“道听途说”反映了流言的传播机制，“掩耳盗铃”展示了心理防御机制中的否定作用，“得寸进尺”引申后揭示了心理学中的“登门槛效应”。

通过这些丰富多彩的成语，我们可以穿越时空的界限，深入理解古代人们的生活智慧。学习这些成语，不仅有助于增强对中华传统文化的理解和认同感，还能让人们在不知不觉中汲取心理学知识。

三

成语，这一汉语文化的瑰宝，以其独特的语言魅力和丰富的表现形式，承载着华夏文明几千年的智慧。一直以来，国家教育部对于成语教学非常重视。成语在文化传承中的作用不容忽视。它不仅是连接过去和现在的桥梁，更是人们了解古代文化和历史，将其融入现代生活的关键。像《中国成语大会》这样的节目就很好地展示了成语的魅力，在全社会掀起了学习和传承传统文化的热潮。

然而，时代在变，成语也在悄然演变。为了吸引眼球，广告媒体和商家常利用汉字的谐音改编成语，将产品信息巧妙地融入其中，使之在招牌、标语、橱窗等媒介上频繁亮相。比如，灭蚊剂广告“默默无蚊（闻）”，热水器广告“随心所浴（欲）”，餐饮广告“美好人生，鸡（机）不可失”等等。同时，互联网的普及加速了语言的传播，新造词语如“人艰不拆”“十动然拒”等应运而生，有的甚至能一夜之间传遍全球。

对于“广告成语”和“网络成语”的出现，人们看法不一。有些人赞赏其创意，认为它既能符合产品形象，又能给人留下深刻印象。但也有人为此担忧，认为这是浮躁文化心态的反映。从心理学的角度来看，成语的变迁不仅反映了社会观念的变化，也体现人们心理需求的变化。比如“沆瀣一气”原意是指朋友间志趣相投、关系密切、彼此契合，现在则形容人们为了共同的利益而串通一气，明显带有贬义。这说明人们思想观念的变化会带来词义的变化，甚至旧词消亡、新词产生。又比如，“喜大普奔”，它是“喜闻乐见、大快人心、普天同庆、奔走相告”四个成语的缩略形式。它的产生源于人们形成的某种表达诉求，因暂时未能找到合适的语言形式，故采用借用和改造成语的方式，生动形象地反映人们极度喜悦、非常兴奋的心理感受。

或许，我们应该以动态的眼光来看待语言的发展。对于新出现的成语，我们应该保持开放、包容的态度，让它们接受实践的检验，不断焕发新的活力。成语虽小，信息量却大，发掘藏在成语中的心理学思想是一件意义深远的事情，既要像心理学泰斗潘菽老先生所说“必须好好挖掘我国古代心理学思想这个宝藏”，又要与时俱进，用跨学科视角、跨文化视角，更好地理解人类的心理活动。

四

这本书通过讲述那些我们耳熟能详的成语小故事，巧妙地融入了现代心理学的知识，如同一位智慧的老者，用他的人生阅历，让我们在会心一笑中领悟心理学的奥秘。每一则成语都深刻地表达一种发人深省的哲理，其中透射出的心理学知识，可以帮助我们清晰地解读心灵密码，使自己变得更懂生活，更容易走向成功。

阅读这本书，不仅有助于读者更好地理解成语中高度浓缩的人生智慧，传承中华文化，而且有助于读者了解自己，了解他人，了解这个世界。希望每一位读者都能从这本书中收获满满：原来这些成语背后还藏着这么多心理学的秘密！心理学其实也没那么难懂嘛！成语，真的是越品越有味儿！

全书内容按照“认知过程、情感过程、意志过程、个性心理及人际交往”等五个部分进行编排。每个部分再根据相关内容进行更细致的分类，既遵循心理学的学科逻辑，同时巧妙地展现成语与心理学原理之间的内在联系。不论中学生读者，还是心理学的爱好者，都能从这本书中找到共鸣。通过心理学的视角去重新审视那些人们耳熟能详的成语，相信读者会发现它们背后所蕴藏的复杂而多样的人类心理活动，真的是既有趣又深刻。

每个词条都会通过以下四个板块展开论述，一起来看看吧！

“典故探源”：介绍成语的出处，讲述它的原本含义和现在的引申义，帮助读者深入地理解和记忆这些成语。

“时光故事”：以生动有趣的故事形式，带领读者领略与成语相关的历史故事、名人轶事或民间传说，在轻松愉快的阅读中，感受成语文化的独特韵味。

“‘心解’漫谈”：从心理学的角度漫谈成语背后蕴含的心理机制，揭示成语与心理学的紧密关联，介绍有趣的心理实验，普及心理学知识。

“成长锦囊”：紧密贴合读者的成长需求，结合心理学在生活中的应用，让读者获得正面的鼓励，找到情感的共鸣，获得人生的感悟。

由于成语的博大精深以及心理学本身的复杂性，加上笔者能力水平的限制，书中可能存在一些不足或纰漏，在此恳请各位读者悉心指出、不吝赐教，以便再版时加以订正。

曾强

2024 年 6 月

目录

第一部分　认知之旅，成语启航

第一章　用成语探索、感知世界，激发好奇心

第二章　用成语揭开思维面纱，增强理解力

第二部分　情感之谜，成语洞悉

第三章　用成语捕捉情绪状态，培养共情力

第四章　用成语解码复杂情感，丰富感悟力

第三部分　意志之光，成语砺志

第五章　用成语激励目标追求，坚定行动力

第六章　用成语诠释执著精神，塑造坚韧品质

第四部分　个性之海，成语探秘

第七章　用成语勾勒心理特质，提升自我认知

第十章　用成语指引和谐交往，构建健康社群

第一部分

认知之旅，成语启航

第一章 用成语探索、感知世界，激发好奇心

鹤立鸡群 ◆ 与众不同，自成风景 | 感觉对比

典故探源

成语出自南朝宋时期刘义庆组织编写的《世说新语·容止》："有人语王戎曰：'嵇延祖（嵇绍）卓卓如野鹤之在鸡群。'"

成语"鹤立鸡群"原意为仙鹤站立在鸡群中，高出来很多。比喻某个人的才华或相貌、仪表在人群中显得非常突出。

时光故事

嵇绍是魏晋"竹林七贤"之一嵇康的儿子，他体态魁伟，仪表堂堂。无论

走到哪里，他总是显得格外出众。

在晋惠帝时期，嵇绍担任侍卫官。不久，皇族间的权力争斗引发内乱，叛军攻向都城洛阳。嵇绍随同惠帝出征，迎战叛军。结果晋惠帝打了败仗，士兵伤亡惨重，纷纷溃逃，他的身边连一个卫兵都没有。在这危急关头，只有嵇绍始终寸步不离地坚守在惠帝身边，最终不幸中箭身亡，鲜血染红惠帝的战袍。战后，当惠帝的侍从见到那件满是血迹的战袍，正打算拿去清洗时，惠帝急忙制止，并感慨地说："这上面是嵇侍中的血，切不可洗去。"

嵇绍生前，有人这样赞誉他："在人群之中，他气宇轩昂，如同野鹤立于鸡群之中，格外引人注目。"他的英勇事迹一直激励着后人。文天祥在《正气歌》中深情地写道："为严将军头，为嵇侍中血。"由此可见，嵇绍不仅是文天祥心目中的偶像，更是他学习的榜样。

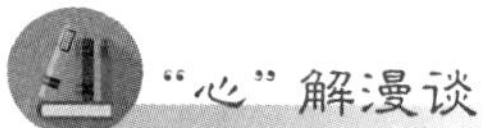

"心"解漫谈

在生活的世界里，人们对事物的感知，不仅取决于该事物本身的性质，还会受到与其他事物对比的影响。例如，野鹤在矮小的鸡群中显得高大威猛，而鸡群在野鹤的映衬下则相形见绌。这反映了心理学上的感觉对比现象，也就是同一感官受到不同刺激的作用时，其感觉会发生变化。这种现象又可以分为两种类型：同时对比和继时对比。

同时对比是指几个刺激物同时作用于同一感受器产生的对比现象。比如，有两张完全相同的灰色纸片，其中一张放在黑色背景上，它显得更加灰暗；而另一张放在白色背景上，则显得比较明亮。在此情形下，相同的灰色纸片因背景色的差异，会使人们对其的视觉感知发生变化。这种视觉效果在商业场合中得到了广泛应用，比如商场内的产品包装和宣传海报，经常利用色彩对比来吸引消费者的目光。这样，商品的颜色看起来会显得更加鲜明，从而在第一时间吸引消费者的注意力。

同时对比带来的感觉变化也发生在其他感官上。可以试着做一个有趣的小实验：两只手分别放在一盆热水和一盆冷水里，一分钟后，将双手同时放入同一盆温水中。这时，原本在冷水中的手会感觉水热一些，而原本在热水中的手则会感觉水凉一些。这就是温度感觉上的同时对比，这说明，仅凭感觉来判断温度并不总是准确的。

感觉对比的另一种情况是继时对比，它是指刺激物先后作用于同一感受器产生的对比现象。比如，在嘈杂的演唱会现场待一段时间后，再到安静的环境中，会感觉周围异常安静；在享用过甜食之后，再去品尝水果，可能会觉得水果酸涩；而先吃水果再吃糖果时，糖果的甜度似乎被放大了。

感觉对比现象在消费、艺术、社交和跨文化等多个领域都有深远的影响。比如，在广告行业，将产品的名称或 LOGO 放在醒目的位置，或者使用对比鲜明的图案及文字，都可以增强产品的辨识度，提高产品的吸引力；在销售高端产品时，如果先让消费者体验普通版本的产品，然后再让他们尝试高级版本，这样消费者可能会觉得高级版本更加出色。

这些既有趣又实用的感觉对比现象，提醒着人们在感知世界时需保持一份警觉。毕竟，感觉的客观性常会受到周边环境和过往经验的影响。了解这些现象，可以帮助我们更准确地理解自己和他人的感知过程，做出更为明智的决断。

成长锦囊

如何在人海中成为最亮的那颗星？

有没有觉得有时候自己在人群中就像夜空中那颗黯淡的星星，眼望着周围璀璨夺目的星辰闪耀，而自己却黯然失色？别灰心，每个人都有机会成为最亮的那颗星！关键就在于合理运用“感觉对比”这一心理学原理。

比如，在课堂上，当大多数人保持沉默时，你主动站起来发表自己的观点；或者在体育比赛中，当他人都在采取保守策略时，你却选择积极进攻、全力以赴。这样的表现会让你与周围人形成鲜明对比，给大家留下深刻的印象。

想要在群体中脱颖而出，就需要有勇气展现自己的独特之处。凌寒傲雪的梅花，在寒冷的冬季独自绽放，你也应让自己的闪光点显得与众不同。当你的特点与周围的人形成鲜明对比时，你会自然而然地成为众人瞩目的焦点，成为最亮的那颗星！

迁兰变鲍 ◆ 感觉也会"审美疲劳"|感觉适应

典故探源

成语出自《孔子家语·六本》："与善人居，如入芝兰之室，久而不闻其香，即与之化矣；与不善人居，如入鲍鱼之肆，久而不闻其臭，亦与之化矣。"

成语"迁兰变鲍"原意是指和好人在一起，就像进入充满香气的种满芝兰的房间，久了就不觉得香，但已经被它影响了；和坏人在一起，就像进入充满臭气的鲍鱼店，久了就不觉得臭，因为同样也被它影响了。常用来比喻受环境影响而悄然发生变化。迁：改变。兰：兰花。鲍：鲍鱼，指盐腌的鱼。

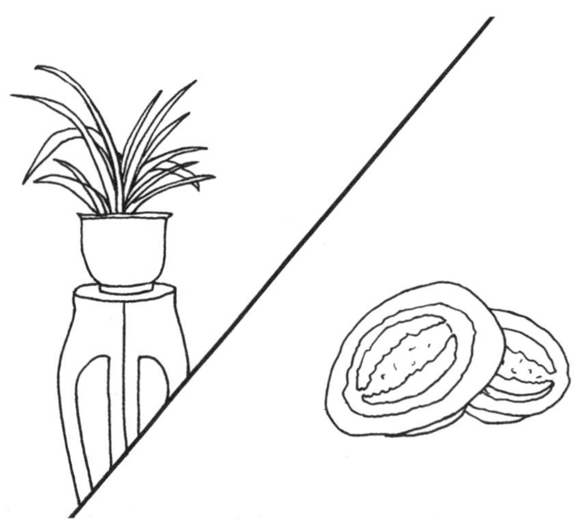

时光故事

孔子曾对弟子们说过一段意味深长的话："在我离世之后，子夏的学问将会更上一层楼，而子贡则可能会有所退步。"曾子好奇地追问原因，孔子微笑着解释道："子夏总是喜欢与比自己更贤明的人为伍，这样的交往让他的道德修养日益精进；而子贡则愿意与才智不如自己的人相处，这样的环境让他的修养逐渐消磨。”

曾子听后，若有所思地点了点头。孔子继续说道：“要了解一个人，不必直接观察他，只需看他的家人、朋友以及他所处的环境。每个人都会不自觉地受到周围环境的影响。与高尚的人相处，就像置身于芝兰之室，久而久之，你也会沾染上那份香气，即使不再闻到，你自身也已香气四溢。相反，与品行不端的人相处，就像置身于咸鱼铺，刚开始你可能觉得臭不可闻，但时间长了，你也就闻不到了。因为你的鼻子已经习惯那种臭味。”

曾子听完孔子的这番话，深有感触地说：“老师的话真是发人深省！我以后一定要多跟贤明的人交往，努力提升自己的道德修养。”

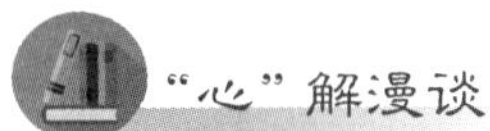

“心”解漫谈

在日常生活中，你是否注意过这样一个奇妙的现象：当你从喧嚣的室外走进宁静的图书馆，起初觉得格外安静，但过不了多久，这种“安静”的感觉似乎变得不那么强烈了。或者，刚开始品尝一杯咖啡时，可能会觉得味道非常浓烈，然而，如果连续品尝几口，你会发现咖啡的味道似乎变得柔和了，不再像第一口那样刺激。这些都是我们的身体在自动调节，以便更好地适应环境变化。在心理学上，这被称为“感觉适应”。

“感觉适应”，简而言之，就是随着同一刺激物持续作用的时间增加，人们的感受性会发生变化。比如，当从明亮的室外走进电影院，开始时会什么也看不见，慢慢才能辨认出椅子的轮廓。这是对弱光的适应，又被称为“暗适应”，它是由于弱光的持续作用引起感觉能力的提高；反之，从黑暗的电影院走出来，强烈的阳光几乎使人睁不开眼，但过了一会儿，就会逐渐适应，不再感到眼花，这是对强光的适应，被称为“明适应”，表现为在强光的持续作用下视觉感受性会降低。

除了视觉，其他感觉也存在适应现象。以嗅觉为例，当你刚踏入一间面包房时，会立刻被新鲜烘焙的面包和糕点的香味包围，但过了一会儿，那股香味似乎就不再像刚开始时那样强烈了。这是因为你的鼻子已经适应了这种香味。根据研究，对于一般的气味，人们通常只需要一分钟左右就能适应；如果是特别强烈的气味，可能需要十多分钟才能适应。此外，触觉、温度觉、味觉等都有适应现象。比如，很多人都有过戴着眼镜却到处找眼镜的经历，这就是触觉适应的一个例子。在冬天洗澡时，刚开始可能觉得水很冷，但是经过几分钟，温度觉就适应了，不再觉得水是冷的。味觉适应还可以解释为什么有些厨师因为连续尝试咸味，所以做出来的菜会不自觉地变得越来越咸。

特别值得一提的是痛觉。与其他感觉不同，痛觉的适应是非常困难的。比如，不小心碰到了热水壶，那种滚烫的灼痛感会立刻传来，而且很难适应。这是因为痛觉在人类的身体中扮演着保护者的角色，它时刻提醒人们避开可能对身体造成伤害的刺激。

"感觉适应"现象在日常生活中随处可见。正如"迁兰变鲍"这一成语所描绘的，人们会随着周遭环境的变迁而自动调节对环境的感觉。这种神奇的适应现象不仅揭示人类感知的奇妙之处，还为我们提供了有力的心理学工具，帮助我们灵活应对环境的各种变化。

成长锦囊

如何让自己的心灵"随遇而安"？

你是不是有过这样的体验：置身于新环境时，突然感到浑身不自在，心里如同被猫爪轻挠，难以适应？这其实是你的心灵在微微"抗议"，暂时还未跟上新环境的步伐。

那么，如何才能快速融入新环境，让自己"随遇而安"呢？关键在于我们能否深入了解自身情绪的变化。正如眼睛需要时间来适应光线变化，我们的心灵也同样需要一段时间来适应新环境。面对每一次挑战，我们的心灵都会通过适应和调整，变得更坚韧、更强大。

当你身处喧嚣之中，不妨尝试通过听觉适应，学会"过滤"四周的嘈杂，逐渐提升自己的专注能力。这样不仅能让你的心灵回归宁静，还能有效提高你的工作效率。

人的心灵，犹如一块善于吸收的海绵，不断从周围汲取能量。记得时常调整自己的状态，多与那些充满正能量、心地善良的朋友们交流。他们的美好品质如同温暖的阳光，会照亮我们的内心，使我们的心灵更加健康、充满活力。

草木皆兵◆　透视感知的迷阵 | 错觉

典故探源

成语出自唐朝房玄龄等撰《晋书·苻坚载记》：“又北望八公山上草木，皆类人形，顾谓融曰：‘此亦劲敌也，何谓少乎？’怃然有惧色。”

成语“草木皆兵”原意是指山上的一草一木都像是敌人的伏兵一样。形容人在惊慌时疑神疑鬼，产生错觉。

时光故事

东晋时期，前秦王苻坚亲率八十余万兵马，浩浩荡荡地向东晋发起进攻。面对强敌，东晋军大将谢石和谢玄仅领八万兵马前往迎击。苻坚得知东晋军兵力薄弱，便打算利用数量优势，迅速取胜。然而，出乎预料的是，苻坚的先锋部队在首战中便被东晋军以奇计击败，损失惨重，士气大减，军心动摇。

苻坚站在城墙上，眺望淝水对岸的东晋军。他看到东晋军阵列整齐，士气高昂。同时，他注意到八公山上草木茂盛，随风摇曳，那模糊的影子仿佛是满山遍野的士兵。苻坚感慨地对弟弟苻融说："东晋军如此强大，怎能说兵力不足？"他为自己的轻敌感到后悔。

不久后，苻坚在战斗中落入东晋军的圈套。在撤退时，东晋军突然发起袭击，前秦军被彻底击溃。士兵们惊慌失措，四散奔逃，甚至将风声和鸟鸣误认为是敌军追兵，最终大败而归。

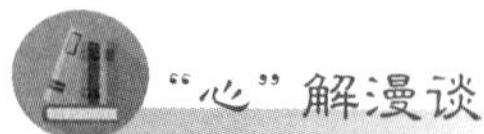

"心"解漫谈

在日常生活中，错觉这一有趣的心理现象几乎无处不在。它有时让人们感觉物体的大小、位置或形状在发生变化，或者让人们误将静止的物体看作运动的。但你可能不知道，错觉并不总是带来困扰，它有时也能为生活增添一丝乐趣。

错觉，简单来说，就是在特定条件下，人们对事物产生的某种固有倾向的歪曲知觉。这种歪曲并不是因为我们的眼睛出了问题，而是因为大脑在处理视觉信息时，受到了一些因素的干扰或误导。与错觉常被混为一谈的是幻觉，两者其实是不同的概念。错觉是对实际存在的事物产生的错误知觉，而幻觉则是"无中生有"，感知到了并不存在的东西。

早在古代，人们就开始注意到错觉现象。比如，大家熟悉的"两小儿辩日"的故事，所谓"日初出大如车盖，及日中则如盘盂"，就是错觉的一例。当太阳位于地平线附近时，它看起来似乎比在天空中央时要大得多。然而，实际上在这两个位置时，太阳在视网膜上的投像大小是一样的。这种现象被称为"相对大小错觉"，它发生的原因是我们的大脑在判断物体大小时，受到了周围环境及参照物的影响，从而导致了对物体实际大小的误判。

除了这种大小错觉外，生活中还有很多其他类型的错觉，如运动错觉。有时，人们会错误地将静止不动的物体看成是运动的。假如你在笔记本每页的边缘画一些小图像，然后快速翻动笔记本，你会看到这些图片像是在运动。又比如，在一个黑暗的房间中，一盏灯亮起后随即熄灭，紧接着另一盏离得很近的灯亮起随即熄灭，看起来就好像是一盏灯从某一位置移动一小段距离到了另一个位置。剧院就经常利用这种似动错觉，在大型招牌上制作动态效果，让它们看起来像是一系列灯在按顺序上下移动。

错觉有时也可以为人所用。比如，在小房间里多装几面镜子，就可以让空间看起来更大；把商品价格定在 99 元而不是 100 元，就会给消费者一种价格更为实惠的错觉。同样，餐厅里播放快节奏音乐，会让顾客不自觉地加快用餐速度。而穿格子纹的衣服或烫蓬松的发型，则可以让体态丰满的人看起来更苗条。

尽管错觉有时会给人们带来一些误解或困惑，但只要了解它的原理，就可以更好地利用它来为生活服务。下次当你再遇到错觉时，不妨试着去欣赏它、理解它，并思考如何将它巧妙地应用到你的生活中去！

成长锦囊

为什么有时候眼睛会“说谎”？

你有没有过这样的疑惑：有时候，眼睛看到的东西似乎和真实感觉不太一样，就像眼睛在逗你玩一样。这是怎么回事呢？

实际上，我们的眼睛很容易被某些错觉牵着鼻子走。比如，在餐厅里，我们可能会注意到某些食物看起来特别诱人，而其他食物则显得平淡无奇。这种感知上的差异，其实是食物的颜色、形状以及摆盘方式共同作用的结果，它们共同营造出了一种视觉上的错觉。再比如，魔术师能够巧妙地让一枚硬币“穿越”桌面，这主要归功于他们娴熟的手法与精妙的道具设计，使得观众的视线被这些精心安排的视觉线索所误导，从而产生了硬币真的穿过桌面的错觉。

当你在生活遇到类似魔术或看似不可思议的现象时，别急，先停下来多观察、多思考一会儿。要记住，眼睛看到的并不总是真实的。只有用心去感受、去思考，才能更接近真相。你可以从不同的角度重新审视问题，或者学点新知识来当你的“照妖镜”。要敢于质疑，才能变得更加理性，不被表面现象所蒙蔽。如此，我们的双眼便不再“说谎”！

一日三秋 ◆ 让时间成为朋友 | 时间知觉

典故探源

成语出自《诗经·王风·采葛》:"彼采葛兮，一日不见，如三月兮！彼采萧兮，一日不见，如三秋兮！彼采艾兮，一日不见，如三岁兮！"

成语"一日三秋"的意思是一天不见面，就像过了三个季度。比喻分别时间虽短，却觉得很长。

时光故事

在遥远的古代，有一对深爱彼此的恋人，他们因面临生活的困窘而被迫分离。在无尽的思念中，男子将满腔的期盼化作动人的诗篇，用笔墨诉说着对女子的深情。

他想象女子采葛藤的情景，感慨道："我思念的人啊，你正在外面采葛藤，我要是一天没有看到你，就像是三个月都没有见你那样。"思念之情溢于言表，充满期盼。他又想象女子在辛勤采萧草，深情地写道："我日夜思念的那个人啊，你正在外面采萧草，我要是一天看不见你，就如同三个季度没见你一样。"时光流转，季节更迭，他的思念却从未改变。最后，他想象着女子在野外采艾草。他写道："我日夜思念的那个人啊，你正在野外采艾草，我要是一天不见你，就好像隔了三年那样长。"他的爱意穿越时空，历久弥新。

这首诗就是人们在《诗经》中读到的那篇《采葛》。它诉说着一个古老而永恒的爱情故事。无论风雨如何洗礼，爱情始终坚如磐石，令人动容。

"心"解漫谈

时间这个老朋友，虽然天天见，但它背后的故事可不少。你知道吗？人们对时间的感知，常常是一种"时间错觉"。这是因为人的心理是复杂的，不同的心态会影响人们对时间的知觉：心情好时，时间就像脱缰的野马，转瞬即逝；心情低落时，它却像只蜗牛，慢得让人心急。

当你和好朋友一起去看一部期待已久的电影大片，两个小时的放映时间一晃而过，你甚至会纳闷"这就完了？"这是因为在享受艺术的过程中，你感觉时间一晃而过，真心希望时间能够暂停。相反，如果那天你是被逼着陪家人去听评弹，全程听不懂，那感觉就像被钉在椅子上，觉得每分钟都是煎熬，心里默念"怎么还没结束？"这是因为在忍受的过程中，你感觉时间过得特别慢，恨不能让时间加速。

时间错觉不仅与心理状态相关，还受到经验的影响。一个有趣的例子是"返程效应"：前往一个陌生的地方旅游，去的时候感觉路途漫长，回来的时候却觉得"怎么一下就到家了？"为了验证这一现象，日本东京大学的研究人员进行了一项实验。他们招募志愿者观看两段长度相同的影片。其中一组志愿者观看的是两段剧情都是出发的影片，而另一组则观看了一段剧情是出发和一段剧情是返回的影片。研究人员要求志愿者在感觉影片播放了三分钟时示意。结果发现，观看返回剧情影片的志愿者普遍感觉回程影片的时间更短。

这是因为人们对事件第一次发生的时间主观感觉较长，以便有"更多"的时间来观察细节并进行思考。但当同样的事情再次发生时，因为有了类似的经验，时间就变快了。类似地，当人陷入危险境地时，每一秒钟都觉得漫长。这其实是人的一种自我保护机制。为了应对未知状况，人们会充分观察不熟悉的事物，仔细思考细节。但当类似情况第二次、第三次发生时，因为已经准备好，感觉到的时间就变快了。

此外，时间的感知还会因为期待而有所不同。比如一周的前几天总是感觉过得特别慢，但一过周三，就像踩了油门，转眼就是周日。又比如，小时候，人们总觉得童年时间很慢，因为未来看起来遥不可及。但随着年龄的增长，尤其是过了三十岁之后，人们开始意识到时间的有限性，于是更加珍惜时间。就像那首歌里唱的："那时候天总是很蓝，日子总过得太慢，你总说毕业遥遥无期，转眼就各奔东西。"

所以，当你下次感叹时间过得太快或太慢的时候，别太在意，"一日三秋"只是人的感知系统在跟你开玩笑。要想真正把握住时间，就去做些快乐、充实的事情，让每一刻都闪闪发光！

怎样拥有比别人更多的时间？

你是否经常觉得时间不够用，好像什么都没做，一天就溜过去了？时间就像一块可以变形的魔法橡皮泥，只要巧妙运用，就能创造出无限可能。

想要更好地掌握时间，合理分配是窍门。假如你拥有一座时间大厦，里面的每个房间都有不同的功能：学习殿堂、休憩小窝、运动天地……为这些时间精心"划分空间"，你的生活就会变得井然有序。同时，你也可以尝试利用时间错觉给单调的任务增添些乐趣。比如，在抄写笔记时，可以放点音乐或听听有声书，这些"时间调料"能让原本枯燥的过程变得轻松愉快。

时间管理不仅仅是分配时间，更重要的是管理精力。这意味着我们需要思考如何在每一分钟内发挥出最大的效能，而不是只会傻乎乎地加班加点。比如，在精力最充沛的时候攻克最困难的任务，这样就能以迅雷不及掩耳之势拿下它们，节约不少时间。虽然时间的总量是有限的，但我们可以通过提高效率不知不觉中挤出"更多"时间。

买椟还珠 ◆ 眼睛“偏心”背后的奥秘 | 知觉选择性

成语源自战国时期思想家韩非的著作集《韩非子·外储说左上》：“郑人买其椟而还其珠。此可谓善卖椟矣，未可谓善鬻珠也。”

成语“买椟还珠”的原意是指买下木匣，而把木匣里的珍珠归还卖主。比喻不分主次，取舍不当，缺乏眼光。椟：木制的匣子，常用于存放贵重物品。

春秋时代，楚国有一个商人，专门从事珠宝买卖。有一次他到郑国去兜售珍珠，特地选用名贵的木料制作精美的木匣来盛放珍珠。他用香料将木匣熏得香气扑鼻，并请手艺高超的木匠在木匣外精雕细刻了花纹，镶上了漂亮的金属花边。最后，他小心翼翼地将珍珠放入这个美观的木匣中，拿到市场上希望卖个好价钱。

一个郑国人拿着木匣把玩很久，爱不释手，出了高价买了去。没想到第二天，那个郑国人又拿着珍珠来找商人说：“昨天我买了盒子，回家一看发现里面有一颗珍珠。想来是你忘在盒子里的吧，我特地给你送来。”原来，他看中的并非珍珠本身，而是那个装珍珠的精美木匣。

珠宝商看到还回来的珍珠，惊讶得合不拢嘴。他原本以为郑国人喜欢的是那颗珍珠，却没想到自己准备的木盒子太过精致，竟然抢了珍珠的风头。这让他苦笑不已。珠宝商感叹道："看来我不适合卖珠宝，更适合卖木匣。"

"心"解漫谈

走在熙熙攘攘的街道上，你可能会立刻注意到那家新开餐厅的招牌，或是好朋友在人群中挥舞的手臂。然而，你却不曾留意过那排静静站立的树木，或是路上行人鞋子的颜色，这正是知觉的选择性在发挥作用。

人们的知觉并不总是像照相机那样，一成不变地记录世界的每一个细节。相反，它会根据人们的兴趣和需要，有选择地关注某些刺激，而对其他刺激则视而不见，真是有点"买椟还珠"的意味。

比如，在热闹的聚会中，尽管四周喧闹无比，但当你听到自己的名字被呼唤时，耳朵能够立刻像雷达一样定位声源。这是因为名字对我们具有特殊意义，使我们能在声音的海洋中准确捕捉到它。这就是知觉选择性的魔力，当对象与背景的对比越明显，或者对象对人们的意义越重要时，它就越容易成为知觉的焦点。

当然，知觉的选择性并不仅仅由客观因素决定。人们的主观因素，如经验和兴趣，同样不可或缺。例如，音乐指挥家在聆听交响乐时，能敏锐地分辨出长笛、圆号或者小提琴的音色和音质。这是因为经验和兴趣赋予了他更深层次的音乐感知。心理学家也进行过一项实验，让志愿者观看六次模糊的图片，然后给他们展示一次清晰的图片。结果发现，志愿者对图片的识别能力明显提高，这是因为他们在大脑中积累的经验，可以在感知时作为参考。

人们的内心需求和心理预期同样会影响知觉的选择性。在商场中，儿童往往更容易被花花绿绿的娱乐设施所吸引；跟其他人相比，母亲们会对婴儿的哭泣声格外敏感。当人们在网红餐厅享用美食时，他们对食物口味的期待会特别高，对口味的知觉也更为敏锐。一旦食物口味未达到预期，即便餐厅的环境再幽雅、氛围再和谐，他们也可能会感到大失所望，甚至不愿再次光顾。

那么，为什么人们的知觉会有选择性呢？这是因为客观世界的事物繁多，在同一时间内，存在于人们感知范围内的事物数不胜数，人的大脑接受加工信息的能力是有一定限度的，不可能同时清晰地感知到所有的这些事物，只能根据当前需求选择部分作为知觉的对象，而把其他部分作为背景。这就像是在“买椟还珠”的故事中，郑国人只看到那个漂亮的盒子，却忽视了里面的珍珠一样。

知觉的选择性能够协助我们从繁杂的信息中提炼出有价值的内容，是我们理解世界的重要方式。然而，这也意味着我们可能会错过一些细节。有时候，真正的宝贝或许正静静躺在“盒子”中，这需要我们以更全面的视角来审视，尽力突破知觉选择性的束缚，做出更为明智的抉择。

如何避免被“选择性关注”蒙蔽双眼？

你是否曾感受到，心情有时会如同魔术师一般，片刻间改变你对周围世界的感知？心情愉悦时，就连路边的小花都仿佛在向你展露笑颜；情绪低落时，即便是面对最爱的零食，也难以提起兴致。这都是“选择性关注”在捣乱，只看到你愿意看到的，却将其他的美好一概屏蔽。

如何避免陷入“选择性关注”的怪圈呢？试着让自己保持一颗对世界充满好奇的心吧。做个好奇宝宝，用探索的心态去拓宽视野，减少偏见，打开新世界的大门，发现更多的未知领域。

面对不同的声音时，不要急于反驳或排斥。换个角度想想，甚至“穿上别人的鞋子走走看”。这样的小尝试，能帮你搞懂别人的脑回路，也能让自己的观点更全面、更多元，不再只盯着一处看。

情绪如同龙卷风般汹涌而来，但也会迅速消散，别让它左右我们的判断。保持理性，你才能看到事物的真面目，重新发现那些曾被我们无意间忽略的美好。

明察秋毫 ◆ 细致入微的火眼金睛 | 观察力

典故探源

成语出自战国时期孟轲及其弟子所著《孟子·梁惠王上》："'明足以察秋毫之末，而不见舆薪'，则王许之乎？"

成语"明察秋毫"原意是指视力好到能察辨秋天鸟兽身上新长的细毛。现在形容人目光敏锐，微不足道的小事也能看得很清楚，也可以用来形容人能洞察事理，耐心细致。秋毫：秋天鸟兽新长出的细毛，指极其细微的事物。

时光故事

战国时的齐宣王野心勃勃，他向孟子请教春秋时齐桓公和晋文公称霸的方法，但孟子并未直接回答，反而大谈如何用道德力量统一天下。齐宣王不解地问道："怎样的道德才能统一天下？"孟子回答说："百姓的生活安定了，天下才能统一。这是什么力量都抵御不了的。"

孟子继续对齐宣王说："如果有人对您说，他力气大得能举起三千斤的东西，却拿不起一根羽毛；他的眼睛锐利到能看清秋天鸟兽新生的绒毛，却看不见眼前的一车柴草，您会相信吗？"齐宣王说："当然不相信！"孟子接着说：

“确实，举不起一根羽毛是因为没有用力，看不见一车柴草是因为没有去看。同样，如果百姓生活不安定，那并非因为您无能为力，而是因为您不愿施惠于民的缘故。所以，您问能不能行王道，施仁政，统一天下，关键不在于能不能，而在于愿不愿。”

“心”解漫谈

你是否曾羡慕过那些总能一针见血，洞悉事物真相的人？他们似乎拥有一种“明察秋毫”的超能力，能够轻易地透过纷繁复杂的现象，直击问题本质。其实，这种令人称羡的能力并非遥不可及，它就是观察力。

观察不是简单地看看而已。它需要动用全身的感官，包括听觉、触觉、嗅觉等，去全方位地感知事物。同时，观察还需要伴随着积极主动、有目的的思考。在这一过程中所展现出的稳定品质和能力，就是我们所说的观察力。值得一提的是，当观察目的和任务越明确时，观察者对知觉对象的反映就越完整、越清晰。反之，就难以抓住要领，收获寥寥无几。为了证明这一点，在 40 位心理学家齐聚德国哥廷根举行会议期间，有人做过一个有趣的实验。当时正在开会，突然有两个陌生人先后闯入会场。他们在会场内追逐，随后“砰”地一声枪响，两人又一起冲出门去。整件事情发生的时间前后不过 20 秒钟，但引起了在场心理学家们的慌乱。会议主席随后揭晓了事件的真相，原来这是一位心理学教授设计的关于“注意力”的实验，他要求与会者写下他们所目击的经过。结果发现，在上交的 40 篇报告中，没有一个人的记录是完全正确的。其中只有一篇的错误少于 20%，13 篇的错误率在 50% 以上，很多报告中错误百出，描述模糊不清。

那么，为何有些人的观察力较强，而有些人则相对较弱呢？这主要受到先天素质和后天实践两方面的影响。就先天素质而言，每个人的观察力类型有所不同。有的人擅长视觉观察，对形状、色彩等视觉信息特别敏感；有的人则擅长听觉观察，能够辨识声音的细微差别。在观察风格方面，精细型的人往往能敏锐地发现问题，捕捉到那些容易被忽略的细节；而粗略型的人可能在观察时过于大而化之，容易遗漏重要信息。

在后天实践方面，经验积累对于提升观察力来说至关重要。那些经验老到的人，由于在过往的实践中沉淀了丰富的知识，故而能更迅速地察觉到问题的存在。同时，兴趣也扮演着举足轻重的角色。当人们对某一事物怀抱浓厚兴趣时，便会对其投入更多的关注，更容易发现其中的奥秘。

当人们全身心投入去观察时，就会发现世界以崭新的姿态呈现在眼前。那些看似平平无奇的事物，也会透露出非凡的信息。以亚历山大·弗莱明博士为例，他在一次偶然的实验中，敏锐地察觉到细菌培养皿上的异常情况——有一块区域没有细菌生长，并推测这可能是某种微生物污染的结果。经过深入研究，他猜想那块区域的异常也许是由一种叫作青霉菌的真菌造成的，它释放的某种物质可以抑制细菌生长。最终，他的猜想得到证实。青霉素的发现彻底改变医学界的面貌，挽救了无数生命。这一切，都源于弗莱明博士超凡的观察力。

"明察秋毫"并非遥不可及的超能力，我们每个人都可以拥有一双"火眼金睛"。观察力不仅能帮助我们更深入地认识世界、发现生活中的美好，还能在学习、工作和人际交往中为我们带来意想不到的收获。让我们擦亮双眼，以全新的视角去认识这个奇妙的世界吧！

成长锦囊

如何训练自己的"超级观察力"？

你是否渴望拥有能洞察生活深层奥秘的锐利双眸？是否曾为忽略一些微妙的细节而扼腕叹息，恨不得坐上时光机回去补救？观察力，这一隐藏在我们每个人心底的潜能，正等待我们去唤醒它。

生活本身就是最好的观察力训练场。抬头仰望星空，你能够细数繁星闪烁，深刻感受宇宙的浩瀚无垠；低头凝视花朵，你能发现生命的绽放与凋零。人群中的一颦一笑，一举一动，都是你训练观察力的好素材。

给自己定个观察目标吧！或许是一只轻盈翻飞的小鸟，或许是一片悠然飘落的树叶。让好奇心成为你的向导，如同侦探追寻蛛丝马迹一般，展开你的探索之旅。在观察的过程中，每一个“为什么”都可以带领你揭开新的奥秘。你还可以在微信朋友圈里分享自己的观察收获，邀请更多人一起领略这个世界的绚丽多姿。

生活从来都不缺美，只是缺少发现美的眼睛。用心发现，细心观察，不断探寻世界的无限精彩，保证你惊喜连连，大呼过瘾！

应接不暇 ◆ 分心也是门艺术 | 注意分配

典故探源

成语出自南朝宋时期刘义庆组织编写的《世说新语·言语》：“从山阴道上行，山川自相映发，使人应接不暇。”

成语“应接不暇”原意是指一路上美景繁多，来不及观赏。后用以形容人或事情太多，应对不过来。应接：接待。暇：空闲。

时光故事

东晋时期，有一位年轻的书法家王子敬（王献之），他是书法大师王羲之的第七子。王子敬自幼聪明伶俐，擅长草书和隶书，他的书法作品流畅生动，气韵非凡，赢得盛赞。除了书法，王子敬还精于绘画，他的山水画作栩栩如生，令人赞叹。

王子敬热爱自然，特别喜欢游山玩水。他曾在风景秀丽的会稽郡居住，附近的会稽山巍峨壮观，横跨浙东，山势雄伟，水色清澈，山水相映成趣，美不胜收。

王子敬曾向朋友分享在山阴道上的漫步体验："走在那条山阴道上，山光水色交相辉映，宛如大自然在举办一场视觉盛宴。我的眼睛忙得不可开交，生怕错过任何一处美景。尤其是秋冬之交，景色更是迷人，令人心醉。整个世界仿佛被金色光辉笼罩，宛如仙境。"他的描述让众人心驰神往，纷纷表示有机会一定要亲自去山阴道上，体验那令人陶醉的美景。

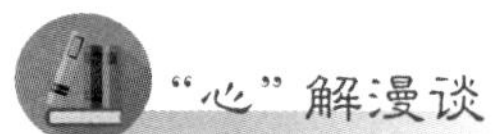

"心"解漫谈

注意力，这个看似简单的心理现象，其实是一门深奥的学问。它就像是一扇门，为人们打开认识世界的清晰通道，让人们在工作、学习及生活等方面做出更准确的反应。

注意分配是能够在同一时间内将注意力有效地投向多个不同的任务或对象。这种能力在处理大量信息时显得尤为关键，因为大脑需要同时处理多种信息，否则很容易感到手忙脚乱，应接不暇。然而，要做到注意分配并非易事，这一点可以从以往的实验研究中得到佐证。早在1400多年前的北齐时期，有一个叫刘昼的学者就设计了一个实验来探究人们的注意分配能力。他要求被试者用左手画方形，同时用右手画圆形。结果发现，人们很难同时完成这两个看似简单的任务。现代心理学家也利用复合器进行类似的研究。他们同时向被试的两个感官（如视觉和听觉）呈现不同种类的刺激。结果发现，当铃声响起时，被试通常无法准确地说出指针所指的数字。这些研究表明，要想在多个任务间游刃有余地分配注意力，得下一番功夫训练才行。

在日常生活中，人们经常需要同时处理多项任务，分配注意力的技能成为不可或缺的一种能力。比如，忙碌的早晨，许多同学能够一边刷牙，一边听音乐，同时还能留意到闹钟的提醒，确保每个任务都得到适当的关注，在有限的时间内高效地做好上学准备。

当然，注意力的分配并非随意而为，它需要根据活动的性质、复杂程度以及熟悉程度来进行训练。一般来说，在同时处理多种活动时，至少有一种活动应该是驾轻就熟的，不需要我们投入过多的注意力。这样，我们就可以将更多的精力分给其他较为陌生或复杂的任务。比如，我们可以边走路边聊天，甚至还能欣赏风景或思考问题，因为走路对我们来说已经是一种“自动化”的活动。

此外，如果同时进行的几种活动之间存在某种联系，或者我们已经习惯性地把复杂活动转化成一种自然反应，那注意分配就更不在话下了。想想那些经验丰富的歌手，弹奏乐器和唱歌已经融为一体，他们可以在两种活动之间轻松地分配注意力，给观众呈现一场完美的演出。

注意力是我们应对生活挑战、畅游信息海洋的得力助手。一旦我们掌握合理分配注意力的技巧，即便生活和工作再繁忙，也能保持清晰的思路，有条不紊地展开一段充实且有序的生活之旅。

如何为大脑安装“超级插件”？

你是不是老觉得时间不够用，无论是阅读、玩游戏还是和朋友聚会，时间如白驹过隙，总是一眨眼就没了？别急，介绍几个小窍门让你的大脑开启“超级模式”！

首先，把一些日常活动变成“自动驾驶”模式。比如，你走路、刷牙的时候，大脑其实可以偷偷懒，想想别的事儿。这种日常琐事，无须大脑全力以赴，如此便能释放出更多的“内存”去处理那些更复杂、更关键的事务。

其次，试试把不同的任务“混搭”在一起。当你一边听着轻音乐，一边整理房间，是不是感觉心情都变好了，房间也瞬间焕然一新？或者在解答数学题的间隙，随手弹弹吉他，让数字和旋律在你的脑海中交织成一幅美丽的画卷。

这种跨界的"混搭"不仅有助于你领略生活的趣味，还能在不经意间提高工作效率。

现在的科技越来越发达，还可以用一些高科技产品来给大脑加加油、打打气。试试看这些"开挂"技巧，你也能轻松变身为高效生活的魔法师！

过目不忘 ◆ 脑海中的"内置相机"|记忆持久性

典故探源

成语出自唐朝房玄龄等撰《晋书·苻融载记》："耳闻则诵，过目不忘，时人拟之王粲。"

成语"过目不忘"的意思是指看过就不会忘记。形容记忆力非常强。

时光故事

东晋时期著名的将领苻融是前秦君王苻坚的弟弟。他聪明过人，才思敏捷，下笔即成文章。苻坚十分喜欢他，因此常常让他陪伴左右。

有一天，苻坚听说弟弟苻融有过目不忘的本领，便想亲自测试他一番。于是，他把苻融叫来，随手拿起一本关于玄学的书递给他，问道："你看过这本书吗？"苻融回答说："没有。"苻坚让苻融当场把书看一遍，然后复述书的内容。苻融领命后，迅速翻阅书籍。他的目光迅速而专注，飞速地扫过一页页文字。翻完最后一页，他合上书，深吸一口气，然后滔滔不绝地复述起书中的内容来。他的复述准确无误，仿佛已经将整本书刻印在了脑海之中。

苻坚见状大为惊喜，赞叹不已，对苻融更加器重并委以重任。苻融的才华在当时广受赞誉，人们纷纷将他比作三国时期魏国的才子王粲。而苻融也不负众望，凭借自己的智慧立下赫赫功业。

"心"解漫谈

人们常会抱怨记性不好，总是梦想着能有一种"过目不忘"的超强能力。一个人记性的好坏与心理学中的记忆品质息息相关。当你回味昨天吃的美味比萨，或者回想起和朋友们的欢乐时光，你其实正在翻阅大脑中的"记忆相册"。但是，并不是所有的记忆都能长时间地被保留。比如，拨打一个临时的电话号码，记忆只持续几秒钟，放下电话时，号码可能就不记得了。记忆保持时间的长短，就是记忆的持久性，这是衡量记忆品质，乃至判断记性好坏的重要标准。

心理学上将记忆分为四种类型：直观形象记忆、抽象逻辑记忆、情绪记忆和运动记忆。

直观形象记忆，就像是看到一幅风景画后，能够清晰地记住画中的山水花草。这种记忆与感官体验紧密相关，短时间内印象深刻。但这种记忆如果不经常回顾，随着时间的推移会逐渐模糊。

抽象逻辑记忆主要涉及对概念和理论的记忆。以学习数学公式或历史事件为例，这种记忆类型在此过程中发挥着关键作用。尽管初次记忆可能需要投入更多的时间和精力，但一旦理解并掌握，这些记忆将会深深刻在脑海，难以忘怀。

情绪记忆，顾名思义，就是和我们的情感挂钩。那些心跳加速、难以忘怀的时刻，往往会深深地印在记忆中。比如，生日那天收到的一份惊喜，那种喜悦会让你长时间回味这个特别时刻。

运动记忆，则与我们的身体技能和习惯动作有关。比如，学会骑自行车后，我们的身体会逐渐形成记忆，即使很长时间不练习，再次上车，依然能够娴熟地骑行。

除了日常所见的记忆现象，还有一种特别的记忆体验称为遗觉象。简单来说，遗觉象就是当外部刺激消失后，大脑仍能清晰重现该刺激，像照片浮现在你眼前一样，只不过它是出现在你的脑海里。据研究表明，儿童中有40%～70%的人有遗觉象，并且在11～12岁时最明显。有些儿童会体验这种现象：看完一本图画书后，能在心里"再看"一遍那些图画。

在金庸先生的武侠小说《射雕英雄传》中，有一个有趣的细节：黄药师的妻子花了一个时辰细细看完《九阴真经》下卷，然后又花了一盏茶的时间再看一遍。就是这两遍下来，她竟然把半部《九阴真经》记得滚瓜烂熟，让老顽童周伯通惊讶不已。据此，有网友猜测这是因为黄药师的妻子具有遗觉象的能力，通过两遍阅读，她能够在脑海中形成清晰的经文图像，实现快速记忆。

值得一提的是，现有研究表明，随着年龄的增长，遗觉象能力会逐渐减弱。遗觉象或许是揭示记忆工作机制的关键线索，科学家们对此深感兴趣，但其成因及作用等仍有待探索。

成长锦囊

为何有些画面能在脑海中烙印一生？

为什么一些精彩瞬间就像被时光机定格，哪怕过去很久也历历在目；而有些刚刚学过的东西，转眼就像被风吹走的沙子，消失得无影无踪？

记忆并不是孤立存在的，而是与人的情感紧密相连。那些意外的惊喜、令人震撼的电影或触动人心的歌曲，都因情感的冲击而成为珍贵的回忆，在脑海中刻下深深的烙印。

这种深刻的记忆机制，不仅限于情感体验，同样适用于知识学习。因此，当遇到抽象且难以理解的知识时，我们可以尝试与之进行一场心智的较量。通过用心观察、深入思考和不断总结，这些知识变得不再陌生，而是越来越有亲近感，最终也会像那些触动人心的瞬间一样，被稳固地镌刻在脑海中。

记忆的价值，不在于短暂的闪现，而在于其长久的留存。正如古人所言："学而时习之，不亦说乎？"及时复习是确保记忆长久、减缓遗忘的关键。记忆的持久性远比单纯的记忆力重要。它如同一座连接过去与未来的坚固桥梁，使知识的火花在脑海中持续闪耀，生生不息。

温故知新 ◆ 旧知新悟的智慧 | 遗忘曲线

典故探源

成语出自《论语·为政》："温故而知新，可以为师矣。"

成语"温故知新"的意思是温习旧的知识，得到新的理解和体会；也指回忆过去，能更好地认识现在。

时光故事

春秋时期的孔子不仅是一位博学多才的学者，更是一位充满智慧的教育家。有一天，弟子们齐聚学堂，期待着老师的教诲。一位弟子问道："老师，我们如何才能更有效地学习呢？又究竟什么样的人，才有资格成为一名老师呢？"

孔子微笑着回应："学习不是简单地积累知识，它更是一种深度的理解过程。"他顿了一顿，继续说："当你们学习新知识时，切莫忘记温习旧知识。这样，你们不仅能够巩固和消化已经学过的内容，还能在复习的过程中，回顾领悟到新的东西。这就是'温故知新'的真谛。"

孔子接着说道："学习不是简单的知识灌输，只有当你们在复习旧知识时，能够不断产生新的理解，才初步具备成为他人老师的资格。"这句话让众弟子豁然开朗。他们不仅更加努力学习新知识，还时刻牢记"温故知新"的道理，并以此为基础，去教导那些同样渴望知识的人。

"心"解漫谈

在博大精深的古老智慧中，"温故知新"如同一盏明灯，照亮着学习的道路。许多人常常误以为学习只是简单地堆积知识，然而真正的学习却是一场深度的探索之旅。在这个过程中，遗忘是一个无法回避的现象，它常常不请自来，让我们的记忆变得模糊不清，难以寻觅。大量的心理学研究显示，缺乏及时的复习是造成遗忘的重要原因。

那么，在遗忘的阴影下，如何能够捕捉到复习的最好时机呢？答案就隐藏在那条揭示人类遗忘规律的曲线之中。德国心理学家艾宾浩斯通过研究发现，人类大脑对新事物遗忘是有规律的。他指出："遗忘在学习之后立即开始，而且遗忘的进程并不是均匀的。最初遗忘速度很快，以后逐渐缓慢。"这条遗忘曲线显示，记忆材料在达到会背诵的程度后，一小时后就会遗忘 56%；再过一天，会忘掉三分之二；六天后只剩下 25% 左右。因此，在遗忘尚未真正加速之前，赶紧复习才是"王道"，"趁热打铁"的重要性显而易见。

需要关注的是，复习可不是随便翻翻书那么简单哦。如果你只是机械地重复、单调地回顾，你的大脑肯定会抗议："好无聊啊！"然后直接罢工，让你记不住任何东西。真正的复习，应该是和知识的一场有趣互动。你可以尝试先记住一部分内容，然后再整体回顾，或者把不同的知识点混合起来记忆。这样，知识在你脑海中就会像一幅幅生动的图画，学习也变得更加有趣。

另外还有一个高效记忆的小技巧：学完新东西后，别急着合上书本，先闭目回想一下刚才学了什么。然后再翻书看看，再回想一下，如此反复几次。你会惊奇地发现，这种循环复习法不仅会让你的记忆力飙升、记得更牢靠，还能减少复习时的小错误。

当然，除了方法和技巧，更重要的是我们对学习的热情和目标。如果你真的喜欢一门学科，或者清楚地知道为什么要学它，那么你的记忆力和理解能力就会像火箭一样一飞冲天。对于积极上进的人而言，每次复习旧知识都像是一次寻宝的旅程，每次重新理解都会带来意想不到的收获。“温故”不仅能“知新”，还能让学习生活变得更加丰富多彩，增添更多趣味性。

所以，不要只是为了考试而学习。在学习的道路上，我们不能只做知识的搬运工，更要成为真正的学习智者。用兴趣点燃学习的火花，用明确的目标引领努力的方向，通过准确把握遗忘曲线的特点并合理安排复习时间，就能够更有效地巩固记忆、减少遗忘。

如何填补你的“记忆黑洞”？

你有没有遇到过这样的糗事：刚背完的内容，转瞬间就从脑海中消失无踪？或是明明记下的待办事项，下一秒就莫名其妙地飞向了外太空？别担心，我们一起来填补这个恼人的“记忆黑洞”！

拿起彩色笔，给关键知识点画上醒目的圈圈，让你的笔记不再“灰头土脸”，而是变得五彩斑斓。这种视觉冲击，就像天空中闪亮的星星，不停地向你眨眼睛，不仅能抓住你的眼球，更能让你复习时一眼就锁定要点。

碰到那些难懂的抽象概念怎么办？动用你的想象力，给它们编个有趣的故事或者场景。这样一来，那些原本干巴巴的内容，就会变得活灵活现，让你记得更牢！

别忘了要及时回顾！根据那条神奇的遗忘曲线，新学的东西最开始忘得最快。所以，定期复习就像是给你的记忆加把锁，让你的大脑时刻保持清醒状态，使你成为名副其实的“记忆达人”！

谈虎色变 ◆ 启动人体的“自动导航”| 条件反射

典故探源

成语出自宋朝程颢、程颐所著《二程全书·遗书二上》：“常见一田夫曾被虎伤，有人说虎伤人，众莫不惊，独田夫色动异于众。”

成语“谈虎色变”的原意是指一提到老虎伤人，脸色马上就变了。比喻谈到可怕的事情，心里就非常紧张。

时光故事

有一次，村民们在闲谈中提及邻村出现老虎，伤害了不少人畜，提醒大家外出时要特别小心。在场的人们听后虽有些紧张，但大多并未太过在意。然而，这个消息却让一位农夫脸色惨白，浑身颤抖，手脚不听使唤。其他人见状嘲笑他：“你怎么这么胆小？我们只是谈论虎，你就吓成这样？”农夫哆哆嗦嗦地说道：“你们没有被虎伤过，当然不知道老虎伤人是多么可怕的事。”原来，这位农夫几年前曾被老虎所伤，幸得猎户及时相救才从虎口脱险。他在家调养了大半年才痊愈，至今仍然心有余悸。

北宋学者程颐将这个农夫的故事讲给学生听，并深有感触地说：“像老虎会吃人这样简单的道理，连小孩子都明白，但并非人人都真正能体会到老虎吃人的可怕程度。农夫因为亲身体验过，所以深切体会到虎患的可怕。”程颐因此告诫学生，研究学问时必须追求真知，要亲自去实践体验。

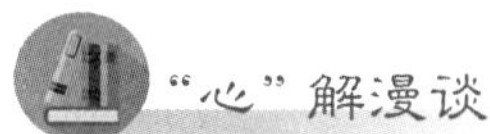

“心”解漫谈

反射是人体基本的生理反应之一。当医生用小皮锤击打人的膝盖凹处，正常情况下腿会因为膝跳反射而不由自主地弹起。这种自然的生理反应很早就引起心理学家的注意。俄国生理学家巴甫洛夫是第一个系统研究条件反射的科学家。在实验室中，他以狗为实验对象进行了一系列研究。他发现，当给狗提供食物时，狗会自然地分泌唾液，这是一种非条件反射。如果单独给狗播放铃声，则不会引起唾液分泌。但有趣的是，如果每次给狗提供食物之前都先播放铃声，经过多次结合后，仅仅播放铃声就足以引起狗的唾液分泌。这个过程就是著名的条件反射，它后来成为行为主义的重要理论基石。

条件反射，这个看似高深的心理学概念，其实在我们的日常生活中经常悄悄发生。不信？想想看，当你听到《喜羊羊与灰太狼》动画片的主题曲突然响起，是不是立刻感觉仿佛被拉回到了小学生状态？那种感觉就像穿越了时空一样。这就是条件反射的魔力所在：那首歌和你的欢乐时光回忆紧紧地“绑定”在一起，只要一听到旋律，回忆就涌上心头。

那么，这种条件反射是怎么形成的呢？其实原理并不复杂。一开始，那首歌只是一个无关刺激，它本身并不会引起你太多的反应。但是，当你在看《喜羊羊与灰太狼》动画片、享受快乐时光的时候，那首歌总是作为背景音乐播放。重复多次之后，你的大脑就把这首歌和快乐的情绪联系在了一起。于是，当那首歌再次响起时，即使不看动画片，你也能感受到那份快乐。这个过程就像是在你的大脑里搭建了一座桥梁，把原本不相关的两个东西紧密地连接了起来。

值得注意的是，这座连接桥梁并不是永久性的。比如，如果《喜羊羊与灰太狼》的主题曲从你的生活中消失很久，或者你的生活中出现了新的旋律，那么再次听到它时，那种强烈的快乐回忆可能就不再那么明显了。同样地，像上面故事里的农夫一样，他之所以一听到"虎"这个字就吓得脸色发白，是因为他几年前经历过被老虎咬伤的惊险遭遇，他心中的老虎形象依然清晰可怖，时间并没有冲淡他的恐惧，仍然经不起语言的刺激。

条件反射这一神奇现象，尽管能激发我们身体的"自动导航"模式，却也需要我们不断地去维系。就如同那些经典老歌，我们偶尔回味，便能让它们在记忆中常保新鲜；相反，那些曾经的恐怖经历，若我们不去主动回忆，它们将随时间流逝而逐渐淡化。这就是条件反射的奥秘所在！

成长锦囊

如何驯服"心情变脸虎"？

你是否曾有过这样的体验？一听到某句话或某个词，心跳骤然加速，脸色说变就变，仿佛心底有只猛虎即将挣脱束缚。你是否疑惑，为什么语言能有这么大威力，能让我们顷刻间变脸？

别急，这只"老虎"其实被条件反射这个"小魔术师"暗中操控。就像巴甫洛夫的那只狗狗，一听到铃声便口水直流，同样地，某些特定的话语，就像那个铃声，一下子就能触发我们的情绪开关。这种反应源于过去的经历，使我们在相似情境下，总是"条件反射"地做出同样的反应。认识到这一点，我们便能逐步驯服这只"心情变脸虎"。

当刺耳的话语如火星飞溅，试图点燃你的怒火时，切记保持冷静。深吸一口气，再缓缓呼出，让那些负面情绪随气息悄然散去。紧接着，在心中默数三秒，仿佛是在游戏中等待倒计时的结束，为自己赢得片刻的宁静。然后，以冷静的态度回应，别让过去的"戏码"再次搅动你此刻的心绪。就这样，用智慧拴住这只“变脸虎”，让它乖乖听你指挥！

余音绕梁 ◆　挥之不去的“单曲循环”|耳虫现象

典故探源

成语出自战国时期列御寇所著《列子·汤问》：“既去，而余音绕梁欐，三日不绝，左右以其人弗去。”

成语“余音绕梁”原意是指乐曲停止后，其回声仿佛还萦绕在屋梁上，持续回荡，久久不能消失。常用来赞美歌声或乐声美妙动听，也比喻诗文意味深长，耐人寻味。余音：音乐结束后留下的回声。

时光故事

战国时期，韩国歌女韩娥以卖唱为生。一日，她途经齐国，因路费用尽，便在都城的雍门卖唱筹措旅费。韩娥的声音清脆嘹亮，婉转悠扬，如同天籁，吸引了无数听众。人们纷纷驻足倾听，如痴如醉。演唱结束后，美妙的旋律仍在空气中回荡，人们沉醉其中，久久不愿离去。等她离开后，那些听过她唱歌的人还仿佛能听到那歌声在房梁间久久萦绕，一连好几天都未消散。

后来，韩娥在一家旅店投宿时，却遭到老板的冷遇。她满心委屈，伤心地痛哭离去。她的哭声悲伤凄楚，触动在场的每一个人，人们纷纷流下泪来。大家都愁眉不展，好几天都吃不下东西。人们赶忙把韩娥追回雍门，请她再次为大家演唱。当那熟悉的旋律再次响起，听众们无不欢欣鼓舞，几天来的悲伤情绪瞬间一扫而空。

“心”解漫谈

你脑海中是否曾经不断回荡着一首歌的旋律？无论怎么努力，它总是挥之不去，好像有一只顽固的小虫子在你的耳朵里不断叫唤，在脑海中久久不散。这种现象被形象地称为“耳朵虫”，当然这并不是真的有虫子在作怪，而是人脑对音乐产生的一种有趣的反应。

虽然没有播放音乐，但音乐片段在脑袋中不由自主地反复出现的现象，就是我们所说的“耳朵虫”，也称“非自主音乐想象”。当大脑接收到音乐的刺激后，它会情不自禁地回放这些旋律。有时候，它可能会让我们感到分心，比如正准备埋头备考，突然脑海里蹦跶出一首洗脑金曲，你想专注却总被那旋律干扰，难以全身心投入。

为什么会出现这种现象呢？这与我们大脑里的“音乐处理中心”——听觉皮质有关。听觉是人们感知声音的重要过程，而大脑的听觉皮质则负责处理这些声音信息，就像是一个专门负责播放音乐的播放器。当听到某些特定的音乐片段时，这个“播放器”就会被激活，开始循环播放那些旋律。于是，那首歌就在你脑海里“安营扎寨”，反复回荡。

研究发现，从事与音乐相关行业的人更容易出现“耳朵虫”现象，可能是因为他们对音乐的敏感度更高，大脑里的“音乐播放器”更容易被触动吧！然而，大多数情况下，“耳朵虫”并不会带来太大的困扰，反而可能让人感到愉悦。英国雷丁大学的心理学家菲利普·毕曼发现，大部分“耳朵虫”只会持续30分钟左右的时间。而且，你越注意到它，它给你心理带来的厌烦越严重。因此，如果你遇到“耳朵虫”，不必太紧张，放松心情，它自会悄无声息地离开。

有趣的是，“耳朵虫”的出现并非毫无章法。有时候，一些洗脑神曲本身就具有难以忘记的特性，它们就像魔咒一样不断地在我们耳边回荡。而在另一些情况下，特定情境下的歌曲更容易变成“耳朵虫”，比如失恋伤心时听到的一首悲伤歌曲。这些特定的音乐和场景与人们的情绪紧密相关，因此更容易在脑海中留下深刻的印象。

虽然“耳朵虫”可能会给人带来一些困扰，但需要明确的是，它并不是什么恐怖的东西。它是人类正常的身心反应，与强迫症或精神疾病中的“幻听”有所不同。虽然有些强迫症患者脑海中也会持续出现音乐旋律，但这种感觉是非常痛苦且难以摆脱的。相比之下，“耳朵虫”就友好多了，它更像是个无害的恶作剧，短暂逗留，不会长久打扰我们的宁静。

如何与不请自来的“耳朵虫”做朋友？

学业繁重，压力如山，耳边却不合时宜地响起某首歌曲的旋律，而且挥之不去，惹人心烦。别担心，这只是大脑处理音乐信息的一种自然反应，无须过分忧虑。

当“耳朵虫”旋律悄然来访时，试着与其和平共处。先深吸一口气，再缓缓呼出，仿佛是在给内心做一次舒缓的伸展。之后，以欢迎的姿态拥抱这些不期而至的音符。你可以轻轻跟唱，仿佛自己在春日暖阳下的花海中悠然漫步，和着旋律共谱一曲生活赞歌。在这样的情境中，你会发现快乐如春风，迅速充盈心间。

分享你的“耳朵虫”经历也是个不错的方法。与家人或朋友交流你最近总是想起的歌曲，一起“K 歌”或揭秘歌曲背后的故事。这不仅能让你们的心灵靠得更近，也能让“耳朵虫”成为拉近彼此距离的趣事，为日常生活增添一抹欢笑。

与“耳朵虫”做朋友吧！借由音乐的魔力，你会发现压力不过是生活中的小小插曲，而美好总在不经意间翩然而至。

梦笔生花 ◆　探秘内心的"潜意识画布"|睡眠与梦

典故探源

成语出自唐朝李大师、李延寿所撰《南史·纪少瑜传》:"少瑜尝梦陆倕以一束青镂管笔授之，云:'我以此笔犹可用，卿自择其善者。'其文因此遒进。"

成语"梦笔生花"原意是指梦见自己使用的笔能够写出漂亮的文章，如同笔下生出花朵一般绚烂。多比喻才思横溢，文笔优美。

时光故事

纪少瑜是南朝有名的文士。尽管他早年的文才并未显山露水，但他凭借着对学问的执著追求，逐渐在文坛上崭露头角，后来官至东宫学士，成为一代文化名流。

相传有一天，纪少瑜秉烛夜读，困乏之际伏案而眠。梦中，他遇见已故的文化巨匠陆倕。陆倕手持一束毛笔，笔杆黝黑如墨，每支笔杆上都雕刻着精美的花卉图案。他将这束笔递给纪少瑜，并说道:"我以此笔犹可用，卿自择其善者。"言下之意是，这些笔有着提升文章水平的神奇力量，纪少瑜可选择其中一支，对帮助他写出好文章一定会有作用。

说来奇怪，梦醒之后，纪少瑜惊奇地发现在自己的案头上竟真的有一支与梦中所见完全相同的毛笔。他大为惊讶，认为这是神灵的恩赐。自此以后，他每每执笔作文，总是文思如泉涌，佳句频出。这支神奇的毛笔仿佛赋予他无穷的灵感，使他在文化界声名鹊起，走上名扬天下之路。

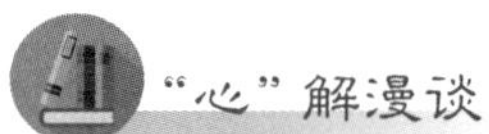

“心”解漫谈

睡眠与梦境，长久以来都是人类探寻自身奥秘的重要领域。当夜幕降临，人们进入梦乡，开启一段神秘的旅程。在梦中，宛如画师的笔触跃然纸上，细腻地描绘出心灵深处的景象。我们不禁要问：梦境背后，到底蕴藏着哪些奥秘呢？

在心理学家弗洛伊德看来，梦是“通向潜意识的秘密通道”。梦，就像是一扇半掩的窗户，悄悄连接着我们的意识和无意识。透过它，我们得以窥见那些平时难以察觉的思绪和情感。

为了更深入地了解梦与日常生活的关系，心理学家进行了一项有趣的空腹实验。他们让 32 名大学生绝食几天，结果发现，在饥饿的状态下，这些人在梦中竟然都变成了“吃货”。他们梦见自己狼吞虎咽地吃着厚厚的烙饼、香喷喷的牛排。醒来后，他们谈论的话题也大多与食物有关。更有趣的是，有 13 名被试甚至表示，在实验结束后想去当厨师，以便随时品尝美食！这个实验生动地说明梦境与人们的内心需求和欲望之间有着紧密的联系。

然而，梦境也不总是那么直接明了。有时，它会用一些奇奇怪怪的隐喻和象征来跟我们玩捉迷藏。那些看似莫名其妙的梦境，经常成为科学家和艺术家们的灵感大宝藏！比如，俄国化学家门捷列夫就是在梦里突然灵光一闪，得到了化学元素周期表的启示！还有缝纫机的发明者伊莱亚斯·豪，也是在梦乡里看到了那个超酷的针眼设计。一些研究者认为，当进入梦乡后，人们的精神状态得到放松，外部信息的干扰减少，这使得大脑就更容易沟通和处理某些信息。特别是那些长期思考某个问题的人，在梦境中，相关的信息可能会像拼图一样重新组合和改造，绕过清醒时的思维障碍，打通被意识堵塞的信息通道，催生出超越时空限制的灵感。

研究还表明，做梦是人脑正常的活动。心理学家已经解开一些关于梦境的奥秘：比如，人人都做梦吗？是的，人人都做梦。有些人会坚信自己根本就不做梦，其实是因为他们醒来的时候，对所做的梦已忘得一干二净了。又比如，人能不能控制自己做梦的内容？能，但需要一定的方法。心理学家要求被试在梦中梦见自己身上出现了一种极其令人向往的优点。结果，大多数人真的做了这样的梦，有的还做了两三次呢。最后，不做梦行吗？不行。研究表明，做梦是必不可少的心理活动，不做梦是不行的，少做梦也是不行的。

梦真的是一个充满奥秘的领域，还有待继续探索。现在，让我们一起做个甜甜的梦，期待明天的美好吧！说不定你也能在梦里找到属于你的奇妙灵感呢！

梦里宝藏知多少？

你是否曾经在光怪陆离的梦境中分不清东南西北，醒来后还是一头雾水？那些如梦似幻的场景和人物，是不是总让你心生好奇，却又无从解读？别慌张，梦境其实是我们内心世界的“宝藏图”，每一场梦都如同一座隐藏着无尽珍宝的神秘岛屿，等待着你去揭开它的面纱。

要开启这些宝藏，关键在于学会捕捉梦境的轨迹。可以在床头放个小本子和笔，清晨一醒来，趁记忆还新鲜，就把梦里的所见所闻记录下来。随着时间慢慢流淌，你会发现，梦境的谜团逐渐散开，内心的诉求一点一滴被听见，展现出一个色彩斑斓、变化无穷的内心天地。而且，你知道吗？梦境中的思维其实是白天清醒时思考的延伸。那些白天让你挠头的问题，说不定在夜的梦工厂里，早就为你准备好了答案！

不要小看梦境的力量哦！在梦的海洋中自在遨游，探寻内心深处隐藏的宝藏，这将是一场引人入胜的神奇之旅。即刻启程，踏上你的梦境探索之路吧！

蓝田生玉 ◆ 在 DNA 里破译心灵密码 | 遗传学

成语出自西晋时期的陈寿所著，东晋、刘宋时期裴松之注《三国志·吴书·诸葛恪传》：“权见而奇之，谓瑾曰：‘蓝田生玉，真不虚也。’”

成语“蓝田生玉”比喻贤能的父亲生得贤能的儿子。蓝田：指陕西省的一个地名，以产美玉而闻名。

诸葛恪是三国时东吴大将军诸葛瑾的儿子。他从小聪明伶俐，口才极好，善于言辞。

有一次，孙权拿诸葛瑾的长脸开玩笑，他命人牵来一头毛驴，在驴的长脸上写了“诸葛子瑜”四个字，借以讥讽诸葛瑾脸长似驴。众人见了，捧腹大笑，诸葛瑾也感到很尴尬。只见诸葛恪不慌不忙走上前，在“诸葛子瑜”四字后面添写了“之驴”二字，这样就成了“诸葛子瑜之驴”。满座大臣见了无不惊讶叹服，孙权见诸葛恪如此机敏，十分高兴，当场把毛驴赏赐给他。

又有一次，孙权问诸葛恪：“你父亲与你叔父诸葛亮相较，究竟谁更胜一筹？”诸葛恪应道：“我父亲更为高明。”孙权遂问其故，诸葛恪毫不犹豫地回答："我父亲深知侍奉明主之道，而我叔父却未能领悟此理，因此我父亲更胜一筹。"孙权闻言，对诸葛瑾赞道："常言道，蓝田生美玉，名门出贤良，果真名不虚传！"

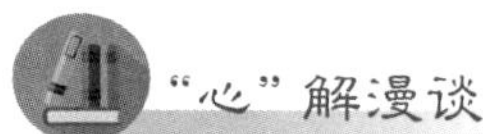

"心"解漫谈

在日常生活中，我们不难发现子女的多方面特质，如智力、性格，乃至思维方式、行为习惯等诸多方面，往往与父母间存在微妙的相似，这好比是"蓝田生玉"，就如蓝田孕育出瑰丽的玉石，父辈的优秀特质在子女身上得以延续。这种传承，就像生命之树上的繁茂枝蔓，相互交织，绘制出美丽的人生画卷。

一项涵盖八个国家、跨越半个世纪的研究，揭示了血缘与智商之间的深刻联系，即遗传关系越近，智商相似度越高。心理学家发现：亲生父母和孩子的智商相关系数有 0.5，而养父母和孩子的就只有 0.3。更有意思的是，同卵双胞胎（就是由一个受精卵发育而来的两个孩子）之间的智商相似度超级高，超过 0.75。而异卵双胞胎（就是由两个不同的受精卵发育成的两个孩子）之间的相似度就只有 0.5 左右，跟普通的兄弟姐妹差不多。值得注意的是，即使同卵双胞胎被分开抚养，他们的智商相似度也能达到 0.75，这比在一起抚养的异卵双胞胎还要高。这些数据有力地证明了遗传对智力的重要影响。

遗传信息如同隐藏在细胞核染色体中的"密码书"，每个人都有两组这样的"密码书"，一组源自父亲，一组源自母亲。例如，一个人可能从母亲那里继承了卷发基因，而从父亲那里继承了直发基因。当这两组"密码书"中的基因信息出现分歧时，某些"强势"的基因会压制其他基因的表达。当然，也存在一些基因，它们只有在来自双亲的基因完全相同时，才会发挥其作用。

为了弄清楚遗传到底对人类的行为有多大影响，科学家们做了深入的探究。他们发现，同卵双胞胎因为拥有完全相同的基因，所以即使他们在不同的环境中长大，他们的行为还是很相似。而异卵双胞胎因为只有一半的基因相同，所以他们的行为相似度就没有那么高了。这就告诉我们，基因对我们的行为确实有一定的影响！不仅如此，科学家们还发现，有些被收养的孩子在某些方面跟他们的亲生父母更像，而不是他们的养父母。这也说明遗传的力量确实不容小觑！

当然，遗传并非决定行为的唯一因素。人们表现出的行为还受到环境、教育等多种因素的影响。跟其他动物比起来，人类行为受遗传控制的程度相对较低，这意味着，尽管我们可能从父辈那里继承某些特质，但我们的成长环境和学习经历同样重要。因此，我们应该珍惜并充分利用外部因素，努力雕琢自己，成为一块更加璀璨的“玉”。

成长锦囊

遗传，行为的起点还是终点？

为什么有的人天生就是“数学达人”，而有的人却对音乐情有独钟？为什么有的同学体育课上身手敏捷，有的同学却更擅长棋类游戏？答案或许在遗传密码中。

遗传可以被看作是行为的起点之一。如果将人生比作建造一栋大楼，那么遗传就好比是设计图纸。没有设计图纸，建造就无从谈起；同样，没有遗传，我们的身心也难以正常发展。

然而，遗传并非故事的全部。设计再精妙，如果工匠技艺不精或者材料低劣，那么建筑也难以完美。我们的成长环境就好比是建造过程中的工匠和建材，它们包括家庭、学校、朋友和社会等等，无一不在影响着我们的行为，即使是同卵双胞胎，他们的体验也会有所不同。

就像种子需要适宜的土壤、水分和阳光才能生长，人们的行为也需要适当的环境来培育。我们应该认识到，每个人都有遗传所赋予的独特天赋，而环境则决定着潜能实现的方式。所以，别让遗传成为自我设限的借口，相反，应该把它看作是追求梦想的起点。

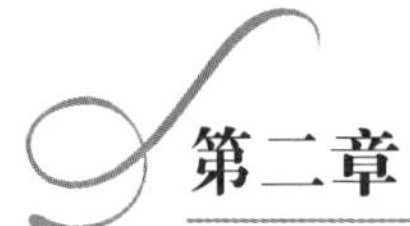

第二章

用成语揭开思维面纱，增强理解力

豁然开朗 ◆ 邂逅奇思妙想的新世界 | 灵感

典故探源

成语出自晋朝陶潜所著《桃花源记》："初极狭，才通人。复行数十步，豁然开朗。"

成语"豁然开朗"原意是指由狭窄幽暗变为宽阔明亮。形容原来不明白的道理，经过学习或他人指点，突然领悟。豁然：开阔的样子。开朗：宽阔，明亮。

时光故事

晋朝时期，武陵有一位渔夫，他顺着小溪捕鱼，渐渐地走进一片风景如画的桃花林。在好奇心驱使下，这位渔夫一路前行，来到桃花林的尽头。他发现山旁有一个神秘的洞口，里面隐约透出光亮，他便走入洞中。

初时道路狭窄，再走几十步，眼前豁然开朗，出现一片广袤的平原。平原上，男人们正在田间辛勤劳作，女人们在家中熟练地织布。房屋错落有致，孩子们欢声笑语，老人怡然自得，仿佛与世隔绝的仙境。村民们热情地招待渔夫，美酒佳肴摆满一桌。在言谈中，渔夫得知他们的祖先为了躲避战乱而隐居于此，数百年来与外界隔绝，过着幸福宁静的生活。

几天后，渔夫向村民们辞别时，村民恳切地叮嘱他："请不要把洞中情况告诉其他人。"然而，渔夫回到武陵后，却向太守报告了此事。太守马上派人沿原路寻找那片美丽的桃花林，可是找来找去，总也找不到入口。这个美丽而神秘的世界从此留存在人们的传说之中。

"心"解漫谈

当人们思考难题时，有时会遇到思维卡壳的情况，仿佛走进死胡同，找不到出路，迷茫和无助涌上心头。但是心理学家告诉我们，这时候不妨暂时放下问题，不去想它，做点别的事情，等待灵感的自然降临。说不定，你会有意想不到的收获，这就是那种"豁然开朗"的感觉。

历史上不乏灵感迸发的例子。这些乍现的灵感有时被人们赞誉为"上天的恩赐"，似乎只要拥有它们，就能轻易取得成就。然而，现实情况是这些灵感的诞生源于无数次的思考。

当遭遇一时无法解决的难题时，大脑的潜意识会在背后默默地助力，整合并更新人们的知识结构。这一阶段被称作"酝酿"。虽然表面上看，人们可能会选择休息或参与其他活动，相关的思考活动有所减少，但潜意识的思考却一直没有停止。这如同在知识的矿藏中不懈挖掘，虽然过程艰辛，但唯有经过这样的筛选与提炼，方能觅得真金，带来灵感。这个过程，需要我们保持足够的耐心和坚定的信心，就像诗中所说的："千淘万漉虽辛苦，吹尽狂沙始到金。"酝酿，正是我们走向成功的关键。

为了证明灵感的这种"豁然开朗"的特点，心理学家进行了一个实验。他们提出了一个复杂的问题，并将参与者分为三组进行测试。每组人都用半小时来尝试解决问题。结果显示：第一组在半小时内有 55% 的人找到了答案；第二组在解决问题的过程中，插入半小时做其他事情，再回来继续，有 64% 的人解决了问题；第三组在解决问题的过程中，插入四个小时做其他事情，再回来继续，竟然有 85% 的人解决了问题。

当心理学家询问被试的解题过程时，他们发现了一个有趣的现象：第二组、第三组的被试在休息归来后，并没有继续之前的思路，而是像初次面对问题一样，重新开始思考。这个现象揭示了酝酿阶段的重要性。它似乎能帮助人们摆脱可能走入歧途的固有思维，促进新思路的产生。

灵感是推动创新和进步的重要源泉。在科学研究、艺术创作等领域，豁然开朗的时刻通常是在人们全身心投入之后才会突然降临。它带来的效果往往出人意料，一旦发生，就好像突然打开封闭的闸门，许多之前并未意识到的信息将在瞬间涌现出来。因此，我们需要保持开放的心态，在灵感来临时，要勇敢地抓住它，并将其付诸实践。

成长锦囊

如何找到思维迷宫的出口？

有没有那么一刻，你感觉自己被困在难题的迷宫里，就像是面前立着一堵坚不可摧的墙，任凭你绞尽脑汁也找不到出路？

当你面对难题冥思苦想，感觉脑汁都要被"榨干"时，不妨换个策略——放下手中的笔，推开房门，去外面透透气吧。跑跑步，让音符跳进耳朵，或者找朋友闲聊。你会惊讶地发现，当你放松心情、转换环境后，那些之前困扰你的问题可能自动解锁了，就像找到隐形的通关密语一样，突然间迎刃而解。

有时候，我们需要给大脑一个休息的机会，以便它能从不同的视角去重新审视问题。记住，"死磕"不是办法，适时地放手或许更为明智！当你放松过后重新投入时，你会惊喜地发现，灵感就像清晨的第一缕阳光，暖洋洋地照进脑的桃花林。在好奇心驱使下，这位渔夫一路前行，来到桃花林的尽头。他发现山旁有一个神秘的洞口，里面隐约透出光亮，他便走入洞中。

初时道路狭窄，再走几十步，眼前豁然开朗，出现一片广袤的平原。平原上，男人们正在田间辛勤劳作，女人们在家中熟练地织布。房屋错落有致，孩子们欢声笑语，老人怡然自得，仿佛与世隔绝的仙境。村民们热情地招待渔夫，美酒佳肴摆满一桌。在言谈中，渔夫得知他们的祖先为了躲避战乱而隐居于此，数百年来与外界隔绝，过着幸福宁静的生活。

几天后，渔夫向村民们辞别时，村民恳切地叮嘱他："请不要把洞中情况告诉其他人。"然而，渔夫回到武陵后，却向太守报告了此事。太守马上派人沿原路寻找那片美丽的桃花林，可是找来找去，总也找不到入口。这个美丽而神秘的世界从此留存在人们的传说之中。

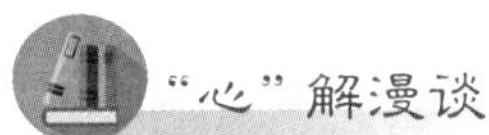

"心"解漫谈

当人们思考难题时，有时会遇到思维卡壳的情况，仿佛走进死胡同，找不到出路，迷茫和无助涌上心头。但是心理学家告诉我们，这时候不妨暂时放下问题，不去想它，做点别的事情，等待灵感的自然降临。说不定，你会有意想不到的收获，这就是那种"豁然开朗"的感觉。

历史上不乏灵感迸发的例子。这些乍现的灵感有时被人们赞誉为"上天的恩赐"，似乎只要拥有它们，就能轻易取得成就。然而，现实情况是这些灵感的诞生源于无数次的思考。

当遭遇一时无法解决的难题时，大脑的潜意识会在背后默默地助力，整合并更新人们的知识结构。这一阶段被称作"酝酿"。虽然表面上看，人们可能会选择休息或参与其他活动，相关的思考活动有所减少，但潜意识的思考却一直没有停止。这如同在知识的矿藏中不懈挖掘，虽然过程艰辛，但唯有经过这样的筛选与提炼，方能觅得真金，带来灵感。这个过程，需要我们保持足够的耐心和坚定的信心，就像诗中所说的："千淘万漉虽辛苦，吹尽狂沙始到金。"酝酿，正是我们走向成功的关键。

为了证明灵感的这种"豁然开朗"的特点，心理学家进行了一个实验。他们提出了一个复杂的问题，并将参与者分为三组进行测试。每组人都用半小时来尝试解决问题。结果显示：第一组在半小时内有55%的人找到了答案；第二组在解决问题的过程中，插入半小时做其他事情，再回来继续，有64%的人解决了问题；第三组在解决问题的过程中，插入四个小时做其他事情，再回来继续，竟然有85%的人解决了问题。

当心理学家询问被试的解题过程时，他们发现了一个有趣的现象：第二组、第三组的被试在休息归来后，并没有继续之前的思路，而是像初次面对问题一样，重新开始思考。这个现象揭示了酝酿阶段的重要性。它似乎能帮助人们摆脱可能走入歧途的固有思维，促进新思路的产生。

灵感是推动创新和进步的重要源泉。在科学研究、艺术创作等领域，豁然开朗的时刻通常是在人们全身心投入之后才会突然降临。它带来的效果往往出人意料，一旦发生，就好像突然打开封闭的闸门，许多之前并未意识到的信息将在瞬间涌现出来。因此，我们需要保持开放的心态，在灵感来临时，要勇敢地抓住它，并将其付诸实践。

成长锦囊

如何找到思维迷宫的出口?

有没有那么一刻，你感觉自己被困在难题的迷宫里，就像是面前立着一堵坚不可摧的墙，任凭你绞尽脑汁也找不到出路?

当你面对难题冥思苦想，感觉脑汁都要被"榨干"时，不妨换个策略——放下手中的笔，推开房门，去外面透透气吧。跑跑步，让音符跳进耳朵，或者找朋友闲聊。你会惊讶地发现，当你放松心情、转换环境后，那些之前困扰你的问题可能自动解锁了，就像找到隐形的通关密语一样，突然间迎刃而解。

有时候，我们需要给大脑一个休息的机会，以便它能从不同的视角去重新审视问题。记住，"死磕"不是办法，适时地放手或许更为明智！当你放松过后重新投入时，你会惊喜地发现，灵感就像清晨的第一缕阳光，暖洋洋地照进脑海，让一切豁然开朗！

凤毛麟角 ◆ 走进“智慧达人”的世界 | 天赋

典故探源

成语出自唐代李大师、李延寿所撰《南史·谢超宗传》：“超宗殊有凤毛，灵运复出。”

成语“凤毛麟角”原意是指凤凰的羽毛和麒麟的角，都是极其珍贵的东西。比喻极其稀少而珍贵的事物，也指难得的人才。

时光故事

谢超宗是南朝时期著名的诗人谢灵运的孙子，他学识渊博，文采斐然，王府中的文告函件都出自他的手笔。当新安王的母亲离世时，谢超宗受命撰写悼词。其悼词情真意切，读者无不为之动容，潸然泪下。孝武帝读过以后大加赞扬，对文武百官说：“谢超宗才华出众，真是有凤毛呀，天下又出了一个谢灵运！”

当时，右卫将军刘道隆也在场。刘道隆出身行伍，性格粗犷。当他听到孝武帝夸奖谢超宗“有凤毛之才”时，误以为谢家有奇珍异宝，于是便到谢家寻找。他央求道："听说谢家有稀罕宝贝，快让我看看！"谢超宗疑惑地问他为何会有如此想法："刘将军，你可能是误会了，我们家并没有什么珍奇之物啊。"但刘道隆误以为谢家故意隐藏了珍宝，仍然锲而不舍地寻找。他坚持道："怎么会没有呢？皇上亲口说的，你很有些'凤毛'！"听过刘道隆的话，谢超宗不禁哈哈大笑起来。

"心"解漫谈

"凤毛麟角"，因其稀少而显珍贵，常用来形容那些出类拔萃的天才。关于天才的培养，历来是人们热议的话题。究竟是先天遗传铸就了他们的天赋异禀？还是后天教育打造了他们的非凡才华？又或者是机遇垂青让他们得以光芒耀眼？众说纷纭，莫衷一是。

历史上不乏对天才的深入研究。有人坚信天才源自遗传，如英国人类学家高尔顿，他深入剖析 977 位名人的家谱，从生活史中探寻幼年心理特征和成功奥秘的关系，并出版《遗传与天才》一书。而另一方面，智商测试曾一度被视为衡量天才的标尺，如美国心理学家推孟用智力测验的方式鉴别出 1500 多名天才儿童，发现他们的平均智商高达 140，约占儿童总数的 2%~4%。如今，像门萨（MENSA）这样的"天才俱乐部"依然将智商 132 作为入会的门槛。这无疑加深了人们对智商与天才之间紧密联系的印象，高智商似乎成为天才的代名词。然而，我们也不禁要问：智商真的是衡量天才的唯一标准吗？

越来越多的研究表明，遗传与环境在天才的培养中共同发挥着作用。天赋固然重要，但它仅仅代表了对某种工作具有一种特殊的潜能，使人能够更快地掌握某种技能。然而，仅凭天赋并不足以成就天才，后天的教育、环境的影响以及个人的持续努力同样极为关键。以唐朝文豪王勃为例，他六岁便能执笔作文，十四岁时在滕王阁宴会上即兴作序，旁征博引，才华过人，被赞誉为天才。名句"落霞与孤鹜齐飞，秋水共长天一色"至今仍传颂不衰。然而，这位天才的成就并非凭空而来。他自幼便跟随父兄广泛阅读诸子百家的经典，勤奋努力，不断钻研。正是这种对知识的渴求和不懈努力，使他取得划时代的文学成就，扛起初唐诗歌革新的大旗。法国科学家居里夫人两次获得诺贝尔奖，在科学领域取得举世瞩目的成就。她发现的氯化镭，是从数吨沥青矿渣原料中提炼出来的。当她忍着失去丈夫的悲痛，在那口漆黑、冒着浓烟的大锅里搅拌的时候，她始终坚信，成功是蕴藏在这些劳累里面的。

美国心理学家韦克斯勒的调查揭示出一个意味深长的现象：超过三分之二的诺贝尔奖获得者在童年时期的智力并非超常，而是属于中等偏上水平。这一结论说明坚韧不拔、勤奋努力等心理品质在很大程度上可以补强智力。

因此，真正的天才不仅仅是智力的体现，更是毅力、创造力、洞察力以及环境等多重因素的综合作用。每个人都有自己独特的天赋，只要善于发掘这些潜力，都有可能创造出属于自己的辉煌成就。

成长锦囊

如何发掘你的“隐藏版天才”？

你有没有那么一瞬间，眼巴巴地看着那些被赞为“天才”的小伙伴们，心里犯嘀咕：“我咋就这么普通呢？”别担心，每个人都有自己的“隐藏版天才”等待挖掘。

一旦有机会，就勇敢地尝试新事物吧。就像初次尝试骑自行车时，或许会跌倒，但每一次的摔落都是你成长的垫脚石。生活中，无须惧怕采用新的学习方法、加入新的活动或是与各式人群交流，因为这些尝试中或许就隐藏着你的“天才密码”，能帮助你发掘自己的新才能。

仅仅尝试是不够的，还需要持续努力，下真功夫。成功从来都不是一蹴而就的，它需要耐心、勇气和不服输的劲儿。你可以从每天为自己定下小目标开始——无论是读完一本新书，还是学习一项新技能，这些小小的努力都会逐渐累积成为大的成就。

每个人都是天上的一颗星星，背景、经历、兴趣、天赋等特征共同绘制出你独一无二的星空。只要抱着心里的那份热爱，脚踏实地去追，你的星空也能照样熠熠生辉！

才高八斗 ◆ 砥砺才智的试金石 | 智力测量

典故探源

成语出自宋无名氏《释常谈·八斗之才》:"文章多,谓之'八斗之才',谢灵运尝曰:'天下才有一石,曹子建独占八斗,我得一斗,天下共分一斗。'"

成语"才高八斗"原意是指曹子建文才出众,天下文才总共一石(一种计量单位,一石等于十斗),他自己占了八斗。现比喻才学极高。

时光故事

南北朝时期的诗人谢灵运才华横溢,不仅在诗歌方面文采斐然,而且在书法艺术上也有着深厚的造诣。宋文帝读到谢灵运的诗,对其才华极为赞赏,经常要求他在宴会上即兴作诗,还将他的诗歌和书法称为"二宝",极力推崇。

然而,谢灵运并未被朝廷委以重任。他深感怀才不遇,最终决定辞去官职,选择游历山水。在自然的怀抱中,他找到了心灵的慰藉,并创作了许多描绘自然美景的山水诗。这些诗作不仅极大地丰富了诗歌的题材,还开拓了新的艺术境界,山水诗成了我国诗歌发展史中的一个重要类别。

谢灵运为人清狂、自傲,却唯独对曹植非常敬重。有人当面称赞他说:"谢公,您才华盖世,真是让人羡慕啊!"谢灵运哈哈大笑道:"自魏晋以来,天下的文学之才如果共有一石，那么曹植独占八斗，我谢灵运占一斗，从古至今的其他人则分剩下的一斗。”

“心”解漫谈

人与人之间存在着各种各样的能力差异，有的人能歌善舞，有的人长于运动，还有的人善于沟通。这些差异既体现在质的方面，如抽象思考能力和艺术创造力的不同，也体现在量的方面，如某方面技能水平的高低，使得每个人擅长的领域不同。

为了全面评价一个人的能力，人们通常会考虑其完成活动的质量、效率以及顺利程度。而要准确测量和评价这些能力，则需要依靠科学的方法。除了通过观察和分析个体在不同活动中的表现来进行初步评估外，更关键的是运用心理测验来进行深入评估。

在中国，心理测验的历史可谓源远流长。早在古代，孟子就提出“权然后知轻重；度然后知长短”的观点，表明心和物都有可测量的特性。谢灵运用“才高八斗”来赞誉曹植的卓越才华，进一步印证古代人们对于个体能力的评价已有一定的认识。此外，古代的“七巧板”“九连环”等游戏，以及科举考试中的策论、经义等科目，都可以看作是对人们才能的一种评估。虽然这些传统的评估方法简单直观，但它们在科学性和精确性方面存在不足。

1890 年，美国心理学家卡特尔首次提出心理测验的概念，为现代心理测量奠定基础。1905 年，法国心理学家比奈和医生西蒙编制了世界上第一个智力测验量表——“比奈－西蒙量表”。这一创新使得人们能够更科学地评估个体的智力水平。随后，在 1916 年，美国斯坦福大学的推孟教授对这一量表进行修订，并引入一个新的概念——“智商”（IQ）。智商是一个人智力年龄与实际年龄的比值，它在人群中呈正态分布。这意味着大多数人的智商都处于平均水平附近，而智商特别高或特别低的人则相对较少。

心理学家普遍认为，智商是衡量个体能力数量化的准确方法。通常认为，智商低于 70 分者智力落后，而智商高于 130 分者则智力优异或超常。

这样的划分标准虽然有些简单粗暴，但也在一定程度上反映出人们智力水平的差异。

除了智商测验外，心理学家还开发了特殊能力测验和创造能力测验等多种心理测验方法。这些测验经过精心设计，能够客观、全面地反映个体的能力水平，为人们提供更准确的能力评价依据。比如，一个中学生在音乐方面表现出色，但在数学方面却感到困难重重。通过特殊能力测验，他可以更清晰地认识到自己在不同领域的优势和不足，做出更合理的规划。

心理测验是一种科学、有效的评估个体能力的方法。借由了解自身的智商及其他特殊能力，人们能够更深入地认识自己，发掘内在潜力，进而为个人成长与发展提供有价值的参考。

成长锦囊

如何定位你的"才华坐标"？

你是否时常感到迷茫，不知道自己擅长什么？看到别人在学习、体育、艺术等方面风生水起，而自己却好像原地踏步？别担心，每个人都有独特的"才华坐标"，等待自己去发现！

心理学家们设计了许多有趣的测验，如智力测验、特殊能力测验等。这些测验就像宝藏图上的线索，能揭示出你的潜在优势和特长。进行这些测验的目的并不是简单地给自己贴上"聪明"或"愚笨"的标签，而是为了更深入地了解自己，并评估自己在哪些领域具有超出常人的能力。这些测验可以揭示你的性格特点、技能以及在哪些方面你比其他人更有天赋。

一旦找到你的"才华坐标"，你将会更加明确自己的发展方向。比如，如果你发现自己在音乐方面很有天赋，那么就可以考虑朝着音乐表演的方向努力；如果你发现自己的创造力很强，那么就可以尝试在科技创新领域大展拳脚。这样，你就能把每一次尝试都当作自我发现的旅程，稳稳地走向成功的大道。

按图索骥 ◆ 头脑中的奇幻工坊 | 再造想象

成语出自明朝杨慎《艺林伐山》："其子执《马经》以求马，出见大蟾蜍，谓其父曰：'得一马，略与相同，但蹄不如累麴尔。'"

成语"按图索骥"的原意是指按照图片寻找好马。形容按照已知道的线索去寻找所需要的东西。也比喻办事机械，不从实际出发，只知道生搬硬套书本知识。骥：特好马、良马。麴：酒药饼。

春秋时期的伯乐因精湛的相马技艺而闻名遐迩。他总结自己的相马经验编纂出《马经》一书，书中还附有各种马的形态图，供后人学习实践。伯乐的儿子渴望继承父亲的相马技艺，于是日夜研读《马经》，自以为已经掌握相马的诀窍。然而，他在四处寻找千里马的过程中，却因误解书中描述而闹出笑话。

有一天，他在道路旁发现了一只额头隆起、双眼凸出的蛤蟆。他想起《马经》上所说："千里马的额头隆起，双眼凸出，蹄子像垒起的酒药饼一样。"他觉得这只蛤蟆的模样与书中描述的千里马颇为相似。

于是，他兴高采烈地捧着那只蛤蟆回到家，迫不及待地向父亲展示他的

"重大发现"。伯乐又好气又好笑，他幽默地告诉儿子，虽然这只蛤蟆的外形与千里马有些相似，但它并非真正的千里马，而只是一只活泼好动的蛤蟆，根本无法驾驭。

"心"解漫谈

"按图索骥"这个故事，大家常拿它来笑话那些拘泥于教条、不懂变通的人。但其实它也生动地展现伯乐之子在寻找"千里马"过程中所体现的心理现象——再造想象。所谓再造想象，就是个体根据他人提供的语言描述或者非语言信息，包括如图纸、符号等，在脑海中构建出未曾直接感知的新形象的过程。它是有意想象的重要形式之一，贯穿于人们听故事、欣赏艺术作品以及学习间接经验的过程中。

再造想象的核心特征是"再现"，即力求在脑海中构建的形象与原始对象尽可能一样。这种想象在生活中到处都是，比如，建筑工人通过设计图纸预见建筑的模样，机械工人依据蓝图构想零件的结构，电器工程师根据线路图设想线路的布置。这些都是再造想象的功劳，帮人们理解新东西、创造新事物。

根据我们对信息的理解和加工方式的不同，再造想象还可以分为审美再造和科学再造两种。比如，当学生在欣赏一幅美丽的画作时，脑海中浮现出的那幅更加生动、丰富的画面，就属于"审美再造"；而当学生在学习科学知识时，根据文字或图表的描述在脑海中构建出具体的模型或场景，就属于"科学再造"。

再造想象不仅有助于我们更好地理解知识，还是激发创造力的基础。再造想象所形成的新形象基于已存在的信息，而每个人都有自己独特的经验、记忆和情感体验，所以同一信息源会在人们的脑海中产生各种不同的形象。这就像伯乐的儿子虽然也是根据父亲的描述在脑海中勾勒千里马的形象，但因为加入了自己的理解，并发挥想象，所以结果就变得非常滑稽可笑，但这也从另一方面反映伯乐儿子再造的形象具有独特性。

心理学研究表明，要形成准确又生动的新形象，必须满足两个基本条件：一方面要能准确理解别人用语言文字或者图形符号所表达的意义（这一点在碰到不熟悉的方言或者难懂的文字时，那可就有点头疼了）；另一方面，头脑中要有足够的图片、模型等“表象储备”。这两者相互依赖，缺乏任何一方都会导致构建新形象出现困难。

有了再造想象这一“神器”，那些我们没法直接看到的东西，都能在脑子里生动地呈现出来，以丰富个人内心世界。虽然跟创造想象比起来，它的创造性、新颖性、独立性都稍微逊色一点，但在生活、学习、工作中，它仍然是帮助人们开阔思路、提高效率的好伙伴。

成长锦囊

如何放飞自己的想象力？

当你沉浸在引人入胜的故事中，或听到一段生动的描述时，是不是曾渴望能在脑海里绘制出绚丽多彩的画面，但有时却感觉像是被迷雾笼罩？别担心，其实我们每个人都有潜力培养出非凡的想象力，只需掌握一些技巧。

想要想象力翱翔，就要为你的思维打造一片辽阔的天空！多读多看，多去感受这个世界的多彩多姿。这样，你的大脑就能储存丰富的素材，让你的想象力自由驰骋，组合出无限可能。

同时，别忘了在内心深处留出一片宁静的港湾，因为压力和紧张是想象力的天敌。闲暇之余，你可以听一些轻柔的音乐，或者在和煦的阳光下悠闲漫步。当你的心灵得到滋养时，想象力就会如同自由的鸟儿展翅飞翔。

勇于挑战传统思维模式也非常关键。要以开放的心态去博采众长，打破学科间的知识隔膜，从不同角度汲取灵感。每个人的想象之旅都是个性化的创作，无须担忧自己与他人的不同，因为这种独特正是你想象力的迷人之处。

反其道而行之 ◆ 逆流而上的魅力｜逆向思维

典故探源

成语出自西汉时期司马迁所著《史记·淮阴侯列传》：“今大王诚能反其道，任天下武勇，何所不诛！”

成语“反其道而行之”的意思是指采取同对方相反的办法行事。

时光故事

在楚汉相争的初期，刘邦的军力远不如项羽。然而，刘邦知人善任，大胆启用韩信、张良等将才谋士，实力大大增强。与此同时，项羽虽然以勇猛著称，但他刚愎自用，身边虽有谋士范增，却常常不纳忠言。更为严重的是，项羽的军队经常严重破坏途经之地，这使得老百姓怨声载道。

当韩信被拜为大将军时，他曾对刘邦深入分析局势：“项羽虽被誉为霸主，但实际上他已经失去民心。他的强大只是暂时的，很快就会转弱。现在，大王您有机会采取与项羽完全相反的策略，聚集天下的英勇之士，如此一来，还有什么敌人不能被我们消灭呢？”

在韩信的建议下，刘邦不断加强自身的战略优势，开始紧锣密鼓地筹备东征。经过一系列精心且严格的军事训练，汉军士气空前高涨，军容愈发整齐，战斗力也随之大幅提升。刘邦凭借强大的军事实力，采用明智的战略，在楚汉相争中取得了最终的胜利。

“心”解漫谈

让我们来谈谈一种特别的思维方式：逆向思维。你可能已经习惯于根据过往经验来应对现在的情况。然而，真正的创新者，他们不喜欢走寻常路，敢于跟常规叫板，用全新的视角来审视问题，甚至挑战权威、颠覆人们的常识，开启一扇通往未知世界的大门。

逆向思维，也称反向思维，是一种对习以为常、已成定论的观点进行反转思考的思维方式。它鼓励我们“反其道而行之”，从问题的对立面去深入探索。这种思维方式能带来大量的新颖观点，是创新思维的重要组成部分。

要培养逆向思维，你得有一双犀利的眼睛和一颗敢于质疑传统的心，尤其是从那些人们习惯性忽略或者避而不谈的角度来看问题，利用事物的可逆性，从反面进行推理，找到惊人的发现。这种思维的表现方式五花八门，可以是对立性质的转换，比如从大到小，从长到短；也可以是位置上的颠倒，比如从高到低，从左到右；甚至还可以是过程的逆转，比如从气态变为液态。只要能从一个方面联想到它的对立面，我们就是在运用逆向思维。

在实际生活中，逆向思维的应用往往能带来意想不到的效果。比如，圆珠笔漏油问题曾经让人头疼不已。大多数厂家都试图通过提高滚珠的耐磨性来解决这个问题，但因为成本过高而未能成功。然而，有一家日本公司却独辟蹊径，他们选择减少油墨的装量。这样一来，当滚珠磨损到可能漏油的时候，油墨已经用完了。这个看似简单的解决方案却巧妙地避免了漏油的问题。

再说说吸尘器的诞生吧。在 1901 年的伦敦，一场吹尘器表演让灰尘四处飞扬，让人呛得难受。一位设计师却从这个场景中得到了启发：既然吹尘会让人难受，那为什么不试试吸尘呢？于是，利用负压原理的吸尘器就这样诞生了。这就是逆向思维的力量，它能够让我们摆脱习惯的束缚，从不同的角度去寻找解决问题的方法。

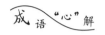

当然，逆向思维并不是要我们完全否定常规思维，而是将其作为有益补充。在面对问题时，我们可以先用常规的方法去尝试解决；当常规方法行不通时，再转向逆向思维去寻求突破。互相补充的思考过程往往能产生最佳的解决方案。

逆向思维是一种既有创造力又超级实用的思维方式。它鼓励我们勇敢地摆脱常规，以独特的视角反转思考，挑战那些已经根深蒂固的思维方式，让自己的视野更开阔，给创新加点儿新的活力！

为何人们有时会偏爱“逆向操作”？

你有没有这样的经历？面对一道看似无解的难题，突然灵机一动，从答案倒推回去，竟找到了那一线曙光？这就是“逆向操作”的奇妙之处！

逆向操作，就像是拼图游戏的高级玩法：不是从零散的碎片开始拼凑，而是先一睹完整的图案，然后反向思考如何组合手中的碎片。它让我们跳出常规思维，探索新的可能性。

当人们陷在问题中时，如尝试以结果为导向，多追问几个“为什么”，往往能直击问题要害，找到行之有效的解决方案。比如，在学习上尝试逆向操作：设定明确的学习目标，然后逆向规划出需要掌握的知识点，细化学习步骤。在生活中也同样适用：计划一次旅行时，先选定心仪的目的地，再逆向安排行程、交通和住宿。

逆向操作并非为了刻意追求与众不同，而是在探索中寻找新的可能。每一次逆向思考，都可能为我们成长的道路增添一块新的砖石。勇敢地尝试不同的路径，说不定，下一个发现“新大陆”的人就是你！

七步之才 ◆　驶入智慧的快车道 | 思维敏捷性

成语出自南朝宋时期刘义庆组织编写的《世说新语·文学》：“文帝尝令东阿王七步中作诗，不成者行大法。”

成语“七步之才”原意是指在七步之内吟就一首诗的才华。比喻文思敏捷，才气过人。也作“七步成诗”。

曹丕是曹操的长子。在争储斗争中，他处心积虑，终于战胜文采出众的曹植，被立为魏世子。曹丕称帝后，指责曹植仗着才学，在父丧期间蔑视礼法，欲置曹植于死地。曹丕假惺惺地说道：“念你我乃是同胞兄弟，亲如手足，我指给你一条生路。父亲在世时，常常夸奖你的诗文，我一直怀疑有人为你代笔。今天限你七步成诗一首，以兄弟为题，但不许出现兄弟二字。如若不成，休怪我问你死罪！”

曹植略一思忖，一边迈开脚步，一边吟咏诗句：“煮豆持作羹，漉菽以为汁。萁在釜下燃，豆在釜中泣。本自同根生，相煎何太急？”意思是煮着豆子做羹，过滤掉豆子的残渣，在锅下点燃豆茎，豆子在锅里伤心：你我本属同根，为何你要急迫地煎熬我呢？

曹植吟完这首诗，正好走完七步，这让在场所有人惊讶不已，甚至有人暗中喝彩。曹丕听罢，因羞愧而改变杀害曹植的主意，只是将曹植贬为安乡侯。

"心"解漫谈

思维敏捷，就是能灵活应对各种状况，还能在不同想法间自如切换。它不只是思维速度快，更是一种综合的全能表现，包括接受能力、反应能力、判断能力、分析能力等。"七步之才"的故事，说的是在七步之内就要作诗一首，这简直就是思维敏捷的典范！要想在这么短的时间里创作出佳作，不仅得肚子里有货，还得脑子转得快，能迅速组织语言、抓住一闪而过的灵感。这种能力正是我们不断追求的学习目标。那么，思维的敏捷性在日常生活中有哪些具体的表现呢？

敏捷的思维首先追求的是准确无误。就像一位优秀的舞蹈家能够精准地把握音乐的节奏和旋律，思维敏捷的人也能准确地接收并理解信息。

思维的敏捷性也表现在"未雨绸缪"上。高明的棋手总能提前预判几步棋局变化，做到成竹在胸。在深入探讨问题之前，敏捷的思维者已经对问题有了全面的了解，这使得他们的思维过程更加顺畅，事半功倍。

此外，敏锐度也是思维敏捷性的一个重要方面。敏锐的思维就像猎鹰的眼睛，能够捕捉到微小的变化。在瞬息万变的环境中，思维敏捷的人能够洞察先机，灵活地改变思考方式，寻找新的解决方法，迅速做出反应。

思维的敏捷性还表现在速度和力度上。快速的思维能够在短时间内处理大量信息，而有力的思维则能够打破常规，带来实质性的改变。这种速度和力度的结合，能让敏捷的思维者在处理问题时既迅速又高效。

思维敏捷性是我们每个人都拥有的潜力。我们可以通过训练使思维更加有条理，从而提升思维敏捷性。多读书，尤其是读那些逻辑严密的书籍，绝对能帮你锻炼思维。参与辩论也是个不错的选择，能让你的思维在碰撞中变得更加清晰有力。

其次，培养良好的思维习惯也很重要。别让大脑像个杂乱的仓库，需要学会筛选信息，把无关紧要的东西丢掉，专注于真正重要的问题，这样思考问题才会更高效。

另外，加强联想能力的训练也是一个有效的方法。通过接触不同的事物来拓宽知识面，试着把看似不相关的东西联系起来，在左右逢源的状态中进行发散性思维，你会触类旁通，开启新思想。

思维的敏捷性就像一道迅捷的闪电，不仅让我们能迅速捕捉到问题的核心，还赋予我们灵活应变并做出明智抉择的能力。为了维持这份思维的活力，我们需要时常为大脑“加油”，通过不同的活动来持续激发它，确保能够在这个信息爆炸的时代里驰骋在智慧的快车道上。

如何让大脑更快速地运转?

在这个信息爆炸的时代，面对突如其来的问题，为什么有些同学能迅速给出解决方案，而自己却在脑海中四处碰壁？答案在于思维敏捷性的差异。

要想思维敏捷就要经常给大脑“充电”。这就像汽车需要汽油才能奔跑一样，广泛阅读能够不断吸收新知识，为大脑注入源源不断的“燃料”，保持大脑的活跃度。大脑能够迅速调取熟悉的内容，因此学习新的知识技能可以使大脑越来越灵敏。

正如运动员通过锻炼强健身躯，你的大脑也能通过锻炼变得更加敏捷。可以尝试阅读一些“烧脑”的逻辑谜题和推理小说，不断扩展自己的认知边界，用深度思考提高大脑的运转效率。

当然，为大脑营造宜人的“居住环境”也至关重要。就像一间房间，如果堆满杂物，满屋灰尘，人就很难在其中专心工作。同样，大脑也需要我们及时清除负能量，保持“清洁”环境，才能以最佳状态灵活处理各类信息，游刃有余地驰骋在思维的快车道上！

标新立异 ◆ 脑洞大开让灵光乍现 | 创造性思维

典故探源

成语出自南朝宋时期刘义庆组织编写的《世说新语·文学》:“支卓然标新理于二家之表，立异义于众贤之外，皆是诸名贤寻味之所不得。”

成语“标新立异”原意是指立论有新意，与众不同，形容提出独特的主张，或创造新奇的式样；有时有贬义，指故意另搞一套，与他人不同。标：标榜。

时光故事

东晋时期，白马寺有位著名高僧叫支道林。他饱读诗书，喜欢谈玄理，对各家学说都有深入领会。尤其在讲经时，他的分析总能独辟蹊径，富有新意。这引起当时众多名士的关注，谢安、王羲之等人都与他有交往。

在与名士们的交流中，支道林对《庄子》产生浓厚兴趣。《庄子》是战国时期庄周写的一部哲学经典著作，晋代的向秀和郭象两人为它做了注释。《庄子》的首篇《逍遥游》最为深奥难懂。尽管诸多名士曾深入研究此篇，但他们的见解均未超出向秀与郭象的注释。然而，支道林在讨论中针对《逍遥游》提出了截然不同的观点。他的分析见解比郭象和向秀的见解更精妙，解决了那些著名学者苦思冥想而未能解答的难题，为学界带来全新的视角。后来人们便采纳支道林的见解来解读《逍遥游》。

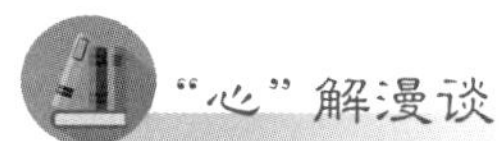

标新立异，就是在思考某个问题时，突然间灵光一闪，一个绝妙的点子就浮现在脑海中，产生一个与众不同的新观点。这就是我们常说的创造性思维。它不仅能帮助我们解决问题，还能让我们在平凡的事物中发现新的可能性。

创造性思维，这个令人心驰神往的词并非遥不可及。美国华盛顿大学的索耶教授经过深入研究指出，创造性灵感并非凭空产生，而是源于持之以恒的积累，以及不断的尝试。这一思维过程通常包括：产生初步想法，评估其可行性，将其付诸实践，并在此过程中偶尔迸发出灵感的火花。

以世界上第一架飞机的研制为例，当时著名的科学家兰利虽得到政府的大力支持，但研究仍以失败告终。相反，身为自行车修理工的莱特兄弟却成功地将世界上第一架飞机送上了天空。这两者之间的关键差异在于，兰利是雇别人来完成他的设想，而莱特兄弟则是将构想与实践紧密结合。从莱特兄弟的日记中可以看出，他们在解决诸如机翼形状、机翼变形等问题时，几乎每一次的调整和改进都激发了他们的创造性灵感。他们的辉煌成就是经过长期探索、刻苦钻研和无数次失败而得来的。

那么，如何激发人们的创造性思维呢？索耶教授发现，有趣的是，某些特定的场景，如浴缸、床和公交车，竟然是最容易引发创造性的地方。这可能是因为这些场景能让我们放松身心，进而激发大脑的创造力。索耶教授戏称这些场景为"三个 B"：浴缸（bathtub）、床（bed）和公交车（bus）。他指出，这些场景能够有效地调动人们大脑的不同区域进行工作，进而促进奇思妙想的产生。因此，当你在思考问题遇到困难时，不妨尝试换个环境，比如在浴缸中泡个澡、躺在床上休息一会儿，或者在乘坐公交车时静心思考，这些都可能帮助你找到解决问题的新思路，甚至推动个人认知与实践的创新进展。

创造性思维的核心特质在于它的新颖性、灵活性和对未知的探寻。创造性思维并不是一种天赋，而是可以通过不断锻炼和培养来提高的。为了培养这种思维习惯，可以尝试一些实用的策略。比如，养成每天进行深度思考的习惯，或者利用 AI 大模型工具来激发创意。还可以邀请几位朋友一起畅所欲言，互相启发，从而产生更多的创意火花。

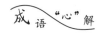

在这个日新月异的时代，创造性思维已经成为必备的素养。它不仅能帮助我们解决问题，还能让这个世界因为创意而变得更加美好。让创造性思维引领我们走向更加美好的未来！

人工智能技术能否点燃创意火花？

你是否曾在创作的海洋中迷失方向，感到灵感之泉已然干涸？在这个数字化浪潮汹涌的时代，不妨考虑一下人工智能技术这个强大的助手，它如同一盏明灯，能为你指明前行的方向。

无论是心中的那片远山如黛，还是梦中的那个倩影婆娑，只需轻触一键，在 AI 创意设计工具的帮助下，高清美图即刻呈现在你眼前，散发出迷人的艺术光彩。而 AI 智能写作工具，则如同一位学富五车的智者，助你梳理纷乱的思绪，为你量身打造，迅速草拟出精彩的文案。这不是魔法，而是 AI 技术为你施展的神奇力量。AI 技术就如同技艺高超的“画师”，能够根据你的想法迅速勾勒出别具一格的创意设计，点燃璀璨的创意火花。

尽管 AI 强大无比，但它终究只是我们手中的一把利器，它的作用是辅助创作者，而不是取代创作者。AI 创作工具再智能，也始终无法比拟人类的情感和创造力。真正的创意之魂，源自你那永不枯竭的想象力。

胶柱鼓瑟 ◆ 流动的思考更有力 | 功能固着

成语出自西汉时期司马迁所著《史记·廉颇蔺相如列传》：“王以名使括，若胶柱而鼓瑟耳。括徒能读其父书传，不知合变也。”

成语“胶柱鼓瑟”原意指用胶把瑟上的弦柱粘住以后演奏瑟，瑟柱不能移动，就无法调弦。比喻只知道死守成法，不能灵活运用。瑟：古代一种乐器。柱：指瑟上架弦调音的柱子。

时光故事

秦军与赵军在长平对阵。赵孝成王派出大将廉颇统兵，廉颇坚守营垒不出战，导致秦军久攻不下。于是，秦军就派人放出谣言，说廉颇怕秦军，不敢应战。还说秦国最怕的是赵括。赵括是名将赵奢的儿子，从小熟读兵书，谈起兵法来一套一套的。但是赵奢总说他不行，认为他毫无作战经验，理论完全脱离实际，不过是“纸上谈兵”而已。

但是，赵孝成王听信了谣言，准备把廉颇撤下来，命赵括统兵。这时蔺相如抱病前往劝谏赵孝成王：“你听信流言任命赵括为将军，就好像把瑟上的弦柱粘住再演奏一样，音调不能调整，是发不出动听的声音的。赵括只会死读兵书，不能随机应变。”

赵孝成王不听劝谏，仍命赵括领兵出征。赵括到了长平，改变廉颇的军规，更换军吏，与秦军交锋。秦军断了他的粮道，让赵军遭遇前所未有的惨败。赵括不仅使赵国失去数十万精兵强将，他自己也命丧秦军箭下。

"心"解漫谈

"胶柱鼓瑟"的故事生动地揭示了固守成规、无法适应新环境的窘境。就像被胶粘牢的瑟柱，无法调整音律，只能发出单调的声音，我们在生活中也会遇到因为功能固着，造成思维被"粘住"，难以摆脱僵化的局面。功能固着，是指在解决问题时，人们往往只关注到事物的常规功能，而忽略它们可能具备的其他潜在用途。

经典的"盒子问题"实验要求被试将三支点燃的蜡烛固定在木板墙上，且与墙面平行。实验者提供了三支蜡烛、三个纸盒、几根火柴和几枚图钉等可用材料。对于第一组被试，所有材料被分别放置在三个纸盒内；而对于第二组，所有材料则直接放在纸盒外部。

实验结果显示，第二组有 86% 的被试成功地按时解决问题，而第一组的成功率仅为 41%。为何第一组的成绩明显较差呢？关键在于他们对纸盒功能的认知受到限制。被试单纯地认为纸盒的功能就是装东西，却忽略它可以作为烛台使用的可能性。因此，他们在解决问题时陷入困局。相比之下，第二组的被试从一开始就没有将纸盒的功能局限为装东西，而是灵活地将其用作烛台，故能顺利完成任务。

功能固着的现象在我们日常生活中屡见不鲜。以发卡为例，女同学通常用它来整理头发，却鲜少有人意识到，在紧急情况下，它也能当作螺丝刀来拧紧螺丝钉。同样地，尺子作为测量长度的工具，多数人却忽略了它还可以被巧妙地用作教鞭或指挥棒。

为何功能固着这种心理现象会出现呢？探究其深层原因，我们可以察觉到心理因素与行为习惯是两个主导因素。谈及心理因素的影响，当面对新问题时，人们常常不自觉地参考以往解决类似问题的经验。在稳定的环境中，这种方法确实能够帮助我们迅速找到答案，提高效率。但当问题的背景发生变化时，如果沿用旧方法，这种僵化的处理方式将难以适应多变的环境，甚至可能导致误入歧途。

而谈到行为习惯，它是导致功能固着的另一个核心因素。当人们习惯于使用某个物体的某一功能时，很容易忽略它的其他用途。一个人对一个物体的常规用途越是熟稔，他就越难觉察到该物体可能的其他功能，从而导致思维陷入固定的模式。

功能固着就像一个隐形的枷锁，它常常阻挡人们从不同角度来审视问题，由此错失探寻最佳答案的良机。打破功能固着的束缚，是磨砺创新思维不可或缺的一环。只有卸下这个枷锁，思维才能如蝴蝶破茧般自由飞翔，而解决问题的新方法也会如雨后春笋般不断涌现！

成长锦囊

如何培养思维的灵活性？

你是不是也有过这样的经历？当你手里拿着直尺时，满脑子想的都是怎么量长度，却忽略它还能变身为指挥音乐的“魔法棒”，甚至在化学实验中实现搅拌功能的“神奇搅拌器”？这是因为我们的思维被功能固着这个“小怪兽”给困住了。试试下面的招数来提升自己的思维品质吧！

第一招：多角度视野。遇到难题时，不妨换个角度思考。让思维发散一下，试试不同的解决方案。说不定，思维转个弯，答案就触手可及。

第二招：创意随手拈来。身边的每样物品都隐藏着无尽的创意。就拿砖块来说吧，除了能盖房子，它还能变身为凳子甚至是独具匠心的艺术品！就地取材，随机应变，巧妙利用手头的资源，解决问题就是这么简单又有趣！

第三招：实践出真知。想要游刃有余地应对各种问题，知识和经验是关键。保持大脑的活跃度，多动手尝试，深入探索周围事物的多种用途，你的经验值就会大幅上涨，遇到新问题也能轻松拿下！

刻舟求剑 ◆ 用密钥启动创意引擎｜思维定势

典故探源

成语出自战国时期吕不韦主持编写的《吕氏春秋·察今》：“楚人有涉江者，

其剑自舟中坠于水，遽契其舟，曰：'是吾剑之所从坠。'”

成语“刻舟求剑”原意指在船上刻下剑落水的记号，再去找剑。比喻不能适应事物的发展变化，静止地、教条地处理问题。

时光故事

战国时，有个楚国人坐船渡江，船到江心，一不小心，随身携带的宝剑竟然滑落，坠入水中。他赶紧伸手去抓，可惜为时已晚。船上的人们看到这一幕，均感到非常惋惜。

但楚人却并未显得过于焦急。他迅速掏出一把小刀，在船舷上刻下一个记号，并自言自语道：“这就是宝剑落水的地方，我先做个记号以便找剑。”大家都不理解他为何要这样做，但也没有追问他。

船靠岸后，那人立即在船上刻有记号的地方下水去捞宝剑。但无论他怎么努力，却始终找不到宝剑的踪影。他满脸疑惑，失望地说道：“我的宝剑明明就是从这里掉下去的，我还特地做了记号，怎么现在就找不到了呢？”

听他这么一说，人们忍不住笑了起来：“船一直在行进，而你的宝剑却沉入水底，不会随船移动，你又怎能找得到呢？”楚人如梦方醒，后悔不已。

“心”解漫谈

在数学课上，老师出了一道有趣的题目：用六根火柴拼出四个等边三角形。许多学生在平面上摆弄火柴，却总觉得无法实现。然而，老师却从三维空间的角度出发，巧妙地将六根火柴组合成一个正四面体，令学生们恍然大悟。原来，学生们被平面几何的思维定势所束缚，就像刻舟求剑的楚人一样，还停留在老经验，没有意识到问题的本质已经发生变化，而老师却从三维空间的角度出发，以更广阔的视角找到答案。

思维定势是指人们在解决问题的过程中，常常不假思索地使用熟悉的方法解决同一类问题，这种习惯性倾向就是思维定势。德国心理学家缪勒提出，人脑意识中的观念，有一种在意识中重复出现的趋势。比如，一个人连续十多次手里拿两个重量完全相等的球，然后再拿两个重量有差别的球，他也会感知为完全相等。因此，思维定势也可以解释为“是过去的思维影响现在的思维”。

在日常生活和工作中，人们往往会不自觉地沿用过去的思考方式来解决类似的问题。在反复验证并成功后，这种经验会逐渐转变为固定的思维模式。例如，当同学们在解决经常遇到的同一类型的习题时，练得多了，熟悉了题型和公式，下次碰到马上就会做。但从消极的方面来看，它容易使我们的思维僵化，养成一种机械呆板、千篇一律的处理问题习惯，面对新情境、新问题时，它也可能阻碍问题的解决，限制人们的思维发展。

此外，对权威观点的盲目认同也是思维定势的一种体现。人们往往认为自己应该遵循权威标准，有时甚至是毫不怀疑地遵从。其实，许多权威人士之所以杰出，并非因为他们一味遵循前人的足迹，而是因为他们勇于探索未知、提出新观点。例如，当年英国科学家赫胥黎在面对考古新发现的巨蜥龙化石时，大胆地提出设想，认为鸟类的起源可能与恐龙有关。这一观点最初被众多同行和世人视为笑谈，然而如今，在经过反复研究论证后，鸟类由小型兽脚类恐龙演化而来的学说已成为全球科学界普遍认可的事实。

为了避免思维定势的局限性，我们需要学会运用探索性思维而非验证性思维去认识新事物。探索性思维类似于记叙文的写作方式，它注重客观事实的搜集和了解，它不同于先入为主地做出判断并寻找支持证据的方式。而验证性思维则类似于议论文的写作方式，容易导致有偏向的信息搜集。

总而言之，在遇到问题时，倡导运用探索性思维深入了解客观事实，这是突破思维定势的关键。在熟悉的道路上，也不忘像探险家一样去探索每一个可能的角度，才能不被旧有的思维模式所束缚。

成长锦囊

如何扫除思维盲区？

你是否曾在做决定时感到迷茫，担心自己的思考有所遗漏？或者在解决问题之后，总觉得某些细节未考虑周全，却又说不清问题出在哪里？这其实表明你的思维中存在着一些盲区。

为了扫除这些盲区，我们应当学会全局性地思考问题。通常，人们只能看到眼前的“树木”，然而高手却能洞悉整片“森林”。这正是不同思维方式所导致的差异。运用逆向思维、发散思维、类比思维等，从更加宽广的视角去审视问题，我们将探索到更加广阔的世界。

与此同时，我们还可以借鉴历史来拓宽思维视野。深入研读历史人物传记，观察前人是如何机智地应对各类挑战的，这将极大地加深我们的思维深度。

每个人的认知都好像手电筒的光芒，仅能照亮前方的一小片区域，而周围的大部分都隐藏在黑暗之中。唯有通过持续不断的学习，时常反思自己的决策流程，才能找出疏漏之处，努力照亮那些被我们忽视的领域。

集思广益 ◆ 一人计短，二人计长 | 思维训练

典故探源

成语出自三国时期诸葛亮写的《教与军师长史参军掾属》：“夫参署者，集

众思，广忠益也。”

成语“集思广益”的意思是集中大家的智慧，广泛吸收有益的意见。

时光故事

刘备死后，刘禅继位。丞相诸葛亮负责处理蜀国的大小政事，尽管他在朝野上下有极高的威望，但他并不因此居功自傲，常常注意听取部下的意见。

当时丞相府里负责文书事务的主簿官杨颙，对诸葛亮什么事都要亲自过问的工作作风提出意见。他劝导诸葛亮少插手一些琐碎的小事，不必亲自处理所有的文书，建议诸葛亮主抓国家军政大事，上下之间应有明确的分工。诸葛亮很重视杨颙的劝告，但总觉得重任在身，责任重大，不得不亲自处理许多事情。

后来杨颙病死，诸葛亮非常难过，特地写了一篇文告。他在文中写道：“丞相府里让大家都来参与议论国家大事，是为了集中众人的智慧和意见，广泛地听取各方面有益的建议，以便取得更好的效果。”诸葛亮希望用此文号召文武百官主动积极地发表政见，踊跃参与政事。

“心”解漫谈

相信很多人都玩过词语接龙或续写故事的游戏。续写故事游戏是这样的：由一个组员为故事起个开头，大家按照这个思路把故事接下去，一直到形成一个完整的故事为止。这些游戏不仅富有趣味性，还能训练人们的创造力和想象力。现在，想象你走进了一个热闹非凡的会议室。墙上，五颜六色的便签纸贴得密密麻麻，每一张都承载着一个奇思妙想。大家争相发言，不论想法多么前卫，都会收获掌声和鼓励。这就是"头脑风暴"的现场，一个真正集思广益的创意"熔炉"。

头脑风暴法，英文称为 Brain-Storming，最初由美国创造学家奥斯本在 1939 年提出。原本，头脑风暴是精神病理学上的用语，但现在已经演变为一种重要的集体创新方法，通过群体讨论、分享想法来生成新的观念，在短暂的时间内提出解决问题的大量构想。

大量实践表明，在群体讨论中，由于成员间的心理影响，人们容易追随权威或多数人的意见，从而可能削弱群体的创造力和批判精神，损害群体决策的质量。而头脑风暴法，恰恰是为了打破这种局面而生。它倡导在一个无批评、无评判的环境中，让每个人都能畅所欲言，提出尽可能多的想法。这种方法的精髓在于"集思广益"，即通过汇聚众人的智慧，来产生丰富多样的创意和解决方案。

头脑风暴法的实施，通常可分为以下五个阶段。

准备阶段：设定目标，邀请约十人参与。

热身阶段：创造宽松的氛围。

明确问题：主持人简洁明确地介绍问题。

畅谈阶段：自由发言，不私下交谈，不评论他人，鼓励补充和改进想法。

筛选阶段：记录并筛选出好办法。

运用头脑风暴法时，首要原则是暂不进行评价。每个人在"不批评、自由发挥、数量重于质量、结合各种创意"这四个规则下，都可以自由发言，尽情思考。在交流过程中，应禁止出现诸如"这是不可能的""你这想法太陈旧了""这不符合要求"以及"我提一个不成熟的看法"等评价性语句。通过营造一个轻松愉快的环境，大家尽情发散思维，避免过早地限制思考的自由度和灵活性，鼓励创意的量产，让各种看似离奇的想法都有机会得到发展和完善。当创意充分发散后，再进入集中阶段，筛选出最佳方案。

根据实施目的不同，头脑风暴法还可以分为直接头脑风暴法和质疑头脑风暴法。前者更注重创意的生成，适合在需要大量新点子的情况下使用；后者侧重于评估创意的可行性和实用性，适用于对已有创意进行筛选。如今，头脑风暴法已经在企业管理、项目咨询等多个领域得到了广泛应用。它不仅能够激发个人的创造力，还能促进团队的协作创新。

成长锦囊

如何通过团队协作提升思维能力？

参与团队项目时，你是否曾感到迷茫，觉得自己的思维被困住了，难以找到解决方法，不知道如何更有效地发挥自己的价值？

当你跟团队成员一起努力达成目标时，你会发现每个人都有自己独特的闪光点。在一个充满信任和尊重的团队里，每个观点都被视为珍宝，每次交流都像思维的火花在碰撞。这种团队合作的魔力，不仅能让你的自信心爆棚，还能很好地提升思维能力！

在团队协作中，别害怕提出新点子或问题，即使你觉得它们已经被别人说过了，或者问题简单幼稚。每一个大胆的创新和提问，都是推动团队前进的动力，同时也能让你的思维越来越敏捷，思考越来越深入。

当然啦，有效的沟通是团队协作的必备技能。不管是正式讨论还是轻松聊天，都是你和团队成员们交流的大好时机。多听听别人的想法，也分享一下自己的见解，在这个过程中，你的思维将得到极大的锻炼。

试试看，让团队协作成为你成长的助推器吧！

歧路亡羊 ◆ 徘徊在选择的十字路口｜决策

典故探源

成语出自战国时期列御寇所著《列子·说符》："大道以多歧亡羊，学者以多方丧生。”

成语“歧路亡羊”原意是指因岔路太多无法追寻而丢失了羊。比喻因事物复杂多变，辨不清正确方向而误入歧途。

时光故事

战国初期，魏国有位哲学家名叫杨朱。一天，杨朱的邻居不慎丢失了一只羊，他心急如焚，迅速召集家人和朋友外出寻找，还请求杨朱派仆人一同寻找。

夜幕降临，寻找羊群的人们陆续归来。邻居沮丧地告诉杨朱羊没有找到。杨朱很疑惑，这么多人去找羊，怎么会找不到呢？邻居苦笑道：“我知道岔路多，就多带些人，却没想到岔路接连不断。走到最后，只剩下我一个人，还要面对岔路，真是束手无策。”杨朱听罢这个回答，神色变得严肃起来。

门徒们注意到杨朱紧锁的眉头和沉重的表情，不解地问道：“先生，不过是走丢了一只羊，您为何如此忧心忡忡？”杨朱叹息道：“我忧心的并非那只羊，而是思考在探求真理过程中如何才能不走丢。”原来，杨朱从岔路太多，羊容易走失的情况中，联想到求知的道路上要明确方向、坚定目标，这样才能避免迷失自我，真正学有所成。门徒们听后恍然大悟，纷纷点头表示赞同。

“心”解漫谈

在歧路亡羊这个故事中，倘若邻居能够明确羊的走向，或是对每条路都进行详尽的搜寻，他或许能寻回那只丢失的羊。然而，面对纷繁复杂的岔路，眼花缭乱的选择往往令人感到迷茫。这揭示了一种常见的心理状态：当我们面临众多选项时，常常会陷入纠结，难以做出决断，因为担忧做出错误的选择而心生焦虑，甚至不知该往何处去。心理学家将这种现象描述为选择困难症。

类似的一个生活场景是，如果你只有一块手表，时间一目了然，生活井井有条。可是，当手上戴了两块甚至更多块手表时，这时候你可能就纠结了，每块表都可能显示不同的时间，到底哪个才是准确的呢？因此，手表越多反而失去判断的标准。

心理学家曾进行过一个实验，让消费者在 6 种果酱中选择一种或在 24 种果酱中选择一种。虽然大多数人起初都倾向于拥有更多选择，但最终在 6 种果酱中做出购买决定的人数，却是在 24 种果酱中做出选择者的 10 倍。实验结果说明，选择过多时，人们反而容易感到无所适从。

人们在面对多项选择，需要做决策时，大体可以分为两种类型：一种是追求极致的利益最大化者，他们总是想要找到那个最完美的选项。他们会认真地研究每一个可能的选择，不放过任何一个细节，希望做出最优的决策。而另一种人，可以称他们为容易满足者。他们通常会选择一个“还不错”的选项，然后心满意足地继续前进，即使这个选择可能不是最完美的。

有趣的是，虽然利益最大化者可能会找到更好的选择，但他们的满足感却往往不如容易满足者。这是为什么呢？原来，利益最大化者总是担心自己错过更好的机会，他们的内心总是充满焦虑和不安。相反，容易满足者因为不会过于纠结每个选项的细微差别，所以更能保持一种平和、满足的心态。

为了克服选择困难症，一个简单而实用的建议是尝试接受“挺不错的选择”，即一个基本满意的选项，而不是一味追求最佳。列出所有可能的选项，逐一分析它们的利弊，清晰地评估每个选项的优劣，然后给自己设个限制，就选一个，拒绝逃避的借口，促进自己果断做出决定。

选择困难症并非一种缺陷，它反映的是人们在选择面前犹豫不决、无法抉择的心理状态。这种现象的背后，有时隐藏着对承担责任的担忧。关键是要信任自己，弄清楚自己到底想要什么，有什么目标。不管结果怎样，好的或者不那么好的，都要有勇气承担决策后的结果。这样就能更加自信、从容地生活。

成长锦囊

如何不纠结，轻松做选择？

你是否经常在琳琅满目的选项前挠头，感叹“选择好多，好纠结啊”？就像站在手机大卖场中央，四周是各式各样的手机，直接看晕，无从下手。

想要摆脱这种纠结，关键在于调整心态。世间万物本就没有十全十美的，追求完美只会让自己更加疲惫。接受不完美，才是生活的常态。同时，不要被旁人的看法左右了你的选择。走自己的路，选自己喜欢的，毕竟适合自己的才是最好的。还有，要相信自己的直觉。鞋子合不合脚，自己最清楚。有时候，你的内心其实已经有了答案，只是你还没意识到而已。他人意见虽多，听得太多反而容易无所适从。

为了更高效地做出选择，你可以给选项清单“瘦身”。一般而言，有三个选择就已经足够了。把精力集中在那些能给你带来最大幸福感的事情上，甚至可以给自己设定一个“快速决定”小挑战，逼迫自己在限定时间内拍板。这样不仅能省时高效，还能享受到“速战速决”的成就感。

纸上谈兵 ◆ 知识不要“宅”在书页里 | 学习迁移

典故探源

成语出自西汉时期司马迁所著《史记·廉颇蔺相如列传》：“赵括自少时学兵法，言兵事，以天下莫能当。……奢曰：‘兵，死地也，而括易言之。’”

成语“纸上谈兵”的原意是指仅在纸面上谈论打仗，没有实际作战经验。

后比喻脱离实际情况，没有将知识有效地转化为实际应用。

时光故事

战国时期，赵国大将赵奢的儿子赵括从小就熟读兵书，谈论军事作战的事情，甚至连赵奢都辩论不过他。但赵奢深知实战与理论的差距，率兵打仗是要流血牺牲的，儿子没上过战场，却把打仗描述得轻而易举，真的打起仗来，肯定不行。不久，秦国攻打赵国，赵王认为赵括熟读兵书，便任命赵括为将领，替代廉颇迎战秦军。赵括一到长平，就轻率地改变廉颇的作战部署，放弃固守策略，轻易出击。他完全按照兵书上所写的行事，甚至频繁撤换将领，一时间弄得人心惶惶，军心涣散。

不久，秦军深夜派出一支奇兵偷袭赵营。赵括对此毫无防备，秦军趁机切断赵军的粮道，并将他们合围起来。尽管熟读兵书，但赵括此时却束手无策，只好仓皇率军突围。但见旌旗蔽野，秦军四面掩杀过来，最终赵括被乱箭射死，四十万兵将全军覆没。赵括的“纸上谈兵”，最终导致长平之战的惨败。

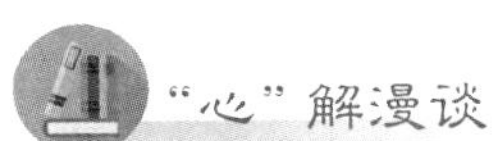

“心”解漫谈

“纸上谈兵”生动描绘了只会在图纸上空谈军事而不能实战的场景，提醒人们理论若不付诸实践，便是空中楼阁。同样，我们学习知识的目的并非为了成为“纸上谈兵”的高手，更重要的是让那些书页间的智慧悄悄走进生活，成为解决实际问题的秘密武器。

为了让知识活起来，就需要培养良好的学习迁移能力。学习迁移，是一种学习对另一种学习的影响，它如同桥梁，连接着不同的知识和技能，使人面对新问题时能够灵活运用已有的知识和经验。比如，学会了骑自行车，再学骑摩托车自然信手拈来；滑冰高手转战滑雪场，也是得心应手。这就是迁移的魔力所在，让学习既高效又灵动。

为了验证学习迁移的效果，心理学家贾德曾设计了一个水下击靶实验。他把五年级和六年级学生分成两组，让他们用标枪投击水下的靶子。在实验前，对一组讲授光学折射原理，对另一组不讲授，学生只能从练习中获得一些经验。投掷练习时，将靶子置于水下 1.2 英寸处。正式开始时，将靶子从水下 1.2 英寸移到水下 4 英寸处。结果发现，未学习折射原理一组的学生不能运用水下 1.2 英寸的投掷经验，无法改进靶子位于水下 4 英寸处的投掷练习，导致持续发生错误。而学过折射原理的学生，则能迅速适应水下 4 英寸的情境，调整策略，一击即中。

上述实验告诉人们，要成功产生学习迁移，必须满足两个条件：一方面，前后两种学习情境应包含共同的原理原则，新旧知识得有点“血缘关系”。比如学会骑自行车并不会对学习围棋有特别大的帮助，因为两者之间共性知识的共享比较少。另一方面，学习者需要有能力概括学习原理，得会提炼精髓，把知识打造成“万能钥匙”，这样就能实现到处“开门”、触类旁通的效果。

在日常生活中，学习迁移随处可见。每当遇到新问题时，迁移能力就会帮助我们迅速找到解决之道。比如，在阅读中领悟到的文章分析技巧，包括遣词造句的精髓、把握文章主旨的方法、段落结构的分析等，都能一键迁移到作文战场，让你文采飞扬。再比如，数学课上培养的逻辑推理，在辩论场上也能派上大用场，它能帮助我们条理清晰地展开论点，不费吹灰之力反驳对手。

说到底，学习与迁移是密不可分的，迁移不仅是巩固学习，更是开启深层次理解的金钥匙。古人云：“纸上得来终觉浅，绝知此事要躬行。”它揭示了实践应用对于知识理解的重要性。学习迁移就像是智慧的翅膀，能让知识跨越界限，飞向更加广阔的天空。

遭遇“高原现象”，如何打破原地踏步的僵局？

在学习旅程中，你是否曾有过如此体验：一开始，你进步神速，每天都在“升级打怪”，掌握新知识让你信心倍增。可突然间，前进的脚步慢了下来，甚至感觉像是被按住了暂停键。没错，这就是让人挠头的“学习高原现象”。

之所以出现这种现象，或许是因为你的学习方法过于僵化，难以适应进阶的节奏；或许是学习的山头越爬越高，你的知识储备显得捉襟见肘；又或许是身心疲惫，热情的小火苗熄灭了，不再有当初的激情澎湃。

遇到瓶颈别害怕，换个姿势继续学！关注那些和你气质相符的学习秘籍，可能会带来意想不到的突破。记得充分利用身边的资源，多和小伙伴交流切磋。保持对知识的渴望，用好奇心给自己加油打气，让学习的小马达永远电力满格，这些都是助你攻克难关的有力武器。

遭遇高原期，不要让一时的停顿消磨你的斗志。相反，我们应该把这个阶段看作继续跃升的跳板，以此迎来更开阔的人生。

江郎才尽 ◆ 当才智遭遇“交通堵塞”| 老年期智力

成语出自唐朝李大师、李延寿所撰《南史·江淹传》：“淹乃探怀中，得五色笔一以授之。尔后为诗，绝无美句，时人谓之才尽。”

成语“江郎才尽”的原意是指江淹年少时有才气，到了晚年诗文无佳句。比喻才情减退，无法再保持原有的高水平。

时光故事

南朝的时候，有一位才子名叫江淹。他六岁即能吟诗作对，展现出非凡的文学天赋。尽管十三岁时父亲离世，家境贫寒，但他以书为伴，勤奋不懈。很快，他就在文坛上崭露头角，被誉为"江郎"。他的诗作赋颂情感丰富、描绘细腻，其中《别赋》《恨赋》两篇尤为出名。

然而，就在他进入中晚年时期，名声鼎盛之际，一个奇异的梦境悄然降临。那是一个宁静的夜晚，江淹恍惚间梦见一位古人，自称郭璞。郭璞对他说："你手中的这支笔，其实是我多年前寄存在你这里的。如今，是时候将它归还给我了。"江淹一惊，下意识地摸了摸衣襟，果然发现了一支五色斑斓的笔。他迟疑片刻，最终还是将笔交还给郭璞。

梦醒之后，江淹发现自己的文思如同枯竭的泉水，再也无法流淌出往昔那般灵动的文字。他的才华似乎一夜间消失殆尽，人们纷纷叹息："江郎才尽了。"

"心"解漫谈

人生这场旅行，免不了被时光的刻刀雕琢一番。随着年龄的增长，我们每个人都不可避免地要经历岁月的洗礼——大脑悄然发生变化，脑细胞的萎缩和脑重量的减轻，使得智力逐渐衰退，仿佛“江郎才尽”的困境正悄然降临。然而，这真的是无法逆转的生命法则吗？

如果把大脑当作一座摩登都市，灰质与白质是城市的两大功能区。灰质位于大脑表层，如同城市中心的商务区，忙碌地处理信息，而白质则是城市的交通网，四通八达，连接着不同的灰质区域。岁月流转，这座城市的交通逐渐拥堵，道路变窄，效率下降，正如白质的密度降低；而商务区的人员也日渐稀少，工作效率大打折扣，正是灰质萎缩的写照。

然而，大脑的“老龄化”进程并非一夜形成。它遵循着“从前到后”的规律：大脑前部，也就是靠近额头的部分，主要负责高级功能，如计划、执行和控制，更容易受到岁月的侵袭而老化。而与基本知觉能力相关的后部则相对坚韧，守护着老年人的基本生存能力。于是，掌握新技能，如学习英语，对老年人来说变得困难重重，但欣慰的是，他们的情绪管理能力却相对坚挺，积极乐观心态能够常伴左右。

值得注意的是，“江郎才尽”并非所有老年人的命运。智力的衰退在老年人群体中存在显著差异，这主要受到他们的经历、性别和遗传等多重因素的影响。当然，身体机能衰退是一方面，但社会角色的转变，比如从职场退居二线，享受被照顾，也在一定程度上影响老年人的智力表现。生活中，不少长辈依旧思维敏捷，解决问题的功夫了得，特别是在他们熟悉的专业领域内。这不单归功于良好的生理状态，更得益于他们积极的生活态度和乐观向上的心态。他们爱动脑筋，关心周遭，这份好奇心让他们的头脑始终保持着良好的状态。医学界的专家将之称为老年人的“精神跑步”，可以有效地防止大脑的老化或早衰。

现代医学揭示，人体的“储备力”极为可观。以大脑神经细胞为例，尽管其数量随年龄增长而减少，但人一生中所实际运用的脑细胞尚不足大脑神经细胞总数的三分之一。因此，脑细胞的减少并不损害智力，脑的大小也不是区分年轻与衰老的绝对准则。

虽然岁月不饶人，但是积极的生活方式能让智慧之树常青，甚至在某些方面超越年轻一代。这不仅是对自我价值的肯定，更是对生命活力的最好诠释。

让我们以温暖和人性化的方式，理解老年生活，让智慧的光芒在岁月的长河中熠熠生辉。

成长锦囊

如何保持思维的活力？

你是否留意到，随着年岁的增长，身边的长辈们在处理问题时反应速度似乎按下了慢放键，记忆也会偶尔短路？这反映了大脑思维活力的变化。然而，无须担忧，保持思维的青春其实有方法可循。

思维能力和其他技能一样，都遵循"用进废退"的原则，就像肌肉不用就萎缩，得多练才能变"肌肉男"。苹果前总裁史蒂夫·乔布斯的名言"stay hungry, stay foolish"凝聚了深邃的智慧。"stay hungry"意味着保持对未来的渴望，不断学习新知识，探索新领域，永远不满足现状。"stay foolish"则是在追逐梦想，实现人生目标时，不怕摔跤，无惧失败，带着初学者的心态大胆尝试，才能激发更多的创意。

人的思维就像一把锋利的宝刀，而日常生活中的思考就是那块磨刀石。刀不磨会生锈，思维不动会迟钝。唯有不断磨砺，刀刃才能保持锋利。只有持续的深度思考才能催生出新颖的观点，强化逻辑思维，有效地锻炼大脑，使思维保持绵绵无尽的活力。

八仙过海，各显神通 ◆ 人人皆有独特的才华 | 多元智能理论

典故探源

成语出自明朝吴承恩所著《西游记》："正是八仙同过海，独自显神通。"

成语"八仙过海，各显神通"原意指八位仙人各自展示自己的法术顺利渡过东海。比喻做事各有各的办法，每个人都发挥出自己的特长来完成任务。神通：指无所不能的力量。

时光故事

有一次，吕洞宾等八位神仙路过波涛汹涌、一望无际的东海。吕洞宾提议说：“我们今天不驾云，不乘船，各凭法宝渡海如何？”众仙纷纷点头赞同。

铁拐李率先将葫芦投入海中，安然坐在漂浮的葫芦上。接着，汉钟离随手抛出芭蕉扇，只见芭蕉扇逐渐变大，成一叶扁舟，汉钟离舒舒服服地躺卧其上。吕洞宾见状微微一笑，将宝剑抛向海中，潇洒地站在宝剑上。随后曹国舅抛出玉笏板，虽然玉笏板在海面漂浮不定，但曹国舅却稳稳站立。张果老则更妙，他倒骑在驴背上，驾着毛驴踏浪而行。韩湘子也不甘示弱地将长笛抛向海中，长笛漂浮起来，韩湘子轻盈地站在上面。蓝采和紧随其后抛出花篮，那花篮浮在海面上，稳稳托起蓝采和的身躯。最后，何仙姑将一枝荷花往水中一抛，然后轻飘飘地立于荷花上。

于是，八位神仙各凭法术，各显神通，谈笑风生地渡过东海，成为千古流传的佳话。

“心”解漫谈

美国哈佛大学加德纳教授在深入研究人类智能多年后，提出具有深远影响的多元智能理论。他认为，智能远非我们过去所认知的单一的IQ，而是由语言智能、数学逻辑智能、空间智能、身体运动智能、音乐智能、人际智能、自我认知智能及自然认知智能等八大智能交织而成，犹如一幅绚丽多彩的画卷。这些智能在每个人身上都不同程度地存在，犹如八仙过海，各显神通。有些人能言善辩，有些人逻辑推理能力出众，还有些人运动能力超群。每个人的智能组合都独具特色，如同指纹般与众不同，这塑造了每个人独特的学习风格。

每个人身上的各种智能，就像是游戏里的不同技能点，它们各自独立，互不影响。这意味着，我们可以单独提升某一项技能，而不会影响到其他技能的发展。加德纳教授强调，智能并非空中楼阁，而应在日常生活中得到实际的运用。比如，打篮球时灵巧运球、精准投篮，便是身体运动智能的展现；而与朋友愉快聊天、分享心事，则是人际智能在帮助你建立友谊。想要提升这些智能，秘诀就是多多实践。尝试绘画或玩拼图游戏，可以锻炼敏锐的空间智能；投身于乐器的演奏学习，会让音乐智能在指尖舞动；坚持写日记，经常反思自身的情绪，有助于深化自我认知智能；参与园艺活动，在呵护植物的过程中，自然认知智能将得到提升。

每种智能都像是一枚珍贵宝石，静静等待着我们去发掘。当你手握一枚宝石，你会如何行动呢？当然是找到最好的雕刻师，用最合适的工具精心雕琢，让它展现出夺目光彩。同样，人的智能也需要这样的“雕刻师”和“工具”——那就是多样化的学习和成长机会。不论是习得一项新技能，还是投身各种有趣的活动，都是雕琢智能宝石的途径。唯有持续地学习实践，方能彻底唤醒我们内在的智能潜力，让那隐匿的宝石闪耀出它应有的耀眼光芒！

加德纳教授的多元智能理论强调每个人都拥有表现程度不同的多种智能，为人们理解智能提供新的视角。这一观点颠覆了传统教育中“一刀切”的评价模式。过去，学校可能过于关注学生的考试成绩，以此作为衡量智慧的单一标准。然而，随着越来越多的教师开始关注学生的个体差异，他们正在尝试运用不同的教学方法教育学生，帮助学生发现自己的兴趣，培养独特才华。

我们每个人都好似花园中一朵别具一格的花，散发着独有的芬芳。我们应当如探险家般，怀揣着勇气和好奇心，深入探索那些潜藏内心的宝藏，在自己的专长领域里大放异彩，让世界因我们的独特光芒而愈发绚丽多彩！

如何点亮自己的多元智能？

你有没有发现，身边有些同学在学习、体育或艺术等方面特别厉害？这是因为他们找到了开启自身多元智能的钥匙！

多元智能理论就像是我们每个人自带的超能力工具箱，只要巧妙运用，便能在生活中游刃有余！每个人都有多元智能，但人与人之间的优势智能各不相同，有些人某方面特别出众，有些人则表现得更为均衡。当我们识别出自己的弱势智能后，可以通过特定的训练来加强这些方面的能力。比如，如果你在语言智能方面稍显薄弱，那么尝试通过参加辩论、演讲等活动来锻炼语言表达能力是个不错的选择；学习一门新乐器能够提升你的音乐智能；而学习编程则可以强化你的数学逻辑智能。

参与团队活动，不仅能够锤炼交际能力和领导力——这两者恰恰是人际智能的精髓，而且在团队协作的实践中，你也会更懂得如何理解他人。这种技能，不论在哪个领域，都显得举足轻重。

第二部分

情感之谜，成语洞悉

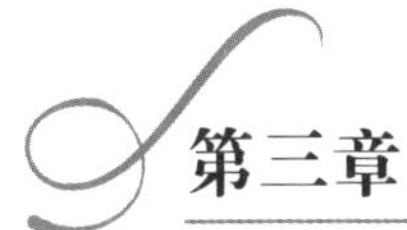

第三章 用成语捕捉情绪状态，培养共情力

喜形于色 ◆ 当你笑了，世界就笑了 | 喜悦

典故探源

成语出自北朝魏收《魏书·高允传》："允喜形于色，语人曰：'天恩以我笃老，大有所赍，得以赡客矣。'"

成语"喜形于色"的意思是抑制不住内心的喜悦，高兴的心情表现在脸上。

时光故事

南北朝时，魏国的大臣高允病重。高祖派御医李修前去探视，高允一边表示感谢，一边若无其事地告诉李修，自己虽然年事已高，但行动灵敏，身体强

壮，没有什么病。

李修回到宫内，向皇上复命探视的结果，说：“高允表面上看没什么病，但身体内有异常情况，恐怕是不久于人世。”皇上让李修保密，派使臣赐给高允大量珍奇宝贝、美味佳肴等，还嘱咐高允好好照顾自己。高允因此十分感激，抑制不住内心的喜悦，对别人说：“皇上赐予我丰厚的财物，照顾得无微不至，让我很好地安度晚年。”

不久之后，高允安详离世。皇上深感惋惜，下诏赏赐高允家属丰厚的物资，用以操办丧事，并追赠高允侍中、将军等官衔。这样的赏赐自北魏开国以来都属罕见，也是对高允生前功绩的最高褒奖。

“心”解漫谈

喜悦，这种如阳光般温暖、如花朵般绽放的情绪，是我们生活中不可或缺的一部分。它不仅仅是一种感受，更是一种力量，能够点亮人的内心世界，让人们更加积极地面对生活。

科学家们深入研究“喜悦”这种情绪，发现它的产生与多种因素紧密相连，包括基因、激素、电信号等生物因素，以及情感、智力、美学等心理社会因素。这些因素相互作用，共同编织出丰富多彩的画卷。心理学家对足球运动员在世界杯和欧洲杯比赛中的表现进行分析，结果发现，前锋挥动双臂来庆祝进球，相较于他得分后没做任何动作来说，他的队友们接下来会更有可能继续进球！只要庆祝，越赢越多！这表明喜悦具有感染性，它能像野火一样迅速蔓延，激发活力，增强人们的渴望。当人们取得成功时，喜悦就如同一个贴心的朋友，及时送来鼓舞，告诉我们正在正确的道路上大步前行。

无论来自哪种文化、哪个地域，喜悦都是人类的共同语言。当人们心情愉悦时，额头会平展、嘴角会上扬、眼睛会微眯、面颊会提升……这些生理反应就像是一串串欢快的音符，组成一首首动人的快乐之歌。人们还会通过具体的肢体动作来传递内心的喜悦，比如笑得前仰后合、手舞足蹈、眉飞色舞等等。这些都是身心感受的直观表达，让周围的人感受到快乐。

那么，人为什么会感到喜悦呢？答案其实很简单：当事情按照个人意愿发展时，人们会感到高兴和满足；而当事情的发展超出预期时，喜悦之情便会油然而生。这种满足感犹如一股清泉，滋润着人们的心灵，激励着人们去追求更多的目标，去实现更伟大的梦想。

表达喜悦的方式多种多样，不同年龄以及文化背景下的人们，会选择不同的方式来描绘这份快乐。小孩子可能会通过蹦蹦跳跳、大声欢笑来尽情地表达内心的喜悦；而成年人则可能更加含蓄，一个心满意足的微笑，或是一首轻松愉快的歌曲，便足以传递内心的愉悦。但不论选择何种方式，都是喜悦在生活中的一种美好展现。

喜悦不仅可以提高自身的心理健康水平，还可以促进人际交往和团队合作能力。当心情愉悦时，那种由内而外散发的自信和正能量，会让周围的人感受到人们的善意和友好；而当与他人分享喜悦时，这种喜悦的传递就像是一股暖流，在人与人之间流淌，这种连接感也会促进关系更加融洽。因为喜悦，这个世界变得更加美好而温暖。

感恩如何给生活增添甜美滋味？

你是否觉得生活有时显得平淡无奇，缺乏欢乐与热情？你渴望为生活增添些许色彩，让快乐无处不在吗？其实，快乐的秘诀就蕴藏在你的内心深处——那便是感激之心！试着每天记下三件让你心生欢喜的小事，并由衷地对它们道一声“谢谢”。

当清晨的第一缕阳光轻轻洒在你的脸庞上时，对它道一句“谢谢”，感激它为你开启美好的一天。在拥挤的地铁车厢中，你不慎踩到旁人的脚，而对方却以微笑作为回应，请对这份宽容说一声“谢谢”，因为它让你感受到温暖与善意。当面对生活与学业的挫折时，也请怀着一颗感恩的心，因为它锻炼了你强大的内心，让你变得更坚韧。

怀着一颗感激的心，去细细品味周围的每一份美好，就如同为生活加入了一抹甘甜的蜜糖，增添生活的甜美滋味。当喜悦如同盛开的花朵，在生命的每一天都灿烂绽放时，一个充满快乐、五彩斑斓的人生便会在你眼前徐徐展开。

千金买笑 ◆ 笑容是快乐的通行证 | 微笑

典故探源

成语出自战国时期吕不韦主持编写的《吕氏春秋·慎行论·疑似》：“幽王欲褒姒之笑也，因数击鼓，诸侯之兵数至而无寇。”

成语“千金买笑”的原意是指不惜重价，博取美人欢心。形容美人的笑颜十分难得，价值千金。

时光故事

西周末期，周幽王即位后荒废朝政，整天沉溺于酒色之中。他有个爱妃名叫褒姒，长得非常美丽，但是从未开颜一笑。为此，周幽王下令：谁能想出办法让褒姒笑一笑，就赏赐千金。于是，一个阿谀奉承的大臣想出“烽火戏诸侯”的荒唐主意来换取褒姒一笑。

一天傍晚，周幽王带着褒姒登上城楼，命令四处点起烽火。临近的诸侯以为有敌来犯，纷纷率军赶来救援。当他们气喘吁吁地赶到城下时，却看到周幽王和褒姒正在城楼上饮酒作乐。原来这只是周幽王为了博取褒姒一笑而导演的一场闹剧。各路诸侯敢怒不敢言，只好气愤地收兵回营。褒姒看到各路军马狼狈不堪的样子，不禁嫣然一笑。周幽王见状大喜，说道："爱妃一笑，真是百媚俱生。"

不久，西戎来犯。士兵们再次点燃烽火，却无援兵赶到。原来诸侯们以为这又是周幽王的恶作剧。结果西戎攻破都城，周幽王被杀死，西周从此灭亡。

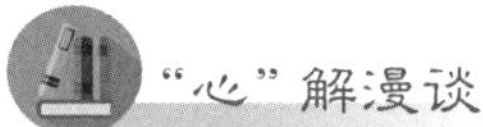

"心"解漫谈

在生活的长河中，微笑就如同一缕温暖的阳光，轻轻洒落在我们的内心，带来欢快的心情。这种纯粹而自然的表情，无疑是人类情感交流中最简单动人的方式。有人甚至愿意付出"千金买笑"的代价，足以彰显出微笑的珍贵。

走进科学的殿堂，我们发现笑并不简单。从婴儿纯真的咯咯笑，到老人和蔼的慈祥笑容，笑的形式千变万化：微笑、大笑、冷笑、苦笑，还有调皮的笑、歉意的笑、轻蔑的笑等等。每一种笑都对应着特定的内心情感。20 世纪 60 年代，美国心理学家保罗·艾克曼创建了一套名为"脸部动作编码系统"（FACS）的工具，用于客观地描述和分析脸部表情。借助这套工具，研究者们已经能够辨识出十几种不同的笑容，如害羞的笑、尴尬的笑、嘲讽的笑等等，不同的情感以丰富的形式显示在脸部。

在所有的笑容中，最珍贵的无疑是那种发自内心的微笑。当快乐从心底涌现，眼睛会不自觉地眯起，嘴角轻轻上扬，整个脸庞都洋溢着幸福的光芒。特别值得一提的是，每年的 5 月 8 日被设定为"世界微笑日"，这一节日在众多节日中独树一帜，专门庆祝人类这一美好的表情。尽管这个节日并未受到太多关注，但微笑作为世界通用的"语言"，其重要性不言而喻。它能够跨越语言与文化的鸿沟，无须言语就能传递出温暖与善意，让人们心灵相通，紧密相连。

微笑是一种积极面对生活的态度。当我们选择微笑时，也在选择快乐与希望。古人云："笑一笑，十年少。"早在婴儿学会说话之前，他们就已经能够通过笑来表达自己的情感，传达自己的需求。适时的笑不仅能够使人感到愉悦，还有益于身心健康。那些经常微笑的人往往更容易感受到幸福，也更容易获得成功。

微笑不仅对个人有益，还有助于社交。心理学家告诉我们，笑不仅是一种表达方式，更是一种社交工具，能够帮助我们建立信任、拉近距离，让彼此的心灵更加贴近。一项著名的微笑跟踪研究也表明，那些经常由衷微笑的人在长期内会拥有更稳定的婚姻关系，保持更好的身心健康状况。

当然，微笑并非总是信手拈来，特别是在忙碌且充满压力的现代生活中，偶尔，我们或许会忘了该如何微笑，尤其是在不顺心、不如意的时候。但即便如此，在这些挑战重重的时刻，微笑仍然蕴含着巨大的能量。即便是勉强的笑容，也能为我们筑起一道心理屏障。请记住微笑的力量，让它化作你传递愉悦、表达善心的纽带，为生活增添光彩，也为你所遇见的每一个人带去温暖。

成长锦囊

如何一眼识破真假微笑？

在与人打交道时，你是否曾被那些真假难辨的微笑所迷惑？有时，一个看似灿烂的笑容背后，可能隐藏着复杂的情感和动机。如何才能练就一双"火眼金睛"，轻松识破那些虚伪的假笑呢？

当你面对一个微笑时，不妨放慢脚步，细细品味。真挚的微笑如同春日的暖阳，深深打动人心。它从嘴角逐渐蔓延至整个面部，带动眼睛周围的肌肉微微上扬，形成温暖而和煦的"笑眼"。相比之下，假笑往往显得生硬而刻意，嘴角上扬的弧度过于夸张，表情显得不协调，甚至会出现笑脸不对称的现象。

要识别真假微笑，关键在于捕捉对方眼神中的微妙变化。一个真诚的微笑会伴随着眼神的交流和情感的共鸣，让你感受到对方的真诚和善意。而假笑则往往眼神躲闪或空洞无神，无法传递出真心实意。

用心去感受每一个微笑背后的真实情感。同时，也请让自己的微笑更加真诚，一起用温暖打动这个世界！

穷途之哭 ◆　宣泄也是一种坚强 | 悲伤

典故探源

成语出自唐朝房玄龄等撰《晋书·阮籍传》："时率意独驾，不由径路，车迹所穷，辄痛哭而返。"

成语"穷途之哭"原意是指因车行无路而悲伤。形容因身处困境而悲伤不已。途：路途。

时光故事

三国时期，竹林七贤之一的阮籍性格放荡不羁，行为举止总是与众不同。他常常做出一些反常的事情，与封建礼教对着干。有一次，阮籍的大嫂回娘家探亲，他毫不避嫌地与她见面送别。当有人因此嘲笑他不懂礼法时，阮籍却反问道："礼法难道是为我而制定的吗？"

阮籍外表坦荡、品性真诚，但他的内心却深感现实社会的压抑与无奈。这种情感常常通过他独特的行为方式表达出来：他疯疯癫癫、哭笑无常，经常独自驾车出游，随心所欲地驶向未知的远方。当到达道路尽头无法再前行时，他便会痛哭一场，然后返回。

阮籍曾经登上广武山，远眺楚汉争战之地，叹息道："当时英雄辈出，而今却是小人得志。"这些看似疯狂的行为不仅透露出他对现实社会的失望，而且表达了他对英雄时代的怀念。阮籍在五十四岁时离世，他传奇般的一生成为后人谈论的话题。

"心"解漫谈

哭泣，作为人类天生的情感表达方式，既是自然的生理反应，又承载着心理的宣泄与情感的释放。在人生的旅途中，有时我们会步入"穷途"，或许是遭遇不幸，或许是受到伤害，又或许被悲伤、愤怒和焦虑所困扰。在这样的时刻，泪水成为我们最直接、最真实的情感流露。它就像心灵的清泉，洗涤着我们内心的阴霾，减轻不良情绪所带来的沉重负担，让我们的心境获得短暂的宁静。当压力沉重如山，情绪汹涌如潮时，适当的情绪宣泄并非软弱的象征，反而是一种坚强的体现。

设想一下，一个即将迎考的学生面对堆积如山的习题和沉重的考试压力，选择用压抑或宣泄的方式来面对焦虑，会有什么不同的结果呢？心理学家拉米雷斯和贝洛克的研究为人们提供了答案。

研究人员将高中生分为两组进行实验：一组被要求用十分钟写下自己对于考试的感受，而另一组则写下与考试无关的内容。结果令人惊讶：那些勇敢面对并写下自己焦虑情绪的学生的考试成绩竟然明显高于另一组。这说明，将焦虑情绪压抑在心中或假装不在乎它通常是无效的；相反，勇敢地面对并学会宣泄这些情绪，却能帮助我们缓解压力，提升表现。

这个实验告诉我们，即使是最简单的方法，也能有效地为负面情绪找到出口。但需要注意的是，宣泄的方式和内容必须具体而明确。例如，对数学考试感到焦虑的学生，应该在写作中具体谈对数学的惴惴不安，而非泛泛地描述自己的心情很差。这样才能最大程度地缓解负面情绪，以更从容的心态面对挑战。

当然，情绪宣泄的方式并不局限于写作。有时候，一场痛痛快快的哭泣也能让我们的内心得到宽慰。当人们哭泣时，往往会表现出更加真实而自然的情感，可以使自己被身边的人更多地理解，从而改善人际关系。尤其是当人们遭遇不幸或受到伤害时，内心处于紧绷状态，“哭一哭，解千愁”，哭泣可以帮助人们缓解情绪压力，认识自己的内心需求，直面自己的真实情感，更好地管理自己的行为。

当感到“压力山大”、情绪难以自控时，可以选择用运动来释放压力。网上有个流传很广的名句“三公里专治各种不爽，五公里治愈各种内伤，跑完十公里学会坦荡与善良”，无论是挥洒汗水的跑步、劈波斩浪的游泳，还是舒展身心的瑜伽，都有助于我们释放压力，达到内心的宁静。

总而言之，哭泣并不单纯是软弱的象征，适当地宣泄情绪也是一种坚强——它让我们勇敢地面对自己的脆弱，让心灵打开一扇通往光明的窗户，在生活的道路上更加坚定地走下去。

成长锦囊

那些难以安放的悲伤，如何应对？

你是否曾有过这样的时刻：心底的难受像一块巨石，压得你喘不过气？明明渴望平复内心的波澜，却不知道该如何表达？

将负面情绪深埋心底，只会让你更加痛苦，然而，盲目发泄又可能伤害到无辜的人。因此，要寻找一种适当的方式来缓解这些情绪，让悲伤的潮水缓缓退去，平复自己的心情。

尝试拿起笔来，将你的真实感受一一记录下来。让笔尖成为你情感的宣泄口，让文字成为你情感的载体。在书写的过程中，你不仅能释放内心的情绪，还能更深入地了解自己的情感状态，理清纷乱的思绪。

一个人待着，确实可以降低悲伤程度，但如果在这段时间里不断回想过去的不快，情况可能会恶化。为了转移注意力，你可以尝试打扫房间、品尝美食、享受购物的乐趣，或者让音乐的旋律充满心灵，或者通过绘画和舞蹈来表达情感。这些活动都有助于你更快地走出悲伤的阴影，重新找回生活应有的色彩。

怒发冲冠 ◆ 火山式的情绪喷涌 | 愤怒

成语出自西汉时期司马迁所著《史记·廉颇蔺相如列传》：“王授璧，相如因持璧却立，倚柱，怒发上冲冠。”

成语“怒发冲冠”的原意是指头发被怒气冲得直立起来，把帽子都顶起来了。比喻极度愤怒。冠：帽子。

时光故事

赵惠文王得到举世无双的和氏璧。秦昭王得知后，假意写信给赵王，表示愿意用十五座城池进行交换。赵王决定派蔺相如作为使者，带着和氏璧前往秦国交涉。

然而，当蔺相如抵达秦国后，秦王只是在临时宫室傲慢地召见他。蔺相如看到秦王只顾着欣赏和氏璧，却毫无交付城池的诚意，内心充满了愤怒。于是，他借口璧上有瑕疵，巧妙地取回璧玉。然后，他后退几步，紧靠柱子站稳，愤怒得头发直竖。他慷慨激昂，痛斥秦王的虚伪：“我听从赵王的建议，斋戒五日后才带着璧玉前来。然而我在此受到的却是这般轻侮！因此我取回这璧玉。大王如要威逼抢走和氏璧，我宁可与璧同归于尽！”

秦王被蔺相如的威严与决心所震撼，不得不道歉并承诺五日后正式接受和氏璧。但是，蔺相如早已洞悉秦王不会真心交换城池，于是暗中派人将璧玉送回赵国。秦王无可奈何，只好按礼仪送蔺相如返回赵国。

“心”解漫谈

愤怒，人们常称之为“生气”或“发脾气”，它就像火山里的熔岩，一旦爆发，势不可当。你是否曾在某个瞬间感受到这股热血沸腾的力量，仿佛要将一切化为灰烬？这正是人们常说的“怒发冲冠”。作为人类情绪的一种，愤怒既有其存在的合理性，也有潜在的破坏性。

愤怒往往与人们对外界情境的判断有关。当人们被贬低、受到威胁或是被忽视时，愤怒就会如潮水般涌来。比如“路怒症”，一位司机正驾车行驶，因前方车辆行驶缓慢，正好赶上红灯没过去，很容易激发愤怒的情绪，甚至产生报复行为，导致交通事故。

此外，当对事情的结局抱有过分乐观的期待，但结果却与预期大相径庭时，愤怒之情便可能油然而生。比如在竞选班干部时失利，可能会让人觉得颜面尽失，认为比赛规则不公，因此心生愤怒。

当然，也有些人误以为愤怒是彰显威严、赢得他人尊重的手段，这些人往往会轻易地发火，或者通过怼别人来传达自己的不满情绪。例如，网络上的那些“键盘侠”，他们总是喜欢到处挑衅，惹是生非，这样很容易就陷入一触即怒的状态，甚至引发网络暴力。

正如古希腊哲学家毕达哥拉斯所言：“愤怒以愚蠢开始，以后悔告终。”愤怒的后果往往是扭曲判断、损害身心健康和人际关系，甚至影响正常的生活。那么，如何有效地管理愤怒呢？有些人选择让愤怒爆发出来，认为这样可以宣泄情绪；另一些人则选择压抑愤怒，将其深埋在心底，然而，这样做只会让愤怒在心底慢慢积累，直至最后的爆发。

要想真正有效地管理愤怒，首先，需要深入了解愤怒的根源。愤怒如同一座火山，既有破坏力也有潜在的能量。它往往源于内心深处的不安和恐惧。只有当我们勇敢面对这些不安和恐惧时，才能从源头上解决愤怒问题。这需要培养自我觉察的能力，倾听内心的声音，理解自己的情绪反应。其次，学会用更健康的方式来表达愤怒非常重要。愤怒并不是一种罪恶的情绪，它更像一个送信的，告诉人们内心有哪些需求还没有得到满足。因此，需要倾听愤怒背后隐藏的那些小诉求，然后选择一个更健康的方式来表达它们。比如说，可以尝试跟对方坐下来好好聊聊，分享自己的真实感受。

要懂得止怒，在选择朋友时，我们也需谨慎行事。易怒之人往往会带来诸多负能量，频繁引发争执，而那些情绪稳定的人则能给予我们莫大的支持。因此，与那些能深刻理解我们的人缔结深厚的友谊，并一同探讨如何更为健康地处理愤怒情绪，这无疑是一种非常明智的抉择。

成长锦囊

如何驯服内心的怒火怪兽？

你是否曾在听到刺耳之言时，愤怒如潮水般汹涌而来，感觉全世界都与你为敌？愤怒就像你心中一只未被驯服的"怒火怪兽"，需要你以负责任的方式去驯服它。

当感到怒火中烧时，不妨主动"按下暂停键"，暂时抽离这激烈的情绪。试着做十次深呼吸，细心感受心跳的平缓。如果想发出声音，小声哼哼即可。设法让自己笑起来，这样可以向神经系统发出信号，告诉自己这并不是什么紧急事件，帮助自己镇定下来。

愤怒有时隐藏着一些尚未被满足的期待。因此，学会调整自己的期望非常有必要。毕竟，世界并不会总按照你的个人意愿来运转。适当地降低期望，并非对生活妥协，而是对自己的一种温柔呵护。

俗话说得好："忠言逆耳，良药苦口。"那些初听起来刺耳的话语，实则可能蕴含着你必须正视的真相。当你能够成功地平息内心的怒火，你会感到自己正在变得成熟。

如坐针毡 ◆　解锁内心的平衡术 | 焦虑

典故探源

成语出自唐朝房玄龄等撰《晋书·杜锡传》："（锡）性亮直忠烈，屡谏愍怀太子，言辞恳切，太子患之。后置针著锡常所坐处毡中，刺之流血。"

成语"如坐针毡"形容心神不定，坐卧不安，好像坐在插着针的毡子上一样难受。毡：指地毯、坐垫等。

时光故事

西晋时期，杜锡以渊博的学识赢得朝廷青睐，被委任为愍怀太子的太子中舍人，总揽宫中大小事务。杜锡生性耿直、忠心耿耿，他深知自己的责任重大，因此多次诚恳地劝谏愍怀太子，希望其能上进。然而，太子生性散漫，每天沉迷玩乐，对杜锡的教诲置若罔闻。

有一次，太子对杜锡的劝谏感到厌烦至极，决定对他进行恶作剧。太子暗中命人在杜锡常常落座的毡垫里插了很多针。对此一无所知的杜锡如常坐下，结果屁股被针扎伤，鲜血直流。

第二天，太子故意装作关心地询问杜锡："你昨日出了什么事？怎么看起来如此狼狈？"杜锡因疼痛难忍，难以坐立，只能尴尬地回答："我昨日喝醉了，不记得发生了什么。"太子趁机故意责备杜锡："你平日总爱责备他人，没想到自己也会犯错吧？"杜锡闻言哭笑不得，尴尬至极。

不久，太子因在宫中任性胡闹而被废黜，最终不幸遭人陷害而丧命。

"心"解漫谈

焦虑是一种普遍存在于每个人生活中的情绪体验，就如同内心深处住着一位不停击鼓的小人，让人心神不宁。试着回想童年时，当父母要求你向陌生的叔叔阿姨问好，或者被老师指派在第二天上课时表演，因为担心无法应对而产生的忐忑不安感，就是典型的焦虑表现。此外，那些如坐针毡、来回踱步、思绪纷飞、频繁上厕所的行为，都是焦虑在背后操控。焦虑还会引发一系列身体反应，包括心跳加速、呼吸急促、面红耳赤，乃至颤抖、恶心等症状。

那么，焦虑究竟源自何处呢？其来源既有外在刺激，如面临重大考试、参加公开表演或其他令人不安的情境；也有内在压抑的情感或冲动，如对完美成绩近乎苛刻的要求，导致做事时总感到焦急不已。值得注意的是，有些焦虑是人类与生俱来的本能反应，例如幼儿在父母离开时的哭泣不止，迷路时的惶恐不安。另一些焦虑则是受过去经历的影响，在生活中逐渐习得的。比如，上课主动回答问题时，同学们报以哄堂大笑，以后每当老师提问时，虽然知道答案，但总会犹豫不决，害怕自己再次出错。

此外，有一种间接性的焦虑同样值得关注，那就是为了掩饰最初的焦虑而滋生出新的焦虑。比如，小明因为害怕在公众场合演讲而总是找各种借口避免参加活动。起初，他只是担心自己的演讲能力，但随着时间的推移，他发现自己对参加任何社交活动都感到紧张不安。短期内，他通过回避确实暂时缓解了因演讲而产生的焦虑感，但从长期来看，他的社交能力和人际关系都受到严重影响。他最终错过与他人交流、学习和成长的机会，无法像其他人一样享受社交活动带来的成就感。

要准确诊断焦虑，则需从表象的行为特征和内在的恐惧源头两个层面去探究。有时候，焦虑犹如狡猾的狐狸藏匿着，只有在遇到实际压力情境时才会暴露其真面目。比如担心在众人面前出丑的孩子，每当需要面向大家讲话时便会显得格外紧张，而平日里跟同学交流时却伶牙俐齿、轻松自在。在这种情况下，不能只把焦虑当作一种表象处理，而应该去寻根溯源，探寻其真实的成因，以便更恰当地应对。

面对生活中的焦虑现象，我们无须过度惊慌，因为它本就是生活的一部分。除非焦虑状态达到严重程度，才有必要寻求专业人士的帮助。一般而言，只要学会识别焦虑、理解焦虑，解锁内心的平衡术，就能让内心那只敲鼓的小手停下来，重新找回生活的平静与美好。

成长锦囊

如何与“小紧张”握手言和？

考试前的夜不能寐、课堂上回答问题时的忘词失语，你是否也曾为这些“小紧张”而烦恼，甚至对自己心生厌烦？别急，让我告诉你，“小紧张”也有它的可爱之处！

每个人都是与众不同的，而你的那份紧张感，正是你独特魅力的一部分。容易紧张的你，其实更细心、更追求完美，也更有责任感。关键在于，我们要学会与这份紧张握手言和，让它助力我们前行。

当焦虑的情绪开始蔓延，影响到你的日常状态时，试着给自己一些积极的心理暗示：“我能够应对！”或者“这只是个小考验，难不倒我！”同时，调整呼吸节奏，让自己有一些缓冲的时间。

适度的紧张能激发潜能，但焦虑过度则须学会自我调控。在日常生活中，你可以试着接触更多刺激性的活动，由易到难，循序渐进地锻炼自己释放紧张情绪的本领。你还可以尝试一些解压玩具，让自己沉浸其中，也能在短时间内体验到“云淡风轻”的愉悦。

郁郁寡欢 ◆ 挥别阴霾，向阳光奔跑 | 忧郁

典故探源

成语出自战国时期屈原的作品《九章·抽思》：“心郁郁之忧思兮，独永叹乎增伤。”

成语“郁郁寡欢”的意思是缺少欢乐，少言少语，内心感到苦闷。郁郁：苦闷、发愁的样子。寡：少。

时光故事

屈原是战国时期楚国的政治家。早年，他主持外交事务，通过联合齐国共同抵抗秦国，使楚国在六国之中崭露头角。然而，屈原的政治主张触动了贵族的利益，楚怀王逐渐疏远屈原，将其流放到汉北。屈原眼睁睁地看着自己辛苦建立的齐楚联盟土崩瓦解，深感痛心，整日郁郁寡欢。楚怀王被秦国扣留后，楚顷襄王继位，但屈原的境遇并未好转。由于小人的挑拨，他再度被流放到遥远的江南。

当听闻秦军攻破楚国消息时，屈原的政治理想彻底破灭。五月五日，他孤独地站在汨罗江边，神色落寞。一位渔夫认出了他，屈原向渔夫倾诉了自己的遭遇。渔夫劝他随波逐流，但屈原却坚定地说："我怎能让我的心灵受到世俗的污染呢？我宁愿葬身鱼腹。"说完，他纵身跳入江中，以身殉国。

为了纪念这位伟大的爱国诗人，民间把农历五月初五定为端午节。值得一提的是，即使在流放期间，屈原仍坚持文学创作。他的《离骚》《九歌》等诗篇流传千古，成为中国文学史上的璀璨明珠。

"心"解漫谈

"当你感觉疲惫渺小，你眼中噙满泪水，我愿守在你身旁，为你揩干眼泪。当你度日艰难，朋友尽失，我愿俯身做你的桥梁，助你渡过难关。"这首 *Bridge Over Troubled Water* 如同一座温柔的桥梁，告诉人们即使在忧郁的河流中，也有人愿意伸出援手，给予支持和安慰。

忧郁是一种负面的情绪与心理状态，常伴随郁郁寡欢，带着负面的情绪如自卑、绝望等。它悄悄地笼罩在人们的心头，让人心情低落，注意力不集中，记忆力减退，食欲不振，甚至失去对爱好的兴趣，其根源可能来自人们内心的冲突、生活中的压力或是对未来的不确定。

然而，在这阴霾之中，总有人能寻找到阳光的方向。这些人拥有积极的心态，他们通过运动、冥想或艺术来缓解压力，保持身心的平衡。他们的生活中充满了爱与支持，亲朋好友的关怀让他们在困难时刻感受到温暖，让他们沉浸在积极的活动中，例如旅行、阅读或者参加一些社交活动。这些特质共同构筑他们抵御忧郁的坚固防线。

需要注意的是，忧郁情绪和抑郁症之间存在明显的差异。轻微的忧郁情绪可能短暂且易于缓解，而抑郁症则是一种具有生物学基础的器质性疾病。我们常常误将这两者混为一谈，从而忽视了抑郁症的严重性。比如，人们通常会对一个心情忧郁的人说："你为什么不振作呢？""我以前也曾经忧郁过，想开了就没事了！"但是，这些话语对一个抑郁症患者来说，无异于是对一个下肢瘫痪的病人说："你应该站起来啊！你为什么不站起来呢？""你要努力站起来。看你两条腿好好的，有什么理由不站起来呢？"这些简单的劝慰往往难以触及他们的内心，只会让抑郁症患者苦笑，加深他们的孤独感和不被理解的感觉。

目前，全球范围内抑郁症的发病率令人担忧。世界卫生组织2023年数据显示，全球约有2.8亿人患有抑郁症，成年人患病率近5%。世界卫生组织将抑郁症与癌症、艾滋病列为21世纪三大疾病。《2022年国民抑郁症蓝皮书》数据显示，目前我国患抑郁症人数为9500万，这意味着每14个人中就有1个抑郁症患者。抑郁症发病群体呈年轻化趋势，18岁以下的抑郁症患者占总患病人数的30%；50%的抑郁症患者为在校学生。

我们应该正视抑郁症的存在，不回避、不轻视，一旦发现身边的人可能遭受其困扰，应及时寻求专业的医疗援助。同时，我们每个人都能成为他人心灵困境中的坚实桥梁，为他们带去力量与希望，共同抵御忧郁的阴霾侵袭。

成长锦囊

如何有效治愈心灵的"感冒"？

有没有那么一瞬间，你觉得整个世界都失去了色彩，心灵仿佛被厚厚的乌云笼罩，连呼吸都变得困难？这种心灵的"感冒"，让人感到迷茫。请相信，无论黑暗如何深邃，阳光总会穿透云层。

试着敞开心扉，向你信赖的人倾诉内心的烦恼。无论是家人温暖的怀抱、朋友耐心的倾听，还是老师富有智慧的指引，都能给你带来无法言喻的慰藉。同时，不要忽视那些微小却真实的幸福时刻。去公园里悠闲地漫步、用笔记录下内心的波澜、随性地涂鸦几笔……这些看似不起眼的小事，却有可能逐渐唤醒你心中的光亮。

建立起健康的生活习惯是关键所在。比如维持有序的生活作息、保持均衡的膳食以及进行适量的运动。这些习惯不仅有助于调整心情，还能增强身体的抵抗力。

当然，治愈受伤的心灵需要时间。请给自己足够的耐心和温柔，不要急于求成。记住，每一片乌云背后都有阳光在等待。你值得被世界温柔以待，值得拥有美好的每一天。

初生牛犊不怕虎 ◆ 激活内心的预警系统 | 害怕

典故探源

成语出自元末明初罗贯中所著《三国演义》："'俗云："初生之犊不惧虎"。父亲纵然斩了此人，只是西羌一小卒耳；倘有疏虞，非所以重伯父之托也。'"

成语"初生牛犊不怕虎"的意思是指刚生下的小牛犊不怕老虎，因为不知道老虎的厉害。形容青年人思想上很少顾虑，敢作敢为，无所畏惧。

时光故事

东汉末年，关羽率部北取襄阳，进兵樊城。曹操部将曹仁领兵抵抗，结果大败。曹操派大将于禁为征南将军，以勇将庞德为先锋，领兵前往樊城救援。

庞德率兵到达樊城后，立刻向蜀军挑战，并指名要与关羽决一死战。关羽大怒，拍马迎战，两人厮杀在一起，打了一百多个回合仍不分胜负，只好各自鸣金收兵。

关羽回到营中，对义子关平说："庞德的刀法十分娴熟，我打了多年的仗，今天算是遇到真正的对手了。"关平说："人们常说，初生的小牛犊见了老虎也不畏惧。庞德正是如此，对他不能轻视啊！"

第二天，庞德又邀关羽决战。打到激烈的时候，庞德用箭射中关羽的左臂，关平见状赶紧冲上来，掩护关羽撤退。关羽觉得靠武力一时难以战胜庞德，于是想出一条计谋。当时正值秋雨连绵，汉水猛涨，魏军营寨却扎在低洼之处，关羽掘开汉水大堤，水淹魏军，终于俘虏了庞德。

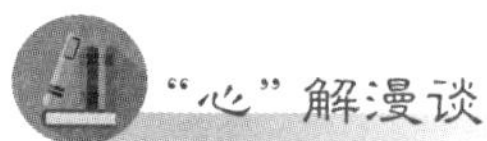

"初生牛犊不怕虎"，形象地描绘了年轻人那种勇往直前、无所畏惧的精神风貌。然而，在现实生活中，人们或多或少都会遇到令人生畏的情况。比如，在雷雨交加的夜晚，孩子们听到雷声、看到闪电时，会紧张地抱住大人，脸上露出不安的神色；有些人在黑暗中会恐惧到瑟瑟发抖，甚至在熄灯的屋子里无法安然入睡；还有的人在面对陌生的人群时，会心跳加速，手足无措。这些场景都表明害怕心理在生活中随处可见。

害怕，其实是内心的一种警觉机制。当面对某些特定对象或情境时，如果个人安全感受到威胁，就会产生这种紧张不安的情绪体验。关于害怕的起源，心理学家们众说纷纭。有的人认为害怕是遗传决定的，具有生物学基础。比如，婴儿对噪声、疼痛等刺激的害怕反应是生来就有的。从进化的角度来看，害怕情绪有助于迅速应对潜在的危险，保护自己免受伤害。有的人认为害怕源于对陌生情境的反应。比如，婴儿见到熟悉的人就感到很愉快，而见到陌生人就害怕。还有的人认为害怕是一种学习，是后天获得的。

著名心理学家华生和雷纳进行了一项经典实验。被试阿尔伯特是个小男孩，只有 9 个月大。研究者把小白鼠放在他身边，他一点都不害怕；可是，当用锤子敲出巨响时，阿尔伯特会猛地打颤，非常害怕。实验时，先把小白鼠放在阿尔伯特面前，当他觉得新奇有趣，要伸手抓它时，研究者马上敲锤子发出巨响，这时阿尔伯特会猛地一跳，向前扑倒，把脸埋在床垫里。第二次，阿尔伯特又要用手抓小白鼠，巨响再次响起，只见阿尔伯特跳起来，向前扑倒，开始啜泣。经过几次实验，阿尔伯特不仅对小白鼠形成害怕反应，甚至对兔子、狗等其他毛茸茸的动物也产生了害怕反应。这个实验表明，害怕情绪可以通过条件反射方式而形成。

当然，害怕并非不可克服。对抗性条件作用是一种有效的克服害怕的方法。它的核心思想就是将引发害怕的刺激与愉快的活动相结合，使个体逐渐用积极的情绪取代害怕情绪。比如，为了帮助孩子克服对兔子的害怕情绪，家长可以在孩子游戏时将兔子笼子放在房间里，让孩子逐渐接近并熟悉兔子。随着时间的推移，孩子可能会不再害怕兔子，甚至与之建立亲密的关系。这种方法同样适用于消除其他类型的害怕情绪。

值得一提的是，上文所说的这个实验因为违反了伦理道德，一直被诟病，此后美国心理学协会公布了实验伦理规范，严禁进行违反伦理的实验。

如何构建自己的心灵庇护所？

你是否曾在某个瞬间，被突如其来的变故吓得心跳加速，仿佛被无形的恐惧紧紧扼住？这种感觉如同枷锁，束缚着心灵，让你感到周围的世界都在崩塌。因此，构建自己的心灵庇护所，其意义不可小觑。

这个庇护所的根基，源于我们对自己情绪的掌控。每当恐惧或焦虑袭来时，试着去理解它们，用接纳来化解它们。勇气并非意味着无所畏惧，真正的勇气是在害怕中找到前行的力量。养成定期自我反思的习惯，为心灵提供养分，这样能让内心更加坚韧有力。同时，找到自己的兴趣爱好，融入一些社交圈子。这些人和事能给我们带来归属感和稳定性，包容我们所有的不安。

别忘了，我们也需要一个实体的空间——一个能让我们放松身心的地方。这个地方可以是你的卧室，也可以是你常去的公园角落或图书馆。只要能给你带来安慰和舒适，它就能化作一片温馨的小天地，成为你内心的避风港，让你愈加珍惜每一个美好的瞬间。

大惊失色 ◆ 掀起震撼来袭的波涛 | 惊讶

成语出自东汉时期班固等编撰的《汉书·霍光传》:“群皆惊鄂失色，莫敢发言，但唯唯而已。”

成语“大惊失色”的意思是指大为震惊，以至于脸色都变了，形容非常惊讶。“鄂”通“愕”。

公元前74年，汉昭帝去世。昌邑王刘贺即位后，吃喝玩乐，沉迷酒色。霍光心忧如焚，便私下征求好友大司农田延年的意见。田延年建议他上书皇太后，选贤重立新君。

于是霍光便召集朝臣们共同商议。霍光说:“昌邑王昏庸无能，给国家大业带来危机，我们该如何是好?”朝臣们听到霍光斥责皇帝的过错，惊愕失色，相视无言。田延年手按宝剑，挺身而出，慷慨激昂地说:“先帝委任霍将军辅佐幼主，深信将军之忠贤足以安邦定国。现在国家安危悬于一线，倘若汉室倾覆，将军死后，又有何颜面与先帝相见于九泉之下？因此，将军今日必须当机立断。若有不从者，我必立即诛之。”朝臣们都说：“愿听大将军之命。”

于是，霍光与众朝臣联名上书皇太后，下诏将在位二十七天的昌邑王废为庶人，迎立皇曾孙刘询继位，即汉宣帝。此后，西汉逐渐进入中兴时期。

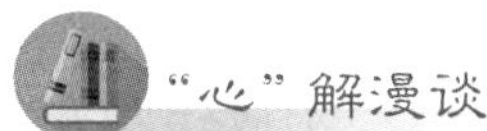

“心”解漫谈

在日常生活中，我们时常会遭遇那些出乎意料的事件，它们如同震撼人心的波涛，瞬间打破生活的平静，让我们在大惊失色的瞬间，更深刻地感受到生活的多变。有时候，人们还会巧妙利用这种情绪，刻意制造意想不到的惊喜，为生活增添更多的趣味性。

惊讶的产生，通常是因为人们对周围世界的预期和实际发生的事件之间出现意料不到的差异。这些突如其来的变化，往往会让人感到惊讶。比如，平时熟悉的上学路上突然发生车祸，或者生日当天意外收到来自远方的祝福。但并非所有的意外都会产生惊讶。只有当这些意外与人们关心的事物紧密相关时，才会真正引发惊讶的感受。比如，在街头偶遇一个陌生人，虽然也算是意外，但如果他对我们毫无影响，我们通常不会有什么感觉，转眼即忘。

从生理层面来看，惊讶会引发一系列的“惊吓反射”，这是身体在面对突然变化时的自然反应。这些反应包括肌肉紧绷、眼睛睁大、快速吸气等。同时，面部表情也会发生细微的变化，比如眉毛和上眼睑会微微抬起，嘴巴会不自觉地张开。但这些表情变化通常很短暂，转瞬即逝。经验告诉我们，除非事件本身非常震撼，或者有连续不断的惊讶事件发生，长时间的惊讶表情很可能是人们故意装出来的。

从心理层面来看，惊讶产生的原因是现实发生的事与心理预期之间存在着差距。这个差距越大，所感受到的惊讶就越强烈。随着对某些情况的熟悉，原本的心理预期会逐渐调整，惊讶程度就会慢慢减小。比如，在每天经过的上学路上，第一次遇到一只狂吠的大狗可能会令人害怕。但是，一旦有了预判，下一次再遇到类似情况时，惊吓感就会大幅减弱。从"学习"的角度来看，很多事物只要熟悉了，便不容易因为它而受到惊吓。

惊讶情绪虽然有时会让人们感到不安，但它也有其积极的一面。它能够迅速调动人的感官，激活思维，使人更加警觉，以便更好地应对突发情况。有时在惊讶之余，人们会发出惊呼，接着可能会喊出特定的口头禅，比如"天啊！""我的妈啊！"这是一种自然的心理反应机制在起作用，其目的是释放突然高涨的不安与焦虑。

生活中的惊讶，就像突然掀起的震撼波涛，给人带来深深的触动。不断学习、适应和进步，恰恰是成长的过程。带着对惊喜的憧憬，鼓起勇气，去迎接生活中的每一次震撼吧！

成长锦囊

如何把"惊吓"变成"惊喜"？

你有没有过这样的体验，突然被意外吓得心跳加速，但后来却喜出望外？为什么有些意外让我们惊慌失措，有些却让我们欢呼雀跃呢？

其实，这取决于应对这些意外的态度。如果我们能保持冷静，用好奇的心态去面对未知，那么"惊吓"就很有可能变成"惊喜"。好比你走在路上，突然下起雨来，如果没有带伞，很可能会淋得一身狼狈。但是，如果你换一种想法，把这场雨看作是大自然带来的清凉礼物，是不是感觉就完全不一样了呢？

当遇到惊吓时，如果能创造性地解决问题，往往也能够感受到独特的体验。比如，衣服不小心挂破了，可尝试用时尚的装饰方式来修补它，将反而带来惊喜。

所以，当你在生活中遇到出乎意料的情况时，可以淡定地对自己说："这是一个新的机会，让我来看看它会带给我什么样的惊喜吧！"轻松平和的心态能够帮助你发现生活中的美好，在惊奇中积累经验，在不断克服惊讶中成长。

好逸恶劳◆　从排斥走向理解 | 厌恶

典故探源

成语出自南朝宋时期范晔编撰的《后汉书·郭玉传》：“其为疗也，有四难焉：自用意而不任臣，一难也；将身不谨，二难也；骨节不强，不能使药，三难也；好逸恶劳，四难也。”

成语“好逸恶劳”的意思是指贪图安逸享受，厌恶吃苦耐劳。恶：讨厌、憎恨。

时光故事

东汉时期，有一位名叫郭玉的太医，他以仁心仁术著称。然而，一个奇怪的现象是，尽管他能轻易治愈寻常百姓的疾病，但面对王公贵族，他的医术却似乎常常失效。

和帝为了探究这个谜团，安排一位达官贵人换上平民的衣服，前去就诊。郭玉如往常一样，专注而细致地为这位“平民”施针，只一针，便神奇地治愈了达官贵人的疾病。和帝好奇地询问郭玉，治疗“平民”时为何疗效如此迅速。

郭玉解释道："陛下，治病之道，在于心手合一。治疗王公贵族有四难：一是他们自视甚高，不听从医嘱，这是第一难；二是他们态度傲慢，不易配合治疗，这是第二难；三是他们体质虚弱，难以承受药物的冲击，这是第三难；四是他们贪图安逸，厌恶吃苦，不愿配合治疗，这是第四难。这些原因都会影响最佳疗效的发挥。"

和帝听后，心中赞叹郭玉不仅是一位医术高超的医者，更是一位难得的贤才。

"心"解漫谈

在人类的情感调色板上，厌恶占据一席之地。厌恶是人类六种基本情绪之一，当某些事物触及人们的心理防线，厌恶便油然而生，如同一道屏障，保护人们免受潜在的伤害。研究显示，孕妇较容易产生厌恶情绪，部分原因是因为孕妇的生理免疫系统功能下降，而厌恶情绪会自动调高个人的行为免疫系统，以便更充分地保护胎儿。

当人们面对令人不悦的场景或人物时，身体本能的排斥机制会立即启动。喉咙和胃部的不适感、恶心甚至呕吐，都是身体在发出警告信号："这里不安全，快离开！"与此同时，面部也会不自觉地流露出厌恶之情，行为上表现出侧身、保持距离等动作，这些都是常见的表达内心反感的方式。

然而，厌恶并不局限于这些生理反应。在更广阔的社会文化背景下，厌恶情绪还延伸到了道德、美学和认知领域。当人们遇到他人好逸恶劳的行为时会感到厌恶，看到拙劣粗俗的艺术表达时会感到反感。这种厌恶感是我们在社会化过程中逐渐形成的，它帮助我们辨别是非与美丑，维护内心的平衡。

厌恶情绪的强度各异，每一种都反映我们对厌恶对象的不同态度。嫌弃是对某个事物的轻微厌恶，厌烦则是对持续刺激的烦躁，而厌恶常伴随典型的身体反应，如胃部收缩、恶心。深恶痛绝代表的是一种势不两立的状态，它是厌恶情绪的极端表现，让人想要远离对方，甚至不愿与对方共存。

厌学情绪是青少年在学习过程中常见的一种情绪。某项调查表明，在课堂教学中，对学习效率最具阻碍作用的课堂情绪体验为厌恶体验。占调查总人数的 75.1% 的学生认为，当面临学习困难、成绩不佳或来自家长的压力时，学生可能会感到沮丧，进而对学习产生厌恶感。这种情绪不仅影响他们的学习动力，使他们对学习成绩产生不在乎的态度，还可能导致他们以“自我堕落、自我厌弃、自我放弃”的方式逃避学习，形成行为退缩、认知迟缓和情感消极等心理问题。

更为严重的是，当厌恶的对象转向自己时，它可能演变为自我否定。这种情绪障碍的根源可能深埋在个体的成长经历中，如遭受创伤、性别偏见或身体歧视等。它不仅会对个体的心理健康造成严重影响，还可能导致各种情绪障碍甚至自我伤害行为。

厌恶情绪不仅与个体的生理需求息息相关，更在深层次上影响人们的社会行为和心理健康。为了真正理解这种情绪，我们需要深入探索其根源，从排斥到理解，逐渐跨越反感的界限，实现个人的突破。

如何避免活成自己讨厌的样子？

你是否曾梦想成为那个充满活力、怀揣梦想、勇往直前的自己？但生活的繁琐和现实的压力，让你离梦想中的自己越来越远，甚至开始厌恶自己的模样。

其实，你的思想能塑造未来。要避免成为自己讨厌的那种人，就不能模仿他们的思考方式。比如，你反感只抱怨不行动的人，那就别让自己也陷入消极思维。建议每月至少阅读一本书，这不仅能拓宽视野，更能激发好奇心。同时，记得及时记录自己的思考，这样你能更深入地了解自己的内心。

“知易行难”，行动才是关键。如果你鄙视懒惰和不努力，那就积极行动起来吧，展现出不同的生活态度。有些道理，只有亲身经历过，你才能深刻领悟。只满足于了解道理，而不去实践，只能是纸上谈兵，这样的知识只是过眼云烟。

当你开始用新的思维方式去思考，用新的行为方式去生活，你会发现，自己正一步步接近那个理想的自我。

吴牛喘月 ◆ 寻觅内心的安宁之道 | 恐惧

典故探源

成语出自南朝宋时期刘义庆组织编写的《世说新语·言语》:“帝笑之，奋答曰:‘臣犹吴牛，见月而喘。’”

成语“吴牛喘月”原意是指吴地的牛怕热，看见月亮还以为太阳又出来了，因惧怕酷热而喘气。比喻因为疑心遇到不利情况而恐惧。

时光故事

西晋初年，有位叫满奋的大臣，他高大魁梧，但生来体弱，尤其怕冷。每当冬天来临时，他就整日待在家中。

有一次，满奋进宫拜见晋武帝。晋武帝赐他靠北窗而坐。北窗口立着一扇琉璃屏风，看上去好像透风。满奋素来怕冷风，望着北窗的椅子，听着风拍打窗的声音，心中不禁涌起一股寒意。坐吧，怕冷风吹；不坐吧，恐怕对皇上不敬。他局促不安地站在原地，不知如何是好。

看着满奋那左右为难的样子，晋武帝才发现他看不到屏风上的琉璃，便指着屏风笑着说：“你就放心坐下吧，那是琉璃屏风，实际上密不透风。”

听到这话，满奋才恍然大悟，原来自己闹笑话了。他一边落座，一边自我解嘲地说道：“臣犹如吴牛，见月而喘。”接着他解释道：“江南的水牛因为害怕中午猛烈的太阳，有时候晚上见到月亮也会吓得喘起气来。我现在就像那只水牛一样，紧张过度了。”晋武帝听后哈哈大笑，气氛顿时轻松许多。

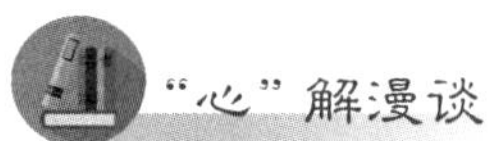

“心”解漫谈

恐惧，作为最基本、最原始的情绪之一，源自个体在特定外部环境下因缺乏安全感而感知到的威胁。这种感知会触发个体的防御性反应，并带来一种强烈的危机感，如同迷雾一般笼罩在人们的心头，让人担惊受怕，束缚着人们前行的脚步。然而，唯有勇敢地冲破这层迷雾，才能寻找到内心的安宁之道，让璀璨的光芒从内心深处释放，照亮前行的道路。

恐惧的产生源于我们对外界刺激的反应。位于大脑底部的杏仁核是处理恐惧的中枢，它一旦接收到威胁信号，就会迅速作出反应。这种反应可能表现为紧张、烦躁，有时甚至伴随着呼吸困难、头痛、恶心等身体症状。然而，这些反应并非全然是坏事。它们是身体自然产生的防御机制，时刻提醒人们要注意潜在的威胁，保护自己不受伤害。

心理学研究表明，导致恐惧这种情绪的关键因素，是缺乏应对可怕情境的能力。当人们面临困境或自然灾害而不知所措时，恐惧心理便油然而生。此外，恐惧还具有泛化性。一旦经历过某个刺激，人们对类似的刺激和情境也会产生恐惧心理，正所谓“一朝被蛇咬，十年怕井绳”。恐惧的感染力也不容忽视。当我们看到或听到其他人处于恐怖状态时，即使自己并未身处险境，也会感到坐立不安。

有趣的是，最新研究成果显示，人的恐惧情绪不仅可经由气味为他人感知，还能引发感知者的恐惧心理。德国研究人员请 49 名学生志愿者腋下夹脱脂棉垫，搜集汗液。这些学生一小时后要参加一场大学口语考试。研究人员还用脱脂棉垫收集到这些学生平时骑自行车时所流汗液。随后，他们请另外28名学生志愿者闻这两种棉垫，同时借助核磁共振成像技术分析他们的脑部活动。

研究发现，虽然这组学生无人能说出"恐慌汗"与"锻炼汗"之间的差异，但他们脑部对这两种汗液做出了不同反应。当闻到"恐慌汗"时，脑部处理感情和社交信号的区域活跃程度要更高。这项研究显示，恐惧气味确实存在。群体中若有人恐惧，皮肤会分泌特定化学物质。其他人能下意识察觉这种气味，感知这种恐惧情绪，从而导致这群人出现不同程度的恐惧情绪。

成语"吴牛喘月"告诉我们，恐惧很多时候源于我们内心的想象和对事物的夸大。同样，富兰克林·罗斯福的名言"我们唯一需要恐惧的就是恐惧本身"也强调了恐惧本身常常是我们面临的最大障碍。要想冲破恐惧的迷雾，我们必须学会面对自己的内心，正视自己的恐惧，绝不能让恐惧成为我们生活的主宰。

成长锦囊

如何直面内心的恐惧不安？

你是否经常被一种无形的恐惧所困扰，每当面临挑战时，内心就会涌起逃避的冲动？如果是这样，那么恐惧，这个隐形的枷锁，正逐渐成为阻碍你成长的绊脚石。

恐惧通常源于对未知的担忧或对过去经历的回忆。你可以试着将你的恐惧写下来，以便更清晰地洞悉它的本质，并尝试去理解它。这将有助于你制订一个行动计划，从而更好地应对它。

当恐惧袭来时，试着给自己一些积极的心理暗示，坚定地告诉自己："我能行！""困难只是暂时的，我一定能克服！"还可以利用形象化的技巧，将恐惧想象成一个可以打包处理的物体，借助信念的力量将其扔掉，以此减少恐惧的影响。

自我肯定、自爱，以及对他人的关爱，都是我们战胜内心恐惧的有力武器。每一次勇敢的尝试都是自我突破的机会，尝试用语言文字描述恐惧，与专业人士进行交流，以获得更多的支持。不论结果如何，此过程皆能促进你的成长，使你愈加坚韧不拔。

暗送秋波 ◆　藏在眼神背后的喜怒哀乐 | 面部表情

典故探源

成语出自元末明初罗贯中所著《三国演义》："吕布欣喜无限，频以目视貂蝉。貂蝉亦以秋波送情。"

成语"暗送秋波"意思是指暗中眉目传情。秋波：旧时形容美女的眼睛像秋天的水波一样清澈明亮。

时光故事

东汉末年，董卓专权跋扈，百姓怨声载道，国家危在旦夕。司徒王允为人正义，策划让美貌的貂蝉扮演主角，实施"连环计"，除掉董卓。

第二天，王允将吕布请到府中饮宴，并送给他一顶束发金冠。席间王允让貂蝉为其敬酒布菜。吕布频频用目光表达自己的心意，貂蝉更是心领神会，也用眼睛暗暗传递喜爱之情。王允将这一切看在眼中，便对吕布说："将军如果喜欢小女，我就将她许配给你为妻。”吕布大喜过望，毫不犹豫地答应这门亲事。

几日之后，王允邀请董卓来府中赴宴，并特意安排貂蝉献舞助兴。董卓被貂蝉的倾世美貌所吸引，王允便顺水推舟地将貂蝉送给董卓。这一消息很快传到吕布那里，他愤怒难平，认为董卓夺走了自己的心上人。

在王允的策略性引导下，吕布与董卓之间的矛盾日益激化。最终，吕布怒杀董卓，“连环计”得以实施。

“心”解漫谈

眼睛，被誉为“心灵的窗户”，不仅是人们观察世界的重要视角，更是情感传递的独特媒介。研究人员曾做过一个实验，把演员表演各种情绪的照片横裁成细条，只保留双眼部位让人们辨认。令人惊讶的是，即便只有这一小部分信息，人们仍然能够精准地识别出其对应的情绪。这个实验结果表明眼睛不仅仅是视觉器官，更是心灵的传声筒，甚至在不经意间，它们还能“暗送秋波”，默默地传递着深层的情感，在人际交流中扮演着举足轻重的角色。

日常生活中，人们通过视线的交汇，可以轻易解读出他人的情绪状态。例如，瞪视往往暗示愤怒，白眼可能表示反感，而斜视则可能传递鄙视的情绪。眼睛传递情感的能力，很大程度上归功于瞳孔的变化。心理学家的研究发现，瞳孔的收缩与扩大不仅受光线刺激影响，还与个体的心理活动密切相关。当我们看到心仪的对象或喜爱的事物时，瞳孔会不自觉地扩大；而面对不喜欢或厌恶的事物时，瞳孔则会缩小。喜悦时的眼神明亮、悲伤时的目光黯淡、犹豫时的眼光游移，眼睛的这些细微变化都细致地反映出我们内心的真实情感。

当然，由于民族和文化的差异，人们用眼睛表达情感的方式并不完全相同。例如，阿拉伯人在与尊长交流时会直视对方以示敬重，而日本人则更倾向于注视对方的颈部以示礼貌。这些差异也说明眼睛交流在跨文化交流中的复杂性。

除了眼睛之外，面部表情也是情感传递的重要方式之一。面部表情是由四十多块面部肌肉的运动产生的，能够表达出丰富多样的情绪状态。研究表明，面部表情既体现出原始适应痕迹，像喜、怒、悲、惧等原始表情通见于全人类，又具有后天习得的性质，使得其多样性远超出人们的想象。另一项研究显示，除了常见的六种基本表情（高兴、吃惊、悲伤、愤怒、厌恶和恐惧）之外，人们还能组合和创造，表现出惊喜（高兴＋吃惊）、悲愤（悲伤＋愤怒）等十多种复合表情。

值得注意的是，在社会生活中，人们为了维护社交形象，常常利用面部表情来掩饰真实的情感。我们可以从表情持续的时间长短找出伪装的印迹。一般而言，除了那种极其强烈的情绪感受之外，如欣喜若狂、勃然大怒、悲痛欲绝等，自然的表情通常不会超过 5 秒，停顿 10 秒钟以上的表情很可能是不真实的。

面部表情并非孤立存在，它们通常会与眼神相互配合。在解读面部表情时，还需要综合考虑文化背景、社交情境以及个体差异等多种因素。唯有深入了解这些情感密码的真正含义，我们才能洞悉彼此丰富多彩的情感世界。

成长锦囊

“眼神躲猫猫”是个性害羞吗？

当老师提问时，你是否会心跳加速，眼神不自主地四处游移，像是在玩一场“眼神捉迷藏”？在与人交谈时，你是否心知肚明，却因尴尬而难以与对方进行眼神交流？

内向的人在社交场合中，常常会感到不自在。紧张情绪会让他们的眼神不自觉地躲闪，因为担心自己的不足被眼神“泄密”，所以目光游移不定。特别是面对更出色的人时，缺乏自信也会让他们在对话中刻意回避对方的眼神。

眼神交流在人际沟通中是最直接的表达方式。在交谈时，能够坦然直视对方的双眼，这既彰显了你对他人的尊重，也是你个人修养的展示。通过恰当的眼神接触，你可以向对方传递出你的兴趣。相反，如果目光总是四处游离，可能会给人留下注意力不集中、态度比较随意的印象。

真诚的目光不仅能够展现你的个人魅力，更能让心灵之间的交流变得简单而深刻。让我们勇敢地迎接每一次眼神交汇，用充满温暖与善意的眼神去传递情感，拉近人与人之间的距离。

上下其手 ◆ 举手投足中的隐语 | 肢体语言

典故探源

成语出自春秋末期左丘明所著《左传·襄公二十六年》："上其手，曰：'夫子为王子围，寡君之贵介弟也。'下其手，曰：'此子为穿封戌，方城外之县尹也。谁获子？'"

成语"上下其手"原意指做出不同的手势，要别人说假话。比喻串通一气，玩弄手法，颠倒是非。上其手：抬起他的手。下其手：垂下他的手。

时光故事

春秋战国期间，郑国被楚国打败，郑国将领皇颉被楚将穿封戌所俘虏。可是，楚王的弟弟公子围却声称皇颉是他俘获的，想冒领争功。穿封戌哪里肯依，便和公子围发生争执，闹得不可开交。

楚王无法判断孰是孰非，便将此事交由伯州犁处理。伯州犁有心偏袒公子围，说："现在你们两个各说各的理，我也难以定夺。最好的办法是让皇颉自己来说，究竟是被谁擒获的。"

当皇颉被带到后，伯州犁把手一抬，先向上指向公子围介绍说："这位是公子围，是我们国君的弟弟。"然后再向下垂，指了指穿封戌说："这位是我们楚国的一位县尹。"伯州犁转向皇颉，看了一眼说："你自己说，究竟是谁俘获了你？"

看到伯州犁的手势，皇颉当然明白其中的用意，便指向伯州犁抬高的那只手，回答说："我在作战时遇上公子围，我的本领没他大，被他打败俘获了。"于是，伯州犁便判定这是公子围的战功。

"心"解漫谈

当你与朋友交谈时，有没有留意过他们的手势、姿势，甚至是那些容易被忽视的身体微小动作？这些看似平常的举动，实际上蕴含着丰富的信息。它们就如同一种隐语，默默地传递着人们内心的深层想法。

在言语交流的过程中，手势的作用不容小觑。通常情况下，人们说话时都会伴随着手势，它不仅能够强调并解释人们的话语，还能使言语表达更加生动有趣。上文中的伯州犁虽然没有明确地讲出他的意思，却用细微的手势动作传递出重要信息，使对方明白其真实意图，达成目的。当你兴高采烈地讲述一件趣事时，你的双手可能会随之舞动，这种"手舞足蹈"的场景，其实就是手势在传递你内心的兴奋。借助于手势，人们还可以表达惊奇、苦恼、愤怒、焦虑、快乐等丰富多彩的情绪。因此，有人将手势称为"口语表达的第二语言"，这一点也不夸张。

然而，有趣的是，手势的含义并非一成不变。跨文化研究显示，不同国家、地区和民族对手势的解读可能存在差异。同一手势在不同文化中可能有着截然不同的含义。这种差异性使得手势在跨文化交际中显得尤为重要。例如，东、西方人都有用手指表示数字的习惯，但具体的表示方式却有所不同。西方人从拇指开始表示"一"，再伸出食指表示"二"，而中国人则用这一手势表示

"八"。此外，用拇指和食指相接成一个圆圈，在中国人看来是表示"零"，而西方人则可能将其理解为"非常满意"。这些差异提醒我们，在跨文化交际中，必须特别注意理解和尊重对方的手势语言，以避免误解。

除了手势外，身体的姿势也是肢体语言的重要组成部分。研究表明，身体的姿势与大脑之间存在着密切的神经联系。许多潜意识，当你还没有来得及思考时，已经传导到身体上，让身体不自觉动了起来。面部表情可以伪装，但是身体语言却始终是诚实的，透露出内心的情感状态。比如，当一个人频繁地摩挲双手时，可能表明他内心感到不安或焦虑；当一个人昂首挺胸、双手自然下垂时，则可能显示出他的自信从容；而一个人双手叉腰，则可能表示做好了对抗或防御的准备。这些身体姿势的微妙变化，为我们提供了一个观察他人情绪的窗口。

肢体语言是一门深奥而有趣的学问。当然，解读肢体语言并非易事，它需要我们细心观察、深入理解以及丰富的生活经验。但只要我们悉心学习实践，就一定能够掌握这门神秘的交流艺术，揭示出举手投足中的众多隐语。

成长锦囊

肢体语言如何透露你的心事?

你是否曾因一个小动作，让人误解了你的真实想法，或是在不经意间，通过肢体语言透露了内心的想法？别小看这些看似微不足道的细节，它们往往能透露我们深藏的心事。

与人交往时，我们应细心观察自己的每一个细微动作：比如紧握的双手可能暗示了自己紧张的情绪，而游离的眼神则可能表露出内心的不安。相反地，如果昂首挺胸、目光坚定，则会传递出一种自信。

更进一步说，调控自己的肢体语言是一项我们必须掌握的能力。每当感到紧张局促时，可以尝试深呼吸数次，同时放松身体肌肉，特别是面部和肩颈部位紧绷的肌肉。保持松弛感，使得肢体语言轻松自然，内心也会因此平静。

生动的肢体语言是沟通的有力工具，它能为言辞增添分量，让情感表达更为真挚。通过肢体语言，我们可以高效地传递信息，更强烈地激发情感，与他人的联系也会因此更加紧密。因此，优化自己的肢体语言无疑是一项重要的沟通技巧。

汗流浃背 ◆　探知心情的微妙变化 | 情绪测量

典故探源

成语出自西汉时期司马迁所著《史记·陈丞相世家》：“问：‘天下一岁钱谷出入几何？’勃又谢不知，汗出沾背，愧不能对。”

成语“汗流浃背”原意指汗水流得满背都是。形容非常恐惧或惭愧，有时也用来形容满身大汗。浃：湿透，出汗多，湿透脊背。

时光故事

汉文帝即位后，任命陈平为左丞相，周勃为右丞相。当时右丞相是朝廷中的最高官职，负责协助皇帝处理国家大事。为了解国家与人民的情况，汉文帝询问右丞相周勃：“全国每年需要审理和判决的案件共有多少？”周勃一愣，脸色微变，低头回答道：“不知道。”汉文帝接着又问：“那么全国上下每年收入和支出的金钱又是多少？”周勃还是回答不出，急出一身冷汗，汗水多得把脊背的衣服都弄湿了。

看到周勃的反应，汉文帝转身询问左丞相陈平。陈平则面色从容地回答说："这些事都有专人负责。要了解案件审理情况，只需询问廷尉；要了解财务收支情况，向内史咨询即可。"汉文帝对陈平的回答十分满意。

这件事让周勃深感自己的才能不如陈平。不久后他借故生病辞去右丞相的官职，请求告老还乡。从此陈平独自担任丞相职务，辅佐汉文帝治理国家。

"心"解漫谈

你是否有过这样的经历：当你参加重要的面试时，手心会出汗，心跳也会加速？当处于悲伤状态时，身体会不适，出现呼吸急促、血压升高等现象？大量研究已经证实，这种生理和心理之间的对应关系是普遍存在的。

情绪，这个看似简单却又复杂的心理现象，其实是由生理唤醒、主观体验和外部表现三个部分组成的。以害怕情绪为例，当感到害怕时，人的心率会加快，血压可能会升高，呼吸频率增加，这些都是生理唤醒的表现，它会自动触发，无须意识参与。而内心感受到的恐惧、不安，则是主观体验，代表个体对当前情绪状态的自我感受。至于害怕的外部表现，包括面部表情、姿态表情和语调表情等，比如脸色苍白、声音颤抖，甚至是语无伦次。

心理测量学不仅关注心理特质的测量，还探讨生理和心理之间的对应关系。在测量情绪时，科学家们会采用多种方法。对于生理唤醒的测量，多导生理仪能够记录我们在某种情绪状态下的生理变化，如心率、呼吸频率等。而对于主观体验，人们则可以通过自我报告的方式来进行评估，比如常用的量表有积极—消极情感量表和形容词核对表等。至于外部表现的测量，则可以通过观察人的面部表情，结合对身体姿态及声音语调的分析来判断。

除了测量正常情绪，这些技术还被科学家用来识破谎言。你知道吗？即使人们外表装得再平静，撒谎时内心也会波涛汹涌。这种内心的波动会通过一系列生理变化暴露出来，比如心跳加速、血压升高，甚至手心都会出汗。在测谎时，专家会在被测者的胸部和腹部放置皮肤接触管，手指上夹上小夹子，还要在胳膊上绑上血压计。然后，专家会按照一套精心设计的问题进行提问，被测者只需回答“是”或“不是”。在这个过程中，仪器设备会自动记录下被测者的脉搏、血压和呼吸频率等生理数据。测谎仪正是通过捕捉这些生理变化，再结合被测者的行为举止，来判断被测者是否在说谎。当然，最新的测谎技术还结合功能性磁共振成像技术直接观察大脑的活动情况，让谎言无处遁形。

情绪是人们生存的必需品，也是身体与外界沟通的桥梁。每一种情绪都承载着特定的目的，发挥着不可或缺的作用。它们协助人们适应环境、维持生存、促进成长。更为美妙的是，情绪还滋养着人与人之间的联系，为生活注入了深厚的情感。借助科学的测量方法，我们得以探知心理的微妙变化。它不仅使我们能够更深刻地了解自己的情绪状态，理解自己的内心世界，而且还能够更精确地解读他人的情感世界，增进彼此之间的共情，使生活愈发丰富多彩。

成长锦囊

情绪起伏不定，如何提前预警？

你是否经常觉得情绪像潮水一样忽涨忽落，突然间就感到烦躁、生气，甚至想封闭自己？别担心，这是青春期常有的“情绪风暴”。

要改变这种状况，建立自己的“情绪工具箱”是个非常实用的方法。在这个箱子里，放入那些能够平复你心情的“法宝”，比如运动、读书、绘画、听音乐、看电影、写日记、和朋友聊天等等。当情绪风暴来临时，只需“打开工具箱”，挑选最适合自己的方法，便能找回内心的平静。

同时，不要忽略身体的声音。它就像一个内置的预警系统，时刻提醒你情绪的变化。心跳的加速、呼吸的急促，都是情绪即将翻涌的信号。学会聆听这些反应，你就能提前做好准备，调整自己的心态，避免猝不及防的情绪。

即便糟糕的情绪有时难以避免，也有一个快速自救的秘诀——那就是转换场景。哪怕只有短暂的10到20分钟，你的注意力会随着周围环境的变换，自然而然地被转移，那些负面情绪也往往会随风消散，恢复往日的平静。

第四章

用成语解码复杂情感，丰富感悟力

杞人忧天 ◆ 告别无谓纠结，拥抱晴朗心境 | 烦恼

成语出自战国时期列御寇所著《列子·天瑞》："杞国有人忧天地崩坠，身亡所寄，废寝食者。""亡"同"无"。

成语"杞人忧天"原意指一个杞国的人，总是担忧天会塌下来，因此整日忧心忡忡，以至于寝食难安。现在比喻缺乏根据和不必要的忧虑。

从前，杞国有个人胆子很小，疑心病很重。每天，他都会想一些奇怪的事

情来吓自己。有一天，他坐在院子望着天空，突然想到：“如果哪一天天塌地陷，那我和家人岂不是无路可逃？”他越想越害怕，饭也吃不下，觉也睡不好，生了一场大病。

朋友知道了他的情况后，跑来开导他：“天不过是堆积起来的气体，你的一举一动都在这个气体里进行着。你为什么还怕天会塌下来呢？”杞人听后又想到一个问题：“天若是气体的话，那日月星辰就定会掉下来的，那不更可怕吗？”朋友解释说：“日、月、星、辰是空气中发光的东西，即使掉下来，也不会有什么很大的伤害。”杞人又问：“如果地陷了怎么办呢？”朋友笑笑说：“大地由土块堆积而成，你每天都在地上行走跳跃，怎么还担心地会陷下去呢？”

经过朋友耐心解释，这个杞国人终于放下心中的忧虑，不再自己吓自己。

“心”解漫谈

俗语云：“人生不如意事十之八九。”在生活中，不合心意的事情层出不穷，可以说烦恼无处不在。有时候，人们会因为过去的事情而耿耿于怀，有时候又会为未知的将来而忧心忡忡。然而，事实上并非所有事情都值得烦恼。像杞人忧天那样无端地担忧天会塌下来，却从未抬头去欣赏那片晴朗的天空，这种无谓的纠结只会错失眼前的美好，深陷苦恼的泥潭。

当烦恼心理侵袭时，人们会感到心烦意乱、忐忑不安。医学研究发现，长期处于烦恼状态的人更容易出现内分泌紊乱、消化腺活动下降、肠胃功能失调等问题。长此以往，高血压、冠心病、神经衰弱等身心疾病便可能接踵而至。正如巴尔扎克所说：“烦恼者所受的痛苦比任何人遭受的痛苦都更大，因为他自己的不幸和别人的幸福都会使他痛苦万分。”因此，为了自己的健康幸福，我们应该学会尽早摆脱那些不必要的烦恼。

为了更深入地了解烦恼的本质，心理学家进行了一项有趣的实验。他们要求参与者将自己未来一周内的烦恼写下来，并投入“烦恼箱”。三周之后，当心理学家打开“烦恼箱”，让参与者逐一核对自己写下的每项烦恼，结果发现其中90%的烦恼并未真正发生。又过了三周，心理学家再次让参与者核对自己的烦恼记录，发现绝大多数曾经认为的烦恼已经不再是烦恼了。这个实验让人们深刻地认识到，我们所忧虑的烦恼往往是预想得很多，但真正发生的却很少。其中 92% 的烦恼从未发生过，剩下的 8% 也大多是可以轻易应付的。

想要摆脱烦恼的纠缠，试试以下几个小妙招，或许能解开心结。

第一招，让你的生活绽放多彩魅力！正如古人所言："读万卷书，行万里路。"多彩的生活经历能滋养你的内心，使心情愉悦，那些无名的烦恼自然就会烟消云散。

第二招，看淡得失，保持一颗平常心。古人云："非淡泊无以明志，非宁静无以致远。"心胸开阔一些，把个人的荣誉看得淡薄一些，不要对利益斤斤计较，自然能够远离许多无谓的烦恼。

第三招，理性看待生活。人生路漫漫，难免会遇到波折。诚如古人所言："天将降大任于是人也，必先苦其心志。"明白生活有其自身的起伏发展规律，遇到困境时便不会过分忧虑，从而避免让烦恼乘机而入。

人的力量总是有限的。有时即便我们竭尽全力，也未必能达到期望的成功。投身那些明知不可为而为之的事情，我们只会自寻烦恼。因此，我们应当秉持实事求是的态度去行动，既无须为力所不及而忧心忡忡，也不必因侥幸得胜而沾沾自喜。如此，那些无谓的烦忧自然会如云雾般消散。

成长锦囊

如何摆脱面红耳赤的烦恼？

你是否曾在众人瞩目下突然面红耳赤，心跳加速，仿佛被全世界的目光所聚焦？这种小插曲很多人都经历过。脸红，或许是青春的羞涩印记，也可能是心底紧张的小信号，但它并不意味着你有什么不妥。

要和脸红说再见，关键在于先拥抱真实的自己。每个人都有独特之处，脸红只是你情感世界的一扇小窗，表达内心的一种方式，无须因此感到不安，更不要让它定义你、束缚你。

羞涩或许是与生俱来的，或许是岁月中慢慢形成的，但怎样看待它，选择权在你。尝试深入探索自己的心灵深处，找到那份局促不安的根由，看看是不是太在乎外界的评价，或者对自己的期许过高了呢？识别了这些问题的核心，你就能更加勇敢地面对自己。

不必总是担心自己的脸红会引人非议。你正站在自我挑战的新起点上，请在心中默默地为自己助威：“我一定可以！”这种积极的暗示，会帮你摆脱内心深处的“羞涩阴影”，最终成就一个焕然一新的自己。

自惭形秽 ◆　寻找失落的自信｜自卑

典故探源

成语出自南朝宋时期刘义庆组织编写的《世说新语·容止》：“珠玉在侧，觉我形秽。”

成语“自惭形秽”的意思是因不如别人而感到惭愧。自惭：自己感到惭愧。形秽：形态鄙俗、丑陋。

时光故事

晋朝时候，骠骑将军王济相貌英俊，待人接物也很有风度。虽然身为武将，但他平时读书论经，才学出众，在城里颇有声望。

有一年，王济的外甥卫玠及其母亲前来投靠他。当王济看到卫玠眉清目秀、风度翩翩时，简直惊呆了。他对卫母说：“人们都称赞我相貌堂堂，但现在与外甥相比，我就像石块与明珠宝玉放在一起，我真是太难看了。”

王济带着卫玠去拜访亲朋好友。他们走在街上，不时引来路人驻足观望。人们说卫玠是由白玉雕成的。在大家的再三邀请下，卫玠深入浅出地讲解有关玄理方面的知识。亲朋好友们无不夸奖他研究得精深、讲解得透彻，甚至连当时有名的才子王玄和王澄也非常佩服他。人们赞叹道：“看来，你们三王抵不上卫家的一个儿郎啊！”

王济感慨地说：“和卫玠在一起时，我就像站在熠熠发光的明珠旁边一样，怎么也显不出自己的光芒。”

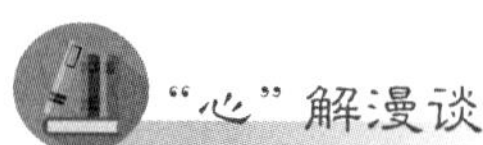

“心”解漫谈

“我只想隐身于人群中，而且这一点我很在行。”是迪士尼公司出品的经典电影《公主日记》中女主角米娅的一句话，描述的是在生活发生巨变之前，她自卑的真实写照。自卑，就像是一面扭曲的镜子，让人看不见自己的真实模样，只瞧见一个被缩小、被贬低的自我，时时刻刻自惭形秽。

谈及自卑，不能不提及心理学家阿德勒，他是研究自卑感的权威专家。阿德勒的理论揭示，自卑不仅仅是因为某些生理上的缺陷，它更像是一种心灵上的阴霾，笼罩着人们的内心。当人们还处于婴儿阶段时，无助而弱小，完全依赖成人才能生存，这就决定了自生命之初人类就有自卑感。随着人慢慢长大，每当遇到挫折，这种自卑感就会像影子一样紧随我们。

然而，阿德勒的洞见并未止步于此。他进一步指出，每个人内心都存在理想与现实之间的差距，正是这种差距催生自卑感。也正是这种差距，推动着人们不断努力，去追求那个更好的自己。以古希腊的狄摩西尼为例，他虽有口吃，却通过口含石子对着大海刻苦训练演讲，最终成为一位伟大的演说家。

值得一提的是，有些人在面对自卑时选择了逃避。他们的口头禅是：“我之所以这样，是因为我自卑。”他们选择用自卑来为自己的行为归因，将其视为自己不作为的理由。当把自己的现状定义为自卑时，这些人会有一种释然的感觉，仿佛为自己找到一个合理的解释。然而，这种所谓的承认并非真正的自我接纳，并不是真的承认自卑，而更像是一种借口：因为我的自卑，所以我可以不用全力以赴；因为我的自卑，所以我可以选择暂时放弃；因为我的自卑，所以失败的结果也应该是可以接受的。这样，很多不如意的行为似乎都能得到合理解释，从而短暂地平复内心的焦虑，甚至心安理得地安于失败。

阿德勒指出，自卑感和优越感在人的情感体验中是正常的。自卑感可以激发人们去追求优越感，进而推动人们持续进步。这两者之间维系着一种微妙的平衡。若要克服内心的自卑感，阿德勒建议先认清自己的自卑，再逐步培养与人协作的能力，因为这样做有助于提升自信。与此同时，通过持续自我锤炼，人会逐渐变得更强大、更有适应力，能够更积极地面对环境，从而在这个过程中逐步克服自卑。

自卑不是我们的敌人，而是一个强烈的信号。它指引我们找回那些遗失的自信，勇敢地面对真实的自我。尽管我们或许无法实现所有的梦想与目标，但每个人都有追求梦想的权利，都能从中获得属于自己的成就感，这正是生命的魅力所在。

成长锦囊

为何觉得自己各方面都“矮”人一等？

你是否时常觉得，无论在学习、工作还是社交中，自己总像是比别人“矮”了一截？看着周围的人仿佛都闪闪发光，而自己不论是能力和成绩，还是外貌和谈吐都显得有些黯然失色？这种感觉确实让人苦恼。

在追求完美的心态驱动下，我们容易过分聚焦于自身的不足，仿佛面对着一面被扭曲的镜子，难以看到真实的自我。说不定，你眼中的那些出类拔萃的人，其实也在羡慕你所拥有的才华。

社会的期望和压力有时会化作一道隐形的枷锁来束缚人们，使人觉得似乎只有达到某种标准才能称得上是成功。人们过于关注外在的衡量尺度，诸如身高、外貌或社会地位，却忽略每个人独有的闪光点。然而，成功的定义并非一成不变，外界的评判不应该完全主导一个人的人生抉择。

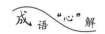

真正的"高度"源自内心的自信和力量。勇敢地抬起头，坚定地追寻自己的梦想，你便能有机会展现出自己最出色的一面，赢得他人的尊敬。

怀璧其罪 ◆ 闪耀背后的挑战 | 嫉妒

典故探源

成语出自春秋末期左丘明所著《左传·桓公十年》："周谚有之：'匹夫无罪，怀璧其罪。'"

成语"怀璧其罪"原意是因为藏有宝玉而招来杀身之罪。比喻因有才能而遭人嫉妒和陷害。璧：美玉。

时光故事

虞公是春秋时期虞国的国君，他有个弟弟名叫虞叔。一天，虞公听闻弟弟得到一块价值连城的宝玉，就要虞叔将这块宝玉送给他。虞叔视美玉为珍宝，断然拒绝呈献美玉。

事后，虞叔心中忐忑不安，担心因拒绝献玉而招来祸端。他想起一句周地流传的俗语“匹夫无罪，怀璧其罪”，有点后悔：“普通人是没有罪的，但是他拥有玉璧，别人都妒忌他，就会捏造罪名来诬蔑他。我留此美玉又有何用？它只能给我带来灾难。”于是，虞叔将这宝玉慷慨地献给虞公，以求清静。

不料，虞公得到宝玉后仍不满足，又听闻虞叔有一把锋利无比的宝剑，便再次派人来向虞叔索要。

虞叔知道后愤怒不已：“虞公所求不止，实在是贪得无厌，这将会给我带来杀身之祸。”他忍无可忍之下，决定采取行动。于是，虞叔趁虞公不备，起兵攻伐，将虞公赶出了都城。

“心”解漫谈

嫉妒心理，俗称“红眼病”，通常是在权益竞争中产生的一种心理状态。当看到他人在某些方面超越自己时，人们可能会产生贬低、排斥甚至敌视的情绪。那么，这种嫉妒心理究竟从何而来呢？

当面对“人好我差，人有我无”的现实时，人们的潜意识中可能会产生一种占有欲，渴望得到别人所拥有的。若无法满足这种占有欲，他们可能会采取破坏性行动，试图将他人拉低到自己的水平。这种心理在自我评价较低的人群中尤为常见，他们往往怀有愤愤不平的情绪以及深深的挫折感。

嫉妒心理的形成通常经历三个阶段：最初，人们因攀比而感到失望；接着，羞愧感逐渐转化为屈辱感，心理受挫后可能产生焦虑情绪；最后，由于长期的怨恨，甚至可能演变为报复行为，将他人视为仇敌。

嫉妒心理犹如心灵的毒瘤，会对身心健康带来危害。医学心理学家用狗作嫉妒情绪实验：把一只饥饿的狗关在一个铁笼子里，让笼子外面的另一只狗当着它的面吃肉骨头，笼内的狗在急躁、气愤和嫉妒的负性情绪状态下，产生了神经症性的病态反应。美国的一项调查研究显示，嫉妒程度低的人在25年中仅有2%～3%的人患有心脏病，死亡率只占2.2%。而嫉妒心强的人，同一期内竟有9%以上的人患有心脏病，死亡率也高达13.4%。医学家们还观察到，嫉妒心强的人常会出现食欲不振、胃痛、恶心等状症。难怪，我国最早的古典医著《内经·素问》就曾指出："余知百病生于气也。"心理学家弗洛伊德也说过："一切不利影响中，最能使人短命夭亡的，是不好的情绪和恶劣的心境，如忧虑和嫉妒。"

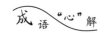

在社会生活中，嫉妒心理同样有所体现。如同一棵大树高耸于其他树木之上，必然会受到大风的率先冲击；岸边高耸的土堆，也容易被水流冲平。这就是"木秀于林，风必摧之"的道理。一个人如果过于炫耀自己的优势，很可能会招致他人的排斥。这种心理现象与"怀璧其罪"颇为相似。

"羡慕嫉妒恨"，这句口头禅恰如其分地描绘了人们在看到他人成功时的复杂情感。有些人总是容易陷入嫉妒的旋涡，不停地与他人比较，却疏忽了自己的提升。若想摆脱嫉妒的困扰，关键在于如何客观地审视自己，并学会将他人的闪光点视为自我激励的源泉，而非威胁。

面对嫉妒，我们既无须躲避，也不必感到难为情，因为嫉妒本就是人类普遍的情绪，几乎每个人都曾体会过这种感受。关键在于，我们要及时调整自己的心态，用积极的态度来面对生活中的良性竞争。通过改变自己的行为习惯，我们将在个人成长的道路上发掘出自身那份独一无二的价值。

成长锦囊

如何让他人信服你的成功？

当你朝着成功的方向努力时，有没有觉得别人似乎并没有完全认可你的付出？当你取得成功后，是否总感觉周围人的称赞似乎并不那么由衷？

俗话说："人无信不立。"诚信，这座人与人之间建立信任的桥梁，同样构成了让他人信服你成功的重要基石。若想让他人由衷地对你竖起大拇指，靠自夸可不够。你需要以行动证明自己的言辞，展现出你是一个言行一致、信守诺言的人。

行动永远胜于空谈，说得好，固然重要，但做得好更能打动人心。把你的作品、你的成果大方地展示给大家，让每一步的实力积累都清晰可见，这样，他人的赞许自会如期而至。

除了硬实力，你的软实力也同样重要。一颗强烈的责任心，会使你显得更加可靠；而你的善解人意，会让你与他人产生更深的共鸣，赢得更多人的尊敬。一个既实力出众，又富有情怀的人，怎能不赢得他人的认可和信赖呢？

嗤之以鼻 ◆ 尊重差异，温暖你我 | 鄙视链

典故探源

成语出自南朝宋时期范晔编撰的《后汉书·樊宏阴识列传》："尝欲作器物，先种梓漆，时人嗤之。"

成语"嗤之以鼻"意思是用鼻子轻蔑地吭气，表示轻蔑，瞧不起。嗤：讥笑、轻蔑地笑。

时光故事

东汉末年，南阳郡的樊重善于经营，不仅将农耕与商贸的技艺融会贯通，而且以宽厚之心治理家业，使得三代同堂的家庭和谐美满，其乐融融。

有一次，樊重决定制作一些家用器具。他便在自家田地里种下梓树和漆树。当时，邻居们见此情景，纷纷摇头，认为这是无用之举，甚至有人嗤之以

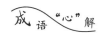

鼻，嘲笑他的决定。然而，樊重不为所动，他坚信自己的判断。几年后，梓树和漆树长大成材，木材和油漆便成为制作家具的宝贵材料。那些曾经嘲笑樊重的人，现在却纷纷上门来借用，他们的脸上写满敬佩。

经过精心打理，樊重的家业逐年繁荣，田产多达三百多顷。但是，樊重从不吝啬，无论是帮助族人还是施援邻里，总是慷慨解囊。樊重在八十多岁时安详离世，临终前，他特意嘱咐家人烧掉所有的借贷文契，不让借债的人有任何负担。樊重的慷慨之举至今被人们津津乐道。

"心"解漫谈

生活就像一部交响乐，每个人都在其中谱写着自己的独特旋律。然而，在这绚烂多彩的世界中，人们有时会不知不觉中被一种心态所困——"鄙视链"。这种心态容易让人轻视他人，对于那些自认为不如自己的人，甚至会流露出不屑。

钱锺书先生在《围城》中以幽默而犀利的笔触描述了一个鄙视链的例子：在大学里，理科学生瞧不起文科学生，外国语文系学生瞧不起中国文学系学生，中国文学系学生瞧不起哲学系学生，哲学系学生瞧不起社会学系学生，社会学系学生瞧不起教育系学生，教育系学生没有谁可以给他们瞧不起了，只能瞧不起本系的先生。

生活中类似的鄙视链多种多样，不仅存在于学术领域，还渗透到游戏世界、职业选择，甚至是乐器学习中。就像网络上的段子所说的那样："在网络社区里，玩 Dota 的瞧不起玩 LOL 的，玩 LOL 的又瞧不起玩王者荣耀的；同样，在音乐圈中，玩古典音乐的瞧不起玩爵士乐的，玩爵士乐的看不上玩摇滚的，玩摇滚的则瞧不起玩流行的，而这些人都对玩说唱的嗤之以鼻。"

那么，鄙视链究竟是如何形成的呢？亨利·塔菲尔和约翰·特纳提出的社会认同理论可以从心理学视角解读鄙视链的根源。它指出，人们往往倾向于将自己归属于某个特定群体，并会努力捍卫这个群体的尊严和地位。在认同自己群体的同时，人们也会不自觉地从文化、价值观、社会地位等多个角度去评价其他群体。然而，当个体过分夸大自己所属群体的优势，刻意贬低他人的群体以提升自尊时，鄙视链就悄然形成。

研究者通过抛硬币的方式把相互陌生的中学生分为两组。分组后，研究人员要求中学生把一笔虚拟的钱分给另外两个人，其中一个是同组的成员，另一个是不同组的成员。结果发现，仅仅因为组别不同，学生的分配行为就出现显著差异。他们给自己同组的人分的钱更多，平均有 8.08 元，而给不同组的人平均只有 6.9 元。这个实验表明，即使是随机分组，人们也会倾向于给予同组成员更多的资源，这反映出人们会支持和偏爱自己所属的群体。正是群体内偏好以及群体外敌意的态度引发了鄙视链的产生。

研究表明，鄙视链的产生还与多种因素紧密相连，其中包括社会阶层的流动、不同的生活方式选择以及文化偏见。值得注意的是，真正的优越感不应来自贬低他人，而应源自我们自身的成就和价值。我们应当以开放和包容的心态去拥抱生活的多样性。如果能够拥有“会当凌绝顶，一览众山小”的广阔胸怀，那么我们的世界无疑会变得更加宽广而美丽。

成长锦囊

如何跳出相互看不起的怪圈?

你是否曾在校园里感受到过他人异样的眼神，同时你也觉得自己在某些方面比他人强，对他人心生不屑？这种相互鄙视的现象确实值得我们深思。

每个人都是独一无二的，我们不必总是紧盯着别人的不足。站在他人的角度看世界，你会发现，所谓的鄙视链只是我们内心的偏见。

有人曾感慨：“当你一帆风顺时，那些曾经看不起你的人也会对你笑脸相迎；而当你遭遇困境时，那些曾经不如你的人可能会趁机踩你一脚。”这句话恰好说明，他人的评价并不总是公正客观的。因此，遇到他人的轻视时，我们应保持淡定平和的心态。

与其过度在意他人的看法，不如将精力集中在自我提升上。当我们拥有足够的自信，就会更加尊重他人，不会轻易贬低他们。人生就像一场航行，必然会遇到从各方袭来的强风，但正是这些强风最终能够加快你的航行速度，也会推动你走向更加成熟的人生阶段。

推己及人 ◆ 用通情达理连接每一个心灵 | 同理心

成语出自魏晋时期傅玄所撰《傅子·仁论》："然夫仁者，盖推己以及人也。"

成语"推己及人"意思是用自己的心思去推想别人的心思。形容设身处地体谅他人。推：推想，推测。及：达到。

春秋时期，有一年冬天特别冷，齐国连下三天三夜的大雪。这一天，齐景公披着狐腋皮袍，坐在窗前欣赏雪景。这时，齐国大夫晏子进来拜见。

齐景公兴致勃勃地对晏子说："今年的天气真怪，你看，连下三天大雪，可是一点都不觉得冷，好像是春暖的时候呢。"晏子见齐景公的身体被暖和的皮袍裹得紧紧的，而且室内又有熊熊燃烧的炉火，就故意问齐景公："天气真的一点也不冷吗？"齐景公点点头："我又不是三岁孩子，连热冷都不知道？"

晏子知道齐景公没有了解他的意思，就直截了当地说："大王，我听说贤明的君主，会在自己吃饱时想到也许有人在挨饿；当自己穿暖时，会想到也许有人在受冻；当自己舒舒服服地在家里过着快乐的日子时，会想到也许有人在外面受苦。可是，您却什么都没有为别人着想啊！"

齐景公听后恍然大悟，立即下令拿出一些衣食救助那些挨饿受冻的人。

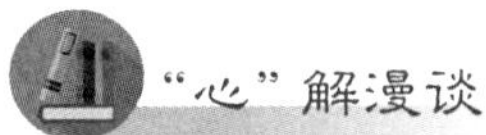

"心"解漫谈

人们经常说起"推己及人"这个词，它的意思是说我们应该站在他人的立场上设身处地地去思考问题。在心理学中，有一个与之非常相似的概念，叫作同理心。

同理心就是能够站在他人的角度，去理解或感受他人的经历和情感，并将这种理解传达给对方。它不仅仅是一种情感的共鸣，更代表一种理性的沟通。这种能力有时被称为"换位思考"，它要求我们超越自己的视角，去想象如果自己处在对方的位置，会有何感受。

说到同理心，可能有人会想到另一个词：同情心。虽然这两者都涉及对他人的情感理解，但它们之间有着重要的区别。同情心是单纯地主观体验对方的感受，它更多的是一种情感的共鸣。而同理心则不仅仅停留在情感层面，它还涉及通过理性的换位思考来深化理解。

在心理学领域里，同理心的重要性远超过同情心。这是因为同情心是人类的天性，几乎每个人天生就具有恻隐之心。但同理心却需要通过学习和实践来培养，是一种更为主动和深入的人际互动方式。假想一下，在一个大雨滂沱的日子里，你看到一个小女孩在街角哭泣。你的第一反应可能是同情她，想要借给她一把伞。但如果我们运用同理心，我们会先停下来思考：这个小女孩为什么会在这里哭泣？她是因为没有伞而感到无助，还是因为其他原因？如果我们能从她的角度出发，我们可能会发现，她哭泣的原因可能是与家人走散了，而不仅仅是下雨。在这种情况下，仅仅借给她一把伞，并不能真正解决问题。同理心让我们能够看到问题的全貌，并采取更有效的帮助方式。

20世纪90年代，脑科学研究有了重大发现——镜像神经元。这些位于大脑皮质的特殊细胞，能够使人对他人的反应产生感同身受的感觉。它们不仅在个体自身行动时兴奋，还会在观察他人的行为时产生兴奋反应。这就解释了为什么我们看到周围的人开心时，会忍不住微笑；看到眼前的人陷入痛苦时，也会感到揪心。

在日常生活中，同理心显得尤为重要。以老师为例，当面对一个不容易教的学生时，若能运用同理心去深入理解学生的学习难点，便更有可能探寻到贴合学生实际的教学方法。同理心作为一种强大的人际沟通工具，在化解分歧方面发挥着举足轻重的作用，它有助于人们寻求到双方都能欣然接受的解决方案。通过培养同理心，我们不仅可以更有效地帮助他人，也能促进人际关系更和谐。让我们用同理心感受世界，用温暖和理解去连接每一个心灵。

成长锦囊

为何关心会引起别人不开心？

有时，你出于好意关心别人，却意外地发现对方并不领情，甚至有些不开心。这让人感到困惑，难道关心别人也有错吗？

症结或许在关心的方式上。比如，不断地追问敏感问题，让人觉得被侵犯隐私；过度干涉对方的生活，让人感到自由被剥夺。又比如，在关心他人时，不经意间流露出的优越感，让人觉得你在炫耀，而非真心。虽然这种关心很热情，但忽略对方的感受，往往会适得其反，让对方感到不自在。

真正的关心不是一味地强加自己的想法，而是需要双方的接纳。学会换位思考，理解对方的需求，用对方能接受的方式表达关心更合适。比如，当对方想独处时，默默地陪伴或许比滔滔不绝地安慰更能让人感到温暖。

适度的关心如春风拂面，过度的关心则如暴雨倾盆，让人避之不及。我们要学会恰到好处地关心，让关心成为友谊的桥梁，而不是造成隔阂的鸿沟。

急中生智◆　压力下的脑筋急转弯 | 应激状态

成语出自唐朝白居易的《和微之诗二十三首并序》：“今足下果用所长，过蒙见窘，然敌则气作，急则计生。”

成语“急中生智”的意思是指在事态紧急的时候，突然想出办法。

司马光是北宋时期的史学家。他从小便酷爱读书，勤于思考，因此养成遇事冷静、善于动脑的好习惯。

有一天，司马光和一群小伙伴在庭院中玩捉迷藏，有人躲在树后面，有人躲在草丛中，还有人藏在假山上。这时，意外突然发生。一个躲在假山上的孩子不慎跌入一旁的大水缸中。大水缸里装满了水，孩子顿时惊恐万分，大喊“救命”。情况危急，若不及时施救，恐怕他就要溺水身亡。其他孩子见此情况，有的吓得哭喊起来，有的则慌忙跑去找大人帮助。

在这紧要关头，只有司马光依然保持冷静。他迅速跑到水缸旁，环顾四周，发现假山边上有块大石头。他灵机一动，搬起石头就朝水缸砸去。只听“砰”的一声巨响，水缸被砸了个窟窿。很快，水缸里的水便全部流出。

等到大人们闻讯赶来时，司马光已经将落水的小伙伴救了出来。他们惊讶之余，纷纷对司马光的机智沉稳赞不绝口。

当面临威胁、面临重大的变化时，人们必须做出不同寻常的反应。心理学上把出乎意料的紧张与危急情况下所产生的情绪状态称为应激状态。好莱坞灾难片作为一种常见的电影类型，不仅在视觉效果上追求极致，同时也细致描绘灾难发生时人们的精神状态，尤其在呈现灾难中人的应激状态方面做得非常出色。

应激源，也称为紧张性刺激物，是引发人们应激反应的意外或突发事件。这些应激源可以分为四类：躯体性的，如疾病、高温、辐射、噪声等直接作用于身体的刺激；心理性的，涉及个体头脑中的各种紧张性信息，如心理压力和动机冲突等；社会性的，源于个人社会生活的变化或事件，如失去亲人、离婚、战争等；文化性的，如不同观念之间的冲突。其中，社会性和心理性的应激源对人类的影响尤为显著。

当处在应激状态下时，人们通常有两种截然不同的表现：一是紧急动员型，此时个体头脑清晰，反应迅速，甚至能急中生智，化险为夷；二是焦虑紊乱型，表现为震惊之下呆若木鸡，反应迟钝，或者思维混乱，语无伦次，情绪不稳定。司马光在紧急情况下迅速想到用石头砸破水缸，就是紧急动员型的典型例子；而其他小朋友面对同样情况却吓得目瞪口呆，则属于焦虑紊乱型。

医学心理学的研究表明，虽然并非每次进入应激状态都会导致疾病，但长期来看，持续的应激状态对人的健康是有害的。它会导致机体长期处于紧张、焦虑的状态。在这种状态下，机体会分泌大量的应激激素，如肾上腺素、去甲肾上腺素、肾上腺皮质激素等，以应对紧急情况。然而，这些激素的长期分泌会对机体产生负面影响，可能使人体的防御功能因此受到破坏，从而导致一系列生理和心理问题。

因此，了解如何有效地应对应激状态，显然具有重要的现实意义。细心评估那些引发紧张的应激源，是即将到来的考试让你焦虑不已，还是与朋友的纷争让你心神不宁？弄清楚问题的症结，将有助于有针对性地寻找解决之道。

同时，掌握一些实用的应对策略也非常必要，比如学习放松技巧、寻求心理咨询等。这些方法能够帮助你更好地缓解应激反应。保持有规律的作息、均衡的饮食，并加入适量的运动，这些都能提升身体的抵抗力，使人更从容地应对各种挑战。

当面临压力时，不妨把它看作是一次“脑筋急转弯”的机会。把握这次转变思维的契机，以乐观的心态和灵活的思维方式去迎接挑战，你或许会发现，应激事件反而加速推动你走向成功。

考场救急的技巧有哪些？

考试时间过半，试卷上却仍有大片空白，耳边伴随着急促的心跳声……你是否也曾有过这样的慌乱？但这并非绝境，而是你急中生智，大展才华的时机！

一旦察觉时间吃紧，应该马上调整战术。先从那些“送分题”入手，不论大小，先解决那些确信能做对的题目。接着，处理那些有一定解题思路的题目。最后，才去尝试那些感到棘手的难题。这样的策略能确保在有限的时间里尽可能多得分，把每一分钟都用在刀刃上，避免在小题上过多纠缠。

考试中，有时会因为紧张而让原本清晰的答案变得模糊。遇到这种情况，试着把所有可能的答案都写下来，逐一比对。别只在脑海里空想，动手写下来的文字往往能更直观地刺激人们的思维，然后再根据是否看着顺眼、感觉是否熟悉进行判断，这样把握性会更大。

调整好呼吸的频率，心中默默提醒自己：“我已经做好了充分的准备，只需按计划行事即可。”勇敢地提笔答题，无须过多犹豫，在不知不觉中“轻舟已过万重山”。

睚眦必报 ◆ 当伤害变成反击的暗流 | 报复心理

典故探源

成语出自西汉时期司马迁所著《史记·范雎蔡泽列传》:"一饭之德必偿,睚眦之怨必报。"

成语"睚眦必报"意思是即便是极小的怨恨也一定要报复,比喻心胸极其狭窄。睚眦:发怒时瞪眼睛,借指极小的仇恨。

时光故事

战国时期,魏国的范雎因为中大夫须贾的诬告,遭到宰相魏齐的残酷毒打,最后被逐出魏国。范雎改名换姓为张禄,逃往秦国。他凭借出众的口才,向秦昭王提出远交近攻的策略,受到秦昭王的赏识,被封为丞相。

身居高位的范雎开始清算过去的恩怨。对于那些曾经帮助过他的人,哪怕只是一饭之恩,他也会重重酬谢。然而,对于那些曾经得罪过他的人,哪怕只是对他瞪过眼睛,他也不放过,仍然要实行报复。

不久,范雎策动秦昭王攻打魏国和韩国。魏王派遣须贾出使秦国求和。当须贾踏入秦相府,看见高高在上的范雎时,他吓得魂飞魄散,立刻脱去上衣,跪在范雎面前连连磕头请罪。范雎当着满堂宾客的面,痛斥须贾的罪行,狠狠羞辱他，并且范雎要求魏王必须交出宰相魏齐的头颅，否则秦军将踏平魏国都城。消息传回魏国，曾经权倾一时的魏齐走投无路，最后被逼自杀。

“心”解漫谈

人们在生活中经常会听闻或目睹各种报复事件。从世界名著《基督山伯爵》中主角唐泰斯一雪前耻的心路历程，到武侠电影中侠客报仇雪恨的经典桥段，报复的戏码无处不在。在心理学上，报复行为是指行为人在需求受挫或者利益受损时，对妨碍对象施行惩罚的行为。

产生报复心理是多因素交织的结果，涉及个人经历、社会文化、心理学因素以及个性特征等。经历过侮辱、伤害或欺骗的人，心中会留下难以释怀的刺痛，引发复仇的冲动。从心理学角度来看，报复行为是人们试图通过反击来保护自己免受进一步侵害，有时也被视为人们自我保护的一种方式。一些社会文化背景也为报复心理提供温床。在一些文化中，“以牙还牙，以眼还眼”的报复行为被视为公正的象征，这种观念在一定程度上催生了报复心理。此外，个性特征也在报复心理的产生中扮演重要角色。有些人的性格较为敏感易怒，因此他们更容易产生强烈的睚眦必报心理。

瑞士苏黎世大学的心理学家们通过研究在二律背反游戏过程中人的大脑活动，成功找到产生报复行为的根源。在实验中，研究人员让被试两两配对参与游戏。根据游戏规则，如果被试双方互相信任并合作，他们都能得到奖励，但是如果一个人能够成功欺骗对方，他会得到更多的奖励。因此，游戏中有些欺骗行为是符合游戏要求的，还有些则是故意实施的。研究结果显示，当被试发现对方故意欺骗自己并获得额外奖励时，即使自己无法得到任何补偿，大部分被欺骗的被试仍然会选择报复对方，甚至不惜自掏腰包。

心理学家们运用正电子发射体层摄影（PET）技术，观察被试在玩游戏时大脑的活动情况。扫描结果显示：当被试选择报复时，他们大脑中掌控快乐和兴奋的区域会显著活跃起来。基于此，心理学家们得出结论：促使人们采取报复行为的，并非报复后的愉悦感，而是预期中的快乐。同时，研究人员还发现，在报复需要付出一定代价的情况下，人们的大脑中会有一个区域负责权衡利弊，参与决策过程，但那个控制快乐和兴奋的区域仍然占据主导地位。一旦精心策划的报复行动成功，该大脑区域会获得短暂的满足感，这种满足感反过来又会激励个体继续实施报复，以此来平复内心的怨恨。

报复行为，就像毒蛇受到惊扰时吐出舌信，既反映人们对公正的执著追求，也体现他们渴望通过“快意恩仇”的方式来恢复自己的尊严。然而，过度追求报复很可能会加剧冲突。因此，我们需要理性思考，寻找更加具有建设性的方法，如沟通、协商等，来有效化解这些矛盾。

如何应对如潮的网络恶评？

当你在网络上分享生活感想时，却遇到恶意评论甚至无理谩骂。那一刻，心如针扎，充满委屈与不解，恨不得立刻回怼。请先稳住情绪，避免在情急之下做出冲动的回应。

要知道，网络上的那些恶意评论只是虚拟世界的一小部分噪音。它们并不能代表真实的世界，更不应该让它们左右你的情绪。那些不友好的评论，多数是对方释放自己负能量的方式，毫无价值。

看到恶评的时候，告诉自己：“这只是网络上的一种声音，它并不能定义真正的我。”如果还是觉得心里难受，那就暂时离开电脑，出去走走，或者找朋友聊聊天。你会发现，遭遇恶评不是个案，你并不孤单。

有句话说得很对：“走自己的路，让别人说去吧！”对于那些无理的谩骂，我们选择性地充耳不闻，反而是明智之举。毕竟，那些尖酸刻薄的评论往往来源于情绪失控者。如果我们对这些无聊的言论过于在意，只会让自己陷入更深的纷扰之中。

杯弓蛇影 ◆ 心智的奇妙游戏 | 暗示心理

典故探源

成语出自汉朝应劭辑录的《风俗通义·怪神》："时北壁上有悬赤弩，照于杯，形如蛇。宣畏恶之，然不敢不饮。"

成语"杯弓蛇影"原意是将映在酒杯里的弓影误认为蛇影。比喻因疑神疑鬼而引起恐惧。

时光故事

应彬和杜宣是好友，常常聚在一起品酒聊天。但有一段时间，杜宣一直没有露面。应彬放心不下，亲自上门探望，只见杜宣面色蜡黄，一副病恹恹的模样。应彬询问他是怎么得病的，杜宣支支吾吾地吐露出实情。

原来，上次在应彬家畅饮时，他瞥见酒杯里竟有条蠕动的小蛇！碍于情面，他硬着头皮一饮而尽。自此以后，他便觉得腹中有异物，全身都不舒服。应彬听后心生疑惑：酒杯里怎会有蛇？他回到家中思前想后，忽然看见墙上挂着的雕弓。是不是它在作怪？应彬斟满酒杯，移动位置，果然看见雕弓的影子清晰地投映在酒杯中，随着酒液晃动，宛如一条游动的小蛇。

于是，应彬再次邀请杜宣来家中做客。当杜宣举杯欲饮时，又见杯中"蛇影"游动。正在他惊愕之时，应彬指着墙上的雕弓笑道："都是它在作怪，杯中的蛇影就是这张弓的影子！"

杜宣听后如释重负，所有疑虑烟消云散，心病全消了。

"心"解漫谈

在"杯弓蛇影"的寓言故事中，杜宣受到强烈的心理暗示，以致生起病来。所谓"暗示"，是指一种含蓄、间接的影响方式，潜移默化地对人的心理和行为产生深远影响。受到暗示的人，往往会在不自觉中按照某种方式行动，或者不加批判地接受某些观点。

那么，哪些人受暗示性强呢？请按照以下步骤完成一个简单的测试：将你的双手平伸，闭上眼睛。想象一下，你的左手仿佛牵着一个轻盈上升的氢气球，而右手却像拖着一块沉重的石头。保持这个想象三分钟，然后睁开眼睛，你会发现左手比右手要高一些。这个高度差距正是心理暗示所导致的，代表了受暗示性的强弱。

1968年，两位美国心理学家来到一所小学，他们在学生中进行了一次煞有介事的"发展测验"。然后，他们以赞美的口吻将一份学生名单通知有关教师，告诉他们这些学生具有优秀的发展潜能。八个月后，他们再次来到这所学校进行复试，结果列入名单的学生成绩有了显著进步，而且性格更为开朗，求知欲望强，敢于发表意见，与教师的关系也特别融洽。

实际上，这是心理学家进行的一次期望心理实验。他们提供的名单纯粹是随便抽取的。他们通过权威暗示的方法，提升教师的教育信心。虽然教师始终把这份名单藏在内心深处，但掩饰不住的热情仍然通过眼神、笑貌、音调滋润着这些学生的心田，学生潜移默化地受到影响，变得更加自信，更加努力学习，获得了飞速的进步。这个令人深思的实验，后来被誉为"皮格马利翁效应"或"罗森塔尔效应"，充分展示出暗示的力量。

除了上述权威暗示，心理暗示还在多种场景中得到广泛应用。在职场中，上级的一句"你干得不错"，就能激发下属的工作热情，这是言语暗示的魔力。

而在商业广告中，明星的形象往往能吸引消费者的目光，引导人们产生购买欲望，这体现了图像暗示的效果。在公交车上，当身旁的人打了个哈欠，其他人也会忍不住跟着张大了嘴，这是行为暗示在人际交往中起的作用。此外，环境暗示也不容忽视，温馨的工作环境、和谐的团队氛围，都能提高人们的工作效率。

心理暗示的力量源自个人潜意识的能力。对每个人而言，巧妙运用心理暗示至关重要。很多时候，一个人之所以能超越自身实力，展现出惊人的能量，往往是因为受到了积极心理暗示的激发，使得潜在能量得以神奇地释放。因此，只要我们不断地向自己传递积极有效的信号，我们的言行举止就会受到感染，推动自己迎向更加美好的人生。

每天喊口号，真的能让我们走向成功吗？

每次路过店铺，听到店员们齐声呐喊，我心中总会涌起一股莫名的激动。有时候，我也会在心里默默地给自己加油打气。但是，我们真的能通过喊口号找到通往成功的动力吗？

心理学研究表明，积极的自我激励确实可以增强我们的斗志。每一次大声喊出口号，仿佛是在向全世界宣告自己的计划与决心。每喊一声“加油！”都会为自己注入一股新的力量。

然而，口号终究只是一种外在的鞭策，它提醒我们不忘初心，坚守目标。但要想真正抵达成功的彼岸，需要内心的坚定和脚踏实地的奋斗。再嘹亮的口号，如果不能落实到行动上，那它也只不过是一句空话。

或许有人觉得喊口号太过形式化，与自己的做事方式不符。确实，口号对不同人的激励效果各不相同。真正重要的是要用实际行动去践行口号的内涵，用每一天的坚持和努力来铺设通往成功的道路。

心有灵犀◆　一刹那的心动解码 | 一见钟情

成语出自唐朝李商隐的《无题》诗："身无彩凤双飞翼，心有灵犀一点通。"

成语"心有灵犀"比喻恋爱着的双方心心相印，能够心领神会彼此的心思。灵犀：旧说犀牛是灵兽，它的角中有白纹如线，贯通两端，感应灵异。

李商隐是晚唐时期的一位杰出诗人。他的诗歌深刻、细腻地表达各种情感，无论是感时、抒怀、吊古、咏物还是言情，都渗透着真情实感，展现出他敏锐的观察力和深刻的思考，具有独特的魅力。

李商隐曾写下一首脍炙人口的《无题》诗。其中的"身无彩凤双飞翼，心有灵犀一点通"两句，借用凤凰和犀牛的比喻，生动地描绘了他与爱人之间的相思之苦。从字面意思来看，这两句诗表达的是：我们虽然没有凤凰的翅膀，不能一同飞向遥远的地方；但我们有犀牛角般的心灵，通过那条极细的白纹，可以彼此心心相印。

这短短的 14 个字，通过生动的比喻以及形象的描绘，深刻动人地揭示了受阻隔的痛苦和心有灵犀的喜悦。它不仅表达了李商隐对爱情的执著追求，也展现了他对人生境遇的感慨。尽管他与爱人身处异地，无法相见，但他们的心灵却紧紧相连，能够心领神会彼此的思念，这是他们爱情中最珍贵的部分。

“心”解漫谈

爱情，这个古老而永恒的话题，如同心有灵犀的奇妙感应，一直以来都让人们深深着迷。在电影和小说中，它被描绘得如诗如画，如梦如幻。每个人对于爱情都有着自己独特的理解，正如英国剧作家莎士比亚在《皆大欢喜》中所言：“爱情不过是一种疯狂。”这句话精准刻画了爱情那种难以言喻的魅力。

在心理学上，爱情同样是一个引人入胜的研究领域。美国心理学家斯腾伯格提出的“爱情三角理论”为人们理解爱情提供了独特的视角。他认为，爱情由激情、亲密和承诺三大要素构成。激情，是对一个人外表和内在魅力的着迷；亲密是两人心理上的亲近感，相互喜欢，彼此赞赏；而承诺，则是对这份爱情的坚定守护，无论心底的誓言还是海誓山盟，都体现了对爱情的执著追求。

在现实生活中，人们不难发现这样的例证。当陌生的男女在初次相遇时，他们或许会因为对方的学识、风度和仪表而彼此之间产生一种强烈的吸引力，仿佛心有灵犀的感应。这种瞬间的激情，正是一见钟情的美丽诠释，也是异性相吸的自然表现。

那么，一见钟情需要多久呢？英国专家就“快速约会”这个主题，进行了一项大规模实验，最后给出答案：30 秒。如果在 30 秒内无法让异性印象深刻，那么就注定成为“无缘人”。

在这个实验中，100 名单身者每人与 10 名异性进行快速约会，并评价对方的魅力指数。结果显示，大多数人在 30 秒内就做出了决定，而且女性做出选择的时间更短。更为有趣的是，实验结果发现女性在评判男性吸引力时更为挑剔，也就是说，男性在追求爱情时，不仅要注重外在的魅力，更要注重言语和行动所展现出的内在品质。因为一旦开场白不够吸引人，可能几秒钟之内就失去了机会。

实验结果揭示了约会成功的秘密：表现突出的参与者总能轻易俘获约会对象的心，几乎所有约会对象都希望再次与他们见面。然而令人遗憾的是，约有30%的参与者却未能获得再次约会的机会。这究竟是为什么呢？或许是他们对另一半的期望过高，或许是约会时的言辞笨拙，沟通技巧有待提升，因而缺乏足够的吸引力。

这个"快速约会"实验也提醒我们，爱情的产生并非仅由个人主观感受决定，还受到社会规范、文化背景和个体心理等多重因素的影响。在纷繁复杂的世界中，每个人对爱情都有着独有的理解。因此，在踏上追寻爱情的旅程时，我们更应该把焦点放在培养自己的内在品质上，努力寻求与他人深层次的心灵沟通，而非仅仅沉溺于那一刹那的"触电"感觉。

成长锦囊

心动来袭，如何区分喜欢和爱？

你是否曾在与某位同学四目相对时，心跳突然加速？在青春的旅途中，我们或许都会迷茫：这种心跳的感觉，究竟是甜蜜的友情，还是爱情的序曲？

欣赏同学的才华、幽默感，和他们在一起总是欢乐无比——这是喜欢的信号。而爱则是更深沉的情感，它不仅仅包含对一个人的喜爱，还需要融入关怀、依附以及亲密，甚至包容对方的缺点。

青少年时期的情感经历犹如踏上一段充满未知的探险之旅。在这个阶段，轻易说"爱"可能有些仓促，但并不意味着我们的感情不深沉、不真挚。相反，它反映我们的情感、价值观正在逐步塑造中。我们应该以更理性的态度来看待这一时期的恋爱关系，同时珍视并保护好自己的心灵。

爱情是彼此成就，是相互扶持中的共同进步，需要时间的沉淀和成熟的心态去呵护。在年轻而纯真的岁月里，不必急于投身情感的浪潮，而是要以稳健的步伐走向成熟，让我们以细水长流的温情，一起慢慢成长，慢慢去爱。

惩一儆百 ◆　感应共鸣的暗流涌动 | 情绪传染

典故探源

成语出自东汉时期班固等编撰的《汉书·尹翁归传》：“其有所取也，以一警百，吏民皆服，恐惧改行自新。”

成语“惩一儆百”意思是惩办一人，借以警戒众人。惩：处罚。儆：警戒。

时光故事

西汉时期，尹翁归不仅能文能武，更有着一颗公正无私的心。他被任命为东海太守，来到东海后，发现当地治安混乱，强盗横行，并不太平。于是，他决定从根源上彻底解决问题，在每一个县设立簿籍档案，收录各类关键信息。不久，尹翁归便对东海的情况了然于胸。

当时，东海有一个名叫许仲孙的恶霸，他倚仗权势，经常欺压百姓，杀害无辜。人们对他恨之入骨，但因为惧怕他的势力，敢怒不敢言。前几任太守都不敢得罪他，因此，许仲孙一直逍遥法外，为所欲为。

经过调查取证，尹翁归掌握了许仲孙的确凿罪行。他下定决心要严惩这个恶霸，为老百姓伸张正义。于是，他果断下令逮捕许仲孙，并在热闹的集市上公开宣判其罪行，将其斩首示众。这一举动引起轰动，围观百姓纷纷拍手称快。其他大小豪强见状，个个胆战心惊，从此不敢再为非作歹。尹翁归凭借智慧和勇气，成功地将东海治理得井井有条，让老百姓过上了安居乐业的生活。

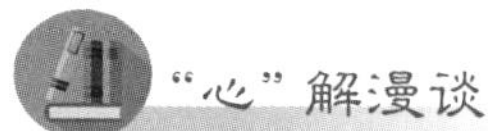

"心"解漫谈

"惩一儆百"是一种古老而有效的管理策略，通过严厉处罚一个违规者来警示其他人不要犯类似错误。这种策略背后的心理学原理是情绪感染。

正如一颗石子投入平静的水面时，它激起的波纹会缓缓向四周扩散。同样地，一个人的情绪也能在群体中产生类似的涟漪效应，逐渐蔓延并触动他人心弦。这就是情绪感染的力量。在团队里，每个成员的情绪不仅受个人经历所影响，还会被周围人的情绪所牵动。每个人都是情绪的接收者，同时也是传播者。就像流感病毒在人与人之间悄无声息地传播一样，情绪也会从一个人"传染"给另一个人。

情绪的"传染性"是一个涉及无意识模仿、自我反馈和印象管理等多个环节的复杂过程。在人际交往中，人们如何感知他人的情绪呢？一项研究发现，只有 7% 的人通过对方的话语来理解其情绪，超过半数的人依赖面部表情来理解，还有 38% 的人通过语调来判断。如果一个人的语调和表情都无明显变化，他人就很难准确判断其真实情绪。

另外，有研究表明，负面情绪似乎比正面情绪更具"传染力"。与中性事件或积极事件相比，消极事件通常更能迅速引发人们的强烈情绪、行为和认知反应，而且人们对负面信息的关注度也往往更高。因此，在工作团队中，大家更容易集体沉浸于低落情绪之中，而非共同沐浴在欢快气氛之下。

美国教育心理学家库宁对如何将涟漪效应应用于学生的奖惩机制进行了系统的研究。当学生有出色表现时，老师会通过奖励个人来激励所有学生；而当学生出现不当行为时，老师会采取相应的惩罚措施来纠正这个学生，并且让其他学生也从中得到警示。通过这种方式，学生间的情绪感染产生涟漪效应，进而引导出预期的教育成果。

库宁发现，当老师的管教态度明确、奖惩标准清晰且情绪稳定时，学生会更加守规矩；相反，若老师态度游移、标准宽松且情绪易怒，甚至在惩罚时出现愤怒或辱骂学生的情况，则不仅难以管教该学生，还可能引发其他学生的同情，导致全体学生的反感。这种情况反而无法起到警示的作用，甚至会削弱老师对学生们的影响力。

情绪的涟漪效应是一种强大而普遍的现象。研究表明，当一个人表达出强烈的情绪时，这种情绪会迅速传递给周围的人，影响他们的情绪状态。因此，在日常生活中要注意自己的情绪管理，以免对他人造成不良影响，特别是当团体处于激动状态时，新加入的成员很容易在不明前因后果的情况下被众人的情绪所带动。作为团队成员，我们应学会察言观色，适应团队情绪，以创造和谐、有活力的团队环境。

成长锦囊

如何在团队情绪汹涌时稳住内心航向？

你是否曾感到自己被周围人的情绪波动所左右，就像被困在一场情绪的风暴中，身不由己地随波逐流？要想成为情绪的舵手，不妨尝试几招实用策略。

觉察到情绪在人与人之间具有传递性是至关重要的。为了有效管理情绪，我们需要怀揣一颗敏感的心，去捕捉自己与他人的情感波动。这构成了情绪管理的基石。一旦你感受到他人负面情绪的涌动，耐心聆听往往能够缓解紧张氛围，甚至化解冲突。

进一步地，我们可以借助积极的言辞来提升团队的整体情绪。用你的正能量去点燃团队的热情，使积极的情绪如阳光般洒满每个角落，为团队带来温暖与活力。

情绪管理不仅是一门艺术，更是一项可以修炼的技能。我们要避免自己成为负面情绪的传声筒。选择适当的方式，向信任的人分享自己的感受，这样做有助于保护好我们与他人的关系，维护那些难得的情感连接。

相依为命 ◆ 情感世界的安全港湾|依恋关系

典故探源

成语出自晋朝李密所写的《陈情表》:"臣无祖母,无以至今日;祖母无臣,无以终余年。母、孙二人,更相为命,是以区区不能废远。"

成语"相依为命"的意思是互相依靠着过日子,谁也离不开谁。

时光故事

晋朝文学家李密以文采出众和孝顺之心名扬四海。晋武帝多次派人召他入朝任职,李密却屡次婉言谢绝。

有一天,使者再次来家中催促他启程入朝。李密写下一份奏章,向皇帝详细陈述自己的情况。他深情地回忆道:"陛下,我六个月大时便失去父亲,四年后,母亲又离我而去,改嫁他人。从那时起,我就与祖母相依为命,历尽艰辛,如今怎能忍心离她而去呢?"

他继续写道:"如今,祖母年近百岁,身体每况愈下,如同西山落日,余晖无多,全靠我日夜侍奉。若无祖母的养育之恩,我早已不在人世;若没有我,祖母的晚年又怎能安享?现如今,我已四十四岁,而祖母九十六岁高龄。我虽有心为陛下效力，但回报祖母的日子却屈指可数。”

这封《陈情表》写得情真意切，让晋武帝深受感动。晋武帝应允李密留家侍奉祖母，并赐予钱财以资助他侍奉祖母。几年之后，祖母安详离世，李密才入朝任职。

“心”解漫谈

你是否还记得，小时候总是喜欢紧紧握着妈妈的手，那种温暖与安心的感觉？这其实是我们内心深处对于“依恋”的渴望。依恋，就像是我们情感世界中的安全港湾，让我们在风浪中找到宁静和温暖。

心理学家约翰·鲍比在20世纪50年代提出依恋理论，认为依恋关系不仅影响婴儿的成长，还会对其未来的人际关系和情感处理方式产生深远的影响。可以说，在人生的旅途中，我们与亲人形成的依恋关系，就如同“相依为命”一般，彼此依存，共同前行。

那么，你是哪一种依恋类型呢？让我们先了解两个关键概念：“焦虑”和“逃避”。焦虑，是指对于失去某段关系的担忧和不安；而逃避，则是不愿意与人过于亲近，刻意维持一定距离以避免亲密。根据焦虑与逃避程度，可以把依恋风格分成四种类型：安全型（低焦虑、低逃避）、逃避型（低焦虑、高逃避）、焦虑型（高焦虑、低逃避）与矛盾型（高焦虑、高逃避）。

心理学家们开展过一个“陌生情境”实验，观察婴儿在妈妈离开后以及有陌生人接近时会有什么反应，探究婴儿的依恋类型。

安全型的婴儿，他们就像是小勇士，只要妈妈在，就什么都不怕。即使陌生人来了，他们也会好奇地打招呼。妈妈离开时，他们可能会哭鼻子，但妈妈一回来，就会马上扑进妈妈的怀里。

逃避型的婴儿，他们总是酷酷的，对妈妈的离开和回来都无动于衷，仿佛在说：“哼，我才不需要你呢！”即使陌生人来了，他们也不会紧张。

焦虑型的婴儿表现得比较情绪化。妈妈一走，他们就哭得稀里哗啦。可是当妈妈回来时，他们又会赌气地扭过头去。但是，只要妈妈再次离开，他们又会忍不住寻找。

矛盾型的婴儿则是最复杂的一种。他们的情绪就像过山车一样忽上忽下。有时会对妈妈警惕防备，有时又会冷漠呆滞，甚至在同一时间对妈妈既亲近又疏远。

相关研究表明，依恋并不仅仅局限于婴儿与母亲之间，早期的依恋类型会影响一个人在成长过程中的人际关系和情感表达，甚至会持续到成年。比如，一个帅小伙在恋爱关系中可能会表现出对伴侣的过度依赖和不安，担心被抛弃，这可能与他婴儿时期的焦虑型依恋类型有关。

通过了解自己和他人的依恋类型，人们可以更深入地认识人际交往中各自的需求。这一点对于为人父母者和教育工作者尤为重要，因为这能让他们更明确地知道如何给予孩子关爱，打造一个充满爱与支持、更利于成长的温馨环境。

成长锦囊

如何让自己的交往风格更受欢迎？

你是否曾在人际交往中感到困惑？是否曾在与人亲近时感到不安，在孤独时渴望更多的陪伴？依恋理论让你看清自己在人际关系中的模样。

安全型的你如同阳光，温暖而稳定，是朋友们的避风港；逃避型的你如同风，可能在人群中显得独立，但内心也渴望被理解；焦虑型的你像细雨般细腻敏感，对爱与关怀有着无尽的渴望；矛盾型的你如同云彩般复杂多变，在信任与怀疑间徘徊，但内心却藏着丰富的情感。

每一种交往风格都有独特的魅力，没有绝对的高下之分，都值得被爱。有意思的是，一个人的交往风格并非一成不变，它受到很多因素的影响，比如父母的养育方式、所处的家庭环境以及个人的性格特点。

常言道，"浇花要浇根，交人要交心"。这句话提醒我们，不仅要学会接纳自己，更要学会关爱身边的人。让我们一起珍惜那些与人相遇、相知的美好瞬间，让生活充满温馨与爱意吧！

乐极生悲◆　告别情绪过山车 | 情绪两极性

成语出自西汉时期司马迁所著《史记·滑稽列传》："'……故曰酒极则乱，乐极则悲，万事尽然。'言不可极，极之而衰……"

成语"乐极生悲"的意思是高兴到极点时，会发生令人悲伤的事情。

战国时期，齐国国君齐威王喜欢喝酒，总是彻夜宴饮，不喝得酩酊大醉决不罢休。因为喝酒，齐威王常常耽误政事。朝中的文武百官却放任不管，只有淳于髡看不下去，总想找机会劝谏齐威王。

有一年，楚军进攻齐国，齐威王赶紧派淳于髡去赵国求救。淳于髡果然不负重托，搬来十万救兵，吓退楚军。齐威王十分高兴，立刻摆酒宴庆贺。他问淳于髡："先生能喝多少酒啊？"淳于髡想了想，回答道："我喝一斗酒也醉，喝一石酒也醉。"齐威王不解其意。淳于髡解释道："我在不同场合、不同情况下酒量会变化。因为喝酒到了极点，就会酒醉而乱了礼节；人如果快乐到了极点，就可能要发生悲伤之事。任何事情都一样，当超过一定限度，就会走向反面。"

这一席话说得齐威王心服口服。他领会到淳于髡的良苦用心，于是决定不再彻夜饮酒，除淫靡之风，励精图治，逐渐让齐国强大起来。

人拥有纷繁复杂的情绪和情感。当你满心欢喜地达成一个目标，那种成就感如阳光普照；而一旦遭遇挫折，心情又可能瞬间跌至冰点。每种情绪都可以找到与其恰好相反的情绪，比如满意与失望、欢乐与悲伤、爱与憎等。它们如同磁铁的两极，既相互牵引又相互排斥。这就是情绪的两极性，一个引人入胜且深奥的心理现象。

情绪的两极性是人们日常生活中的常客。同样一件事，不同的人往往会有天差地别的反应。有的人一遇到挑战就可能感到气馁，而有的人却因为这些挑战而跃跃欲试。好心情总能让我们更带劲地投入工作，而悲伤的时候，我们或许会放慢脚步，趁机反思和调整自己的状态。这样看来，情绪的两极性也不是坏事，它让人生更加丰富多彩。

同一种情绪，在不同的情境下，往往能引发截然不同的感受，这真是有趣而又引人深思。以恐惧为例，有时候它确实会让人在遇到危险时退缩，但换个角度看，它也能激发出我们内心深处的勇气，去勇敢地迎接挑战。又比如说，你在一场紧张激烈的比赛中勇夺冠军，那份胜利的喜悦简直难以言表，激动得热泪盈眶。这泪水不仅代表了对胜利的庆祝，更可能勾起对过往的回忆，想起与队友们并肩作战的点点滴滴。此时的泪水，是情感的自然流露，也传达出对理解和支持的渴望。而当泪水肆意流淌时，它或许能消除旁观者的不满，甚至化解他们的敌意，因为情感的共鸣能触动一个人的内心，激发出其潜藏的善意。

情绪的两极性看似对立，但实际上又相互联系甚至可以相互转化。比如，当遇到挫折时，最初可能会感到沮丧、失望，但随着时间的推移，它有可能慢慢地转化成一种动力，推着人们迎难而上。青少年对情绪两极性的体验可能就更深了。他们的情绪就像天气，变化无常，时而晴朗，时而风雨交加。考试考得好，他们会欣喜若狂，可接下来碰到失利，他们立马变得垂头丧气。不过话说回来，这种情绪的起伏，也正是他们青春活力的一种体现。

在这个瞬息万变的世界里，我们的情绪难免会像坐过山车一样起伏不定，一会儿冲上云霄，一会儿又跌入谷底。这样的情绪波动是人们生活的一部分，很难完全避免。情绪的波动无疑会对我们的内心体验产生影响，但重要的是，我们要有能力去主导这些情绪，而不是被它们牵着鼻子走。细心感受自己的情绪起伏，不仅能更好地了解自己，还能加强与他人的情感纽带，让我们的生活变得更加丰富多彩。

情绪剧烈波动怎么办？

你是否曾因一点小事就情绪失控，或者无缘无故感到心情低落？别担心，让我们一起学习如何平复情绪波动吧！

保持健康的生活习惯对情绪稳定有着举足轻重的作用。当情绪波动袭来，别急着躲进自己的小世界，要走出门，投入大自然的怀抱，感受阳光的温暖抚慰，到操场慢跑，或是呼朋唤友来场篮球对决，让汗水带走所有的不快，这样既能调整情绪，又能锻炼身体。

说到自我反思，记日记可是个不错的方法。将心中的感受化为文字，你会更加深入地洞察自己的内心世界。长期坚持，你就能更清晰地认识自己，探明情绪波动的原因，从而更明智地管理情绪。

享受自己的兴趣爱好也是个非常有效的办法。比如追一部你喜欢的连续剧或听一首喜爱的歌曲，也是一种很好的放松方式。它可以让你暂时与烦恼隔离，给自己的心情放个假，在压力中找到一丝宁静。

惊弓之鸟 ◆ 一触即发的惶恐|创伤后压力症

典故探源

成语源自西汉时期刘向编订的《战国策·楚策四》:“飞徐者,故疮痛也;鸣悲者,久失群也。故疮未息,而惊心未去也。闻弦音引而高飞,故疮陨也。”

“惊弓之鸟”原意是指曾经被弓箭所伤,一听到弓弦声就惊慌害怕的鸟。现比喻经历过灾祸,遇到事情仍然心有余悸。

时光故事

从前,魏国有个神箭手名叫更羸,以箭术高超而出名。有一天,他和魏王一起散步,天空飞过一只大雁。更羸对魏王说:“大王,我只要用弓,不用箭,就可以把大雁射下来。”魏王半信半疑地问:“你射箭的技术也太神奇了吧?”更羸自信满满地答道:“请大王拭目以待。”

只见,更羸不用箭,拉了一下弓弦。随着“咚”的一声弦响,大雁先是向高处猛地一蹿,随后在空中无力地扑打几下,便一头栽落下来。魏王惊奇得合不拢嘴,鼓掌赞叹:“你的箭术竟如此高超,真厉害!”更羸说:“不是我箭术高超,而是这只大雁受过箭伤。”魏王听后,觉得更加神奇。

更羸笑着解释说:“我是从大雁飞行缓慢、鸣叫悲切判断出来的。飞得慢,是它的伤口疼痛，叫得悲是它离开雁群很久。这只孤雁箭伤未愈，惊魂不定，所以一听见拉弓弦的声音，拼命振翅高飞，结果旧伤迸裂从空中跌落下来。”

“心”解漫谈

在生活中，人们都可能遭遇让人心跳加速、惊恐不已的经历。这些经历，如同无法抹去的印记，深深地刻在人们的心灵上，就像那只被弓箭惊吓的大雁，一旦遭受过箭伤，就会变得异常敏感。比如，一个中学生目睹了一场严重的车祸，或者经历过痛苦的校园欺凌，他可能在很长一段时间内不断回想起那些恐怖的画面，甚至在梦中也无法逃脱。他可能会变得异常警觉，对周围的声音和动作反应过度，难以集中注意力，甚至会失眠。这种情况，很有可能说明他正在经受“创伤后压力症”。

创伤后压力症，是一种可能在历经重大创伤后出现的精神疾病。这些创伤可能源自地震、交通事故、刑事案件等威胁生命的事件，或是性侵害、家庭暴力等造成深刻心理伤害的经历。患有创伤后压力症的人会表现出一系列典型症状。

他们可能会频繁地回想或在梦中重现与创伤事件相关的场景，这些回忆常伴随着强烈的恐惧、紧张和生理反应，如心悸和颤抖。同时，他们往往会避开那些与创伤事件有关的刺激，可能会避开事发地点，不愿谈及相关话题，有时甚至会出现对创伤事件关键细节的失忆。

创伤后压力症患者的警觉性也异常增高，他们对周围环境反应过度，容易受惊，这使得他们难以保持专注力，长期受到失眠的困扰。此外，他们的情绪也处于负面状态，表现为心情低落、社交疏离以及丧失生活激情等。这些症状有可能长期存在，甚至伴随患者一生。

那么，为何有些人会患上创伤后压力症，而有些人则能幸免呢？其中的原因错综复杂。创伤事件的严重性是一个关键因素。那些直接经历过战争或暴力事件的人，比起从电视上看新闻的人，更容易受到创伤后压力症的困扰。同时，一个人在创伤事件发生前的心理状态也非常重要。如果他自身的焦虑水平较高，他们可能更容易受到创伤后压力症的侵袭。此外，我们不能忽视社会支持的作用。在经历困难时，那些能够获得更多帮助的人，通常能更有效地应对创伤，从而减少患上创伤后压力症的风险。值得一提的是，研究表明，女性比男性更容易受到创伤后压力症的影响。

创伤后压力症实际上距我们并不遥远。它像是一个隐形的魔鬼，在人们经历重大创伤事件后悄然出现，让人陷入无尽的痛苦。对于经历过创伤的人来说，寻求专业的心理咨询是非常重要的。通过适当的治疗，他们有望战胜这个"心魔"，学会如何与它共处，并逐步重返正常的生活轨迹。我们每个人也应该更多地了解创伤后压力症，给予患者力所能及的支持，这是我们作为社会成员的一份责任。

成长锦囊

受过伤害，就要痛苦一辈子吗？

心理受到创伤后，我们该如何应对？又如何在这样的困境中破茧成蝶，重新找回属于自己的幸福呢？

真实的看见，是一切疗愈的开始。尝试回顾自己的成长经历，以现在的视角去重新审视那些曾经发生过的事情，看到成长的力量。这样做，疗愈的旅程就已经悄然开始了。

同时，别忘了我们身边的社会支持。当世界被痛苦的回忆笼罩时，家人和朋友就像那穿透黑暗的光束。他们的鼓励为我们提供坚实的支撑，让我们意识到世界其实很大，不只眼前的这一小块。

面对轻微的不快，我们或许可以通过冥想、自我对话等方式进行自我调适。然而，如果遇到更为严重的伤害，如暴力、性侵害等，及时寻求专业心理咨询师的援助就显得至关重要。

创伤并非人生的终点，而是一个转折点。用成长的心态去看待它、面对它，有可能将这个创伤转化为生命中宝贵的经验，实现个人的蜕变，活出真正的幸福。

第三部分

意志之光，成语砺志

第五章

用成语激励目标追求，坚定行动力

一鼓作气 ◆ 爆发吧，内心的小宇宙 | 内驱力

典故探源

成语出自春秋末期左丘明所著《左传·庄公十年》："夫战，勇气也。一鼓作气，再而衰，三而竭。彼竭我盈，故克之。"

成语"一鼓作气"原意是指作战擂响第一声战鼓时，士气最为高涨。比喻趁劲头大的时候鼓起干劲，一口气把工作做完。

时光故事

鲁国与齐国在长勺交战。双方摆好阵势，鲁庄公便欲击鼓进攻。曹刿却冷静地指出："时机未到，不可轻举妄动。"齐军接连击鼓三次，然而三次进攻都

被鲁军化解。此时，曹刿向鲁庄公点头示意："现在我们可以进攻了。"

于是，鲁军鼓声震天，士兵们如潮水般冲向齐军，将他们打得溃不成军。曹刿走下战车，仔细查看齐军兵车的轮迹，确定齐军已经彻底溃败。鲁庄公下令鲁军乘胜追击，把齐军全部赶出国境。

战后，鲁庄公好奇地问曹刿："为何要等到齐军击鼓三次之后才让我下令出兵呢？"曹刿答道："打仗主要依靠勇气。第一次击鼓时，士兵们的斗志最为旺盛；第二次击鼓时，士气会有所降低；而到了第三次击鼓时，士兵的勇气已经消失殆尽。等齐军三通鼓击完，我们再出击，这时齐军的勇气已经衰竭，而我方士气正旺。因此，才能一鼓作气战胜他们。"鲁庄公听后恍然大悟，对曹刿的独到见解赞叹不已。

"心"解漫谈

一鼓作气，这不仅是古战场上传颂的英勇赞歌，更是每个人内心锐意进取的精神标志。正如智者曹刿根据敌军士气的变化运筹帷幄，以弱胜强，在日常生活中，同样需要有一股来自心灵深处的磅礴动力，作为披荆斩棘的利剑，驱使我们无畏前行，笑对人生的各种磨炼。

心理学家把一种力量称为"内驱力"，它指的是个体在与环境交互过程中，产生的一种具有强大驱动力的自我力量。心理学家赫尔则进一步提出了内驱力消减论。他认为，为了生存，人们会产生一些基本需求，比如食物、水或庇护所，而内驱力则是我们为满足这些需求而采取行动的推动力。当内在需求得不到满足时，人们会感到一种难以名状的紧张。这种紧张就像催化剂，促使人们采取行动以满足这些需求。一旦需求得到满足，紧张和压力就会立刻消失，内驱力也会随之减弱。这就像面对即将到来的大考，有的人渴望取得好成绩，有的人担心挂科，这些想法都会转化为强烈的内驱力。他们开始发愤图强，积极备考，不仅上课认真，甚至周末和节假日还要参加补习班。当他们在考试中取得优异成绩后，原本的紧张和压力就会瞬间消散，那股内驱力也随之悄然离去。

赫尔还巧妙地设计过一个迷宫实验。当把饥饿的小白鼠放入迷宫时，它们起初会毫无目的地四处乱窜。当研究人员在迷宫的出口放置面包后，小白鼠在食物的引诱下，开始积极地学习如何穿越迷宫。一旦找到面包，它们的食物需求得到满足，它们的内驱力又会相应地减弱。这个实验不仅有力地证明内驱力的存在，还揭示了学习效果与内驱力消减的时间、练习次数以及需求满足的程度之间的紧密联系。

研究人员进一步提出，可以用维持内心平衡状态的倾向，来解释人类探险寻求刺激的行为。每个人都有一个最适合自己的刺激水平，过高或过低的刺激都会打破这种平衡，从而驱使我们采取行动来恢复它。当生活变得单调乏味时，人们会主动寻找新的刺激；相反，当生活节奏过快、刺激过多时，我们又会努力减少外界的刺激，以保持内心的平衡。这正是内驱力在日常生活中影响我们的表现。

当然，人类的行为并不总是与内驱力消减理论的预测完全一致。有时候，即便需求得到满足，内驱力也不会完全消散，反而有可能变得更为强烈。例如，有些人已经取得显著的声名，他们仍然会感到不满足，并持续追求更高的目标。这种现象揭示了人类行为的复杂性，并提醒我们，在解读人们的行为表现时，需要采用更为多元的视角。

如何点燃内心的热情之火？

你是否曾感到自己就像一辆耗尽燃油的汽车，面对学习失去前进的动力，而家长的殷殷期望以及一次次的考试排名又像重重大山，让你喘不过气来？这可能意味着你内心的那团热情之火暂时熄灭了。

来听听苹果公司前总裁史蒂夫·乔布斯的故事吧。乔布斯曾经说过，他喜欢和聪明人交往，因为聪明人更关注自己的成长，他们不会为了捍卫面子而故步自封，而是时刻保持开放的心态，勇于接受挑战。这些话提醒我们，要想点燃内心的热情之火，就要向聪明人学习，把注意力放在个人成长上，而不是过于在意他人的评价。

热情，还需承载着意义感。当人们的热情对外界散发出积极的影响时，那种实现自我价值的感觉，会让生活变得更加充实。犹如那生长在幽静深谷中的芝兰，即便无人知晓，其芬芳依旧。热情也应如此，不仅滋养自己的内心，更要如阳光般照耀他人，为周围的人带来正能量。这才是炽热而有力的热情。

乐此不疲 ◆ 感受内心的召唤 | 内部动机

典故探源

成语出自南朝宋时期范晔编撰的《后汉书·光武帝纪》："帝曰：'我自乐此，不为疲也。'"

成语"乐此不疲"形容对某一事物特别爱好，沉迷其中，不知疲倦。

时光故事

汉光武帝刘秀在成功平定各地割据势力后，实现了国家的统一。长期的军旅生活使他对战争感到厌倦，面对国家百废待兴、百姓渴望安定的局面，他深感责任重大。因此，他将重心放在发展农业生产上，与大臣们日夜忙碌，致力于恢复社会秩序、兴修水利，改善人民的生活。

在处理朝政事务时，刘秀展现出非凡的勤奋和毅力。每天从天亮开始，他便上朝与文武大臣们深入讨论治国方针和政令制度，常常忙碌到半夜才能休息。他对经史义理保持着浓厚的兴趣，经常召集众人共探讨，直至深夜。即使在六十多岁的高龄时，他依然忙于朝政，勤勉如初。

皇太子见此情形，十分担忧刘秀的身体健康，多次劝他注意休息，加强调养。然而，刘秀总是笑着说："我乐于这样做，已经习惯了，一点儿也不觉得疲劳。"刘秀的勤政为民使得汉朝逐渐走向强盛，人民的生活水平得到显著提高，他的事迹被后世广为传颂，备受赞誉。

"心"解漫谈

你是否曾全身心投入某项活动中，那种全神贯注、乐在其中的感觉让你难以忘怀？这种体验揭示了动机的神奇力量。动机，就像是心灵的驱动力，促使人们积极行动、勇于探索，努力达成目标所致。有时，这种动机源于对事情的浓厚兴趣；而有时，它也可能是受到外界的压力所致。

因为内心的热爱而自发地全身心投入某项活动，比如，一个孩子完全沉浸在绘画的世界中，忘记了时间的流逝，这正是内部动机的魔力所在。这种动机源于我们内心深处，驱使我们追求活动本身带来的成就感。与外部动机关注外界的奖励或评价不同，内部动机更注重活动本身的价值和意义。因此，它更为持久稳定，即使在面临困难时，也能激励我们坚持不懈地前行。

杭州市有一位小学教师经过数十年的观察，发现了一个有趣的现象：小学期间的尖子生在升入初中、高中、大学乃至参加工作后，其中不少人会逐渐退出优秀者的行列，甚至在其后的就业和工作中屡屡受挫；而那些在小学期间成绩位于第十名左右的孩子，却往往在后续的学业和工作中表现出色，成为行业的佼佼者。这种被称为"第十名效应"的现象，与我们一贯的教育理念大相径庭。在传统的教育观念中，那些学习成绩出类拔萃的学生往往被认为更具发展潜力。正因如此，这种不同寻常的现象已经吸引了众多关注的目光。

从内部动机的角度来看，那些成绩排在第十名左右的学生，由于外界对他们的关注度相对较低，因此他们拥有更强的自主学习能力和更为广泛的兴趣爱好。因为没有必须保持前三名的压力，他们能以一种更加平和的心态投入学习，持续挖掘自身的潜能。而那些一直名列前茅的学生，由于承载了太多，可能会过度关注外界评价，从而形成一种仅为名次而学习的狭隘心态。这种心态，或许会在无形中限制他们的长远发展。

"我想学"和"我必须学"有很大的不同。著名教育家布鲁纳曾深刻指出，培养内部动机的核心在于充分满足与学习紧密相关的认知需求。这些需求包括理解知识并探寻其深层意义、持续探索自己感兴趣的事物、享受智慧运用带来的愉悦、在认知上与他人形成共鸣等。

网络上有一句让人捧腹的话："学习使我妈快乐，我妈快乐我才快乐！"这句话透露出些许无奈与忧伤。学习，本应源于我们对知识的热爱和对探索的兴趣，而非仅仅为了迎合外界的期望或压力。唯有当我们真心热爱所学，才能全身心沉浸其中，从中获得成就感，激励我们追求更高的学术境界。

成长锦囊

动力小马达，何以转不停？

你是否曾在学习时感到无趣乏味？是否因为那些似乎遥不可及的奖励而感到迷茫？那些诱人的奖励总是转瞬即逝，一旦消失，学习的热情也随之消散。但你可能不知道，在我们的内心深处，其实藏着一个能够激发学习动力的小马达！

关键在于找到你的"心动点"。曾经有人询问美国宇航局的看门人，为什么要努力工作，这个看门人的回答是："我正在帮助一个人登上月球。"无论任务多么平凡，只要稍微转变视角，将日常的工作与更大更重要的目标联系起来，就能让我们眼前一亮。将学习任务与自己的未来联系在一起，你也能体验到那种由内而外的推动力。

要相信自己有能力克服困难。很多时候，我们停滞不前，并不是因为困难重重，而是因为我们的担心。记住，你不必等到“喜欢”才开始行动。有时候，只要勇敢迈出那艰难的第一步，你就会发现，动力就像泉水一样源源不断地涌现，推动你勇往直前，直至达成目标。

齐人攫金◆　双刃剑下的人生选择 | 外部动机

成语出自战国时期列御寇所著《列子·说符》：“昔齐人有欲金者，清旦衣冠而之市，适鬻金者之所，因攫金而去。”

成语“齐人攫金”比喻见利忘义，眼中只有钱财，而看不到其他。攫：夺取，抓取。

战国时期，齐国有个爱财如命的人，整天梦想着拥有成堆的金子。一天清晨，他穿好衣服，戴好帽子，来到集市上闲逛。他的目光四处搜寻，心里盘算着如何能快速得到金子。

他发现一家金店内陈列着琳琅满目的金器和首饰，闪耀着诱人的光芒。他按捺不住内心的狂喜，快步走进店内。看着那些黄灿灿的金子，他的心跳加速，贪婪的欲望让他失去理智，于是猛地抓起一件金器揣进怀里，转身就往外跑。旁边的人被这一幕惊呆了，直到店主大喊："捉贼啊，有人抢金子了！"众人才回过神来纷纷追赶上去。

几名路过此地的巡吏很快将他制服并押送至衙门。县官审问他："光天化日之下，你竟然敢偷别人的金子，真是好大的胆子！你为何要这么做，还不快从实招来！"

那人似乎这时才醒悟过来，战战兢兢地答道："我拿金子的时候，只看见金子，并未见到有人在旁边啊。"

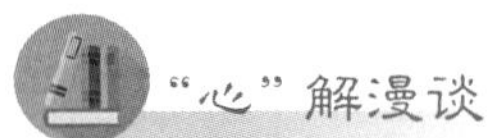

"心"解漫谈

做任何事都需要一定的动机。动机可以分为内部动机和外部动机，而外部动机，顾名思义，源自个体外部的刺激，是驱动人们行为的重要因素。马戏团里的驯兽师用美味的食物引诱动物表演高难度动作，学校里的老师通过奖励小红花来激发学生的学习积极性，公司通过提供高薪福利来调动员工的工作热情。这些都是外部动机在起作用。

社会心理学家阿特金森设计了一个实验，用来探究哪种外部奖励能够最有效地提升积极性。研究人员将 80 名大学生随机分配到四个小组，每组各有 20 人，要求他们完成相同的任务。研究人员设定奖励时采用不同的策略：第一组只有成绩最优的学生能获得奖励，第二组则是前五名，第三组扩大到了前十名，而第四组则是前十五名都有机会获得奖励。

实验结果显示，第三组的学生在任务完成上展现出最高的质量，奖励效果最佳。经过分析发现，当奖励难以获得时，比如第一组和第二组的标准，学生可能会因为感觉努力无望而放弃；相反，如果奖励过于容易得到，比如第四组的标准，学生又会觉得缺乏挑战性，即便获得奖励也难以产生成就感。因此，并非所有的奖励都能如愿地发挥作用，只有当奖励既有一定的挑战性，成功后又能带来成就感时，人们才会更加投入，展现出更高的热情。

研究表明，外部动机之所以有效，是因为它契合了人类趋利避害的天性。一旦外界提供的诱因对个人有利，且与内心的渴望相契合，那么人们就会自然而然地采取行动。相反，如果某种行为可能带来不良后果，人们就会尽量规避。毋庸讳言，在现实生活中，金钱、名誉和地位等往往是人们热衷追求的外部动机。但当这些动机变得过于强烈时，它们有可能像一股暗涌，将人们引向与初衷背道而驰的道路，就像“齐人攫金”故事里的那个人，眼里只有金子，行为盲目冲动，结果事与愿违。

值得注意的是，如果一个人的行为动机仅仅是为了获得奖励或逃避惩罚，那么当这些外在条件不复存在时，之前被激发出来的行为很可能会“回归”到原先的水平。更糟糕的是，有时在给予奖励后又突然撤销，最终的行为水平可能会比从未有过奖励时还要低。这就像是一个孩子，如果他只有在得到糖果时才会做家务，那么糖果一旦停供，他很可能就再也不愿意做家务了。

外部动机如同双刃剑，既有利也有弊。在人生逐梦的过程中，我们需要精准地把握平衡点，既要利用目标来激励成长，也要学会享受做事过程本身所带来的愉悦感，唯有如此，才能跑得更远、坚持得更久。

为何关键时刻容易掉链子？

当准备已久的重要考试来临，坐在考场里心跳如擂鼓，脑海却一片空白；当精心排练了演讲，上台后却突然忘词，口干舌燥，结结巴巴。为什么总在关键时刻掉链子？

过高的期望，由此引发自我加压常常是表现失常的罪魁祸首。就如同紧紧握住沙子，握得越紧，沙子流失得越快。当你过于在意那个“关键时刻”，杂乱的想法就会占据大脑有限的加工资源，造成其无法正常发挥功能，最终把事情搞砸。

试着调整心态，把“索取”转为“给予”。在演讲时，别只想着观众的掌声和回应，因为得不到回应会让你更加紧张；相反，要专注于你能给予观众的：真诚的微笑、有深度的内容和独特的个人风格。就像你愉快地给予别人礼物，是不是比向别人索取时感到更自在？

给自己的心态减减负，你的水平已经到了，成功就是水到渠成的事。专注于任务本身，别把时间花在担心上，多想一想如何把握细节，你或许会发现，惊喜就在不远处等着你。

乘风破浪 ◆ 青春疾驰，赛道见证 | 成就动机

典故探源

成语出自南朝梁时期沈约编撰的《宋书·宗悫传》："悫年少时，炳问其志，悫曰：'愿乘长风破万里浪。'"

成语"乘风破浪"原意是指船只乘着风势破浪前进。形容发展迅猛，也比喻志向远大，勇往直前。乘：趁着、借着。破：冲开。

时光故事

南北朝时，有一个名叫宗悫的少年，他自幼习武，年纪轻轻便武艺超群。有一天，宗悫的哥哥举行婚礼，一群狡猾的盗贼伪装成宾客，悄悄摸进库房，企图窃取财物。

当家人发现这一情况，惊慌失措地大喊起来。在这紧张的关头，宗悫却显

得异常镇定。他迅速拔出腰间的佩剑，步伐坚定地向库房冲去。面对一群挥舞着刀枪的盗贼，宗悫犹如猛虎下山，毫不畏惧，他的眼神锐利，剑法灵动，将盗贼逼得节节败退，仓皇逃窜。

宾客们对宗悫的英勇行为赞不绝口，他的叔叔自豪地问道："悫儿，你长大后有何志向？"宗悫挺直腰板，目光如炬，高声答道："我愿乘长风破万里浪，成就一番惊天动地的事业！"

几年后，外敌入侵边境，宗悫毫不犹豫地请缨出战，被任命为振武将军，协助刺史共同抵御外敌。在战场上，宗悫英勇善战，为国家立下了赫赫战功。最终，他被封为洮阳侯，实现了自己少年时的豪言壮志。

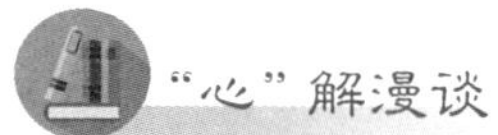

"心"解漫谈

乘风破浪，是每个人内心深处对成功的渴望。当人们谈论成就时，并不只是指那些举世瞩目的壮举，像赢得大奖、攀登巅峰。对于学生来说，成就可能只是一次小测验的优异成绩，或是在电子游戏中打败最终 boss 的欢呼。这些，都是他们个人世界中的"金牌"。

驱动人们不懈追求成就的内在动力，就是人们常说的成就动机。不过，追求成就可不像"只要努力就能成功"那么简单。这就好比一个运动员，想要打破世界纪录，不仅仅需要刻苦训练，更需要科学的训练方法、合理的膳食，甚至还需要一点点运气。这个过程，就像登山者不断开辟新的登山路径，挑战自己的极限一样，是一个自我超越的旅程。

心理学家们指出：追求成就的过程，其实是人们重塑自我形象的过程。如果一个人打心底里认为自己是个"成功者"，他就会自然而然地用更高的标准来要求自己。比如一个学生，如果他将自己定位为"学霸"，那么他就会更加努力学习，争取每一科都拿到最好的成绩。这样的自我认知，不仅能够增强个人的自信，更能帮助人在追求成功的征途上步伐稳健、不急不躁。

心理学家麦克利兰提出的"成就动机理论"进一步解释了这一点。他将人类的成就动机归纳为三种高层次的需求：成就需求、权力需求和亲和需求。正是这三种需求，以不同的方式激发我们追求成功的动力。具有高成就动机的人往往对工作充满热情，尤其是那些能够展示他们能力、需要创造性的工作。他们深切地期望获得关于工作绩效的明确反馈，从而能够精准地调整自己的步伐，更迅速地接近目标。这也是为什么很多高成就动机的人会选择工商界作为职业舞台，因为在这个领域，工作成果可以通过销售数据、生产效率和利润等具体指标来清晰衡量。他们如同不知疲倦的探险家，始终满怀激情地面对每一个挑战。再如，热衷数学的学生，即便是在课后，也会投入大量时间钻研那些棘手的数学问题，尽管这并非老师的作业要求。他们沉醉于解开难题的过程，并在每次挑战中都力求完美。正是这样的品质，使他们在青春的赛道上熠熠生辉。

青春就如同一场激烈的赛跑，每个人都在属于自己的赛道上奋力向前。在这场人生的竞赛中，成就动机无疑是人们持续奔跑的动力所在。当然，并非所有的成就动机都是积极的。我们在激励青少年追求卓越成就的同时，更应指引他们建立起正确的价值观和目标观，保障他们能够以一种健康且积极的心态去乘风破浪、追寻成功。

成长锦囊

如何解锁自我，做更好的自己？

你是否常感到困惑，为何梦想近在咫尺，却又似乎遥不可及？看到别人轻易地达成目标，而你却总是面临重重阻碍，这究竟是何原因？别急，这一切或许隐藏在你的自我意象之中。

自我意象就像是人们内心深处的一面镜子，映射出对自己的认知和评价。它虽静默无声，却蕴含着强大的力量，无形中影响着你的举止、情感和信念。积极的自我意象让你有胜任感，充满信心地去做事；当你觉得自己不够优秀，不配拥有某些成就时，那就是消极的自我意象在拖后腿。

但你知道吗？这面心中的"镜子"并非一成不变。借助积极的实践和正面的回应，你可以逐步打破旧有的自我意象，塑造一个更加自信、勇敢、坚定的自己。每当你尝试新事物，勇于挑战自我，你都是在打破内心的限制。这种持续的努力，将不断更新你的自我意象，引领你走向更好的自己。心有多大，舞台就有多大！解锁自我，从改变自我意象开始。

揠苗助长◆　守护自然成长的节奏|动机强度

典故探源

成语出自战国时期孟轲及其弟子所著《孟子·公孙丑上》：“助之长者，揠苗者也。非徒无益，而又害之。”

成语“揠苗助长”原意是指把苗拔起来，帮助其成长，又叫“拔苗助长”。比喻违反事物的发展规律，急于求成，最后事与愿违。揠：拔。

时光故事

有个宋国人，每日勤勉地耕耘在田间地头，不辞劳苦。然而他总是忧心忡忡，生怕自己心爱的禾苗长得比别人家的慢。于是，他每天都焦急地守在田边，眼巴巴地盼望着它们能迅速拔高。

可是一连几天过去了，那禾苗似乎并没长高多少。他围着庄稼焦急地踱步，口中喃喃自语："我如此辛苦，你们怎就不快快长高呢？"情急之下，他竟伸手将身旁的一株禾苗往上猛提了一下。嘿！那禾苗一下子"长高"了许多。

他顿时灵光一闪，兴奋不已，立刻全身心投入这项工作中。不知过了多久，他满头大汗地回到家，一进门就难掩激动地说："今天我可是累坏了！我把每一根禾苗都往上提了提，它们一下子就长高好多！"

"什么？"儿子闻言大惊失色，话都来不及说完，赶紧奔向田间查看。然而已经晚了，那些被强行拔高的禾苗最终枯萎而死。

"心"解漫谈

一位心急的农夫，因为热切地希望禾苗能快速生长，所以亲手将它们一一拔高。但结果显而易见，那些被拔高的禾苗最终都枯萎了。这个故事不仅展示过度急躁所带来的不良后果，更强调维持适宜动机强度的重要性。

每当面临任务时，我们内心的动机都会被点燃，就像农夫期望禾苗迅速成长一样。然而，动机强度需要控制在适当的水平。如果动机太弱，我们可能缺乏动力，不能充分展现自己的能力；而如果动机过强，又可能使我们过度紧张，心绪不宁。如果农夫能够静待禾苗按其自然的生长周期成长，同时给予适量的水和养分，那么禾苗自然会健康成长。类似地，在面对生活的挑战时，我们也应该学会调整自己的动机强度，保持适度的紧迫感，这样才能发挥出自己的最佳状态。

为了探究动机强度与学习效率的关系，心理学家进行了一项实验。一开始，他们安排两组学生再认迅速闪现的卡片，对第一组学生，要求在极短时间内详细描述复杂图片的细节，这一苛刻的要求使得这组学生在实验中始终处于紧张状态。相比之下，另一组学生则只需简单评判图画的亮度。结果表明，紧张组的学生在随后的任务中表现持续糟糕，而另一组学生的成绩与开始时相比，有了明显的提高。这个实验充分说明过高的动机强度并不利于学习效果的提高，适度的才是最有利的。

大量的实验数据验证，动机强度与工作效率之间呈倒 U 型关系，即中等强度的动机最有利于学习和工作效率的提高。动机水平过低或过高，情绪过于弱或强烈，都可能阻碍问题的解决。另外，不同的活动需要不同的动机水平。对于一些简单的活动，比如手工操作，保持较高的动机水平会让人们做得更好。但是，对于一些复杂的智慧活动，比如做习题、参加重大考试等，适当降低动机水平，保持冷静专注，反而能让人发挥出更好的水平。这一规律被称为“耶克斯—多德森定律”。

学习是一项长期且困难的任务，我们可以巧妙运用这个定律，根据不同难度要求灵活调整心态，从而确保稳定地成长进步。面对高难度的挑战，明确自身能力与任务之间的差距，积极改变可以改进的方面，同时坦然接受无法改变的事情，形成清晰的自我认知，以避免给自己增加无谓的压力。而在处理相对简单的任务时，持续保持认真的态度，通过设定工作时间限制增加紧迫感，使自己在有限的时间内更加集中精力。

“未来不迎，过往不究，当下不乱”，这句话教会我们面对未来要满怀期待但不必过分焦虑，回顾过去要总结经验但不沉溺其中，而在当下，我们应保持专注，心无旁骛，以适中的学习动机稳步向前。

如何内外兼顾，寻找生活的平衡点？

你是否曾为了得到他人的认可而奋力拼搏，但稍遇挫折就感到气馁？你是否曾被外在的奖惩所驱使，却在追求中忘记了最初的目标？在学习之路上，我们既要朝着个人梦想前进，渴望外界的肯定，又要不断发掘那些能触动我们内心的学习激情。

外部动机，无疑具有一定的推动力，它能为学习过程注入荣耀。但也要清醒地认识到，过度依赖外部动机可能会让我们在面临失败时倍感脆弱。我们要用包容的态度去看待每一次学习的结果，不论成败，它们都是成长路上难得的历练。

更为持久的动力，来源于内心深处对知识的渴求。当你全身心投入解决一个数学难题，或是因为对历史的痴迷而自发翻阅那些尘封的书籍时，那种由内而外的驱动力会让你感受到前所未有的成就感，这才是真正的学习之乐。

在学习的道路上，预料之外的变化总是层出不穷，努力寻找荣誉与成长之间的平衡点，那便是我们要达到的最高境界。

醉翁之意不在酒 ◆ 心口不一的轨迹 | 隐性动机

典故探源

成语出自宋朝欧阳修的名篇《醉翁亭记》：“醉翁之意不在酒，在乎山水之间也。山水之乐，得之心而寓之酒也。”

成语“醉翁之意不在酒”原意是指与友人饮酒时，其实更注重欣赏周围的山水美景，而非喝酒本身。形容本意并不在此，而是别有所图。

时光故事

北宋杰出的文学家欧阳修别号醉翁。他在散文写作上成就颇高，《醉翁亭记》就是传颂千古的名篇。

欧阳修被贬为滁州太守时，常与友人到醉翁亭游玩宴饮。这座亭子位于滁州的西南，矗立在风景如画的琅琊山之中。山中有一清泉，名为“酿泉”，泉水旁的亭子由山中寺庙的和尚所建，欧阳修欣然将其命名为“醉翁亭”。

为什么取这样的名字呢？原来，欧阳修经常与挚友在此对酌，年岁渐长的他酒量渐减，稍稍品饮便醺醺然醉倒。于是，他自嘲地给自己取了个“醉翁”的别号。

虽然欧阳修酒量一般，但他对酒情有独钟。这是为什么呢？欧阳修在《醉翁亭记》中娓娓道来：“醉翁之意不在酒，在乎山水之间也。山水之乐，得之心而寓之酒也。”原来他喝酒的意趣不在酒本身，更不是沉迷喝酒，而是借喝酒的兴致欣赏山水之美。这种意趣通过饮酒得到升华，让他领会在心中，寄托在酒上。

“心”解漫谈

在纷繁复杂的人际交往中，人们的言行举止并不总是与内心所想完全吻合。正如“醉翁之意不在酒”这一成语所表达的，有时候，人们表面上的行为背后其实隐藏着更深层次的意图。这种现象反映出一种隐性动机的存在。所谓隐性动机，就是指个体在追求目标时，其真正的动力并非直接显现在外，而是以一种更为隐蔽、间接的方式存在。它深藏于人们的内心，与明确表达出的意愿有所不同，却以微妙的方式左右着人们的行为。

例如，当朋友称赞你的新款球鞋时，他们的真实动机可能并不仅仅是对鞋子的喜爱，而是想借此拉近与你的关系，表达对你的好感。又如，你主动承担班级里的黑板报任务，可能并不仅仅是因为对这项任务充满热情，而是想通过这次机会展示自己的才能，赢得老师和同学的认可。这些未曾说出口的想法，都是隐性动机的体现。

经济学家通过一系列研究发现，人们的经济决策常常受到多重因素的影响，特别是和隐性动机紧密相连。以慈善捐赠为例，慈善家们高调捐赠，慷慨解囊的背后，可能不仅仅是为了帮助他人，还隐藏着对自我满足和价值实现的渴望。这样说并不是贬低这种动机，它只是人性中自然而然的一部分。

研究显示，人们的捐赠行为中隐藏着一系列有趣的心理效应。比如“从众效应”，当看到周围的人都在捐赠时，人们更容易受到这种氛围的感染，随大流，贡献出自己的一份力量。再比如“美人效应”，当劝捐者是一位魅力四射的女性时，捐赠的金额往往会意外地增加。而“彩票效应”则揭示了另一种捐赠动机：有些人捐赠可能只是为了获得中奖的机会，带着一丝撞大运的期待。

当然，也有一些效应可能对捐赠产生负面影响，比如“搭便车效应”。当看到别人已经慷慨捐赠时，有些人可能会觉得自己的捐赠变得微不足道，从而选择观望或冷漠应对。

洞察隐性动机是理解行为背后深层含义的关键。比如，教师发现，一个学生可能表面上对学习不感兴趣，但实际上他可能渴望得到教师和同学的认可。教师若能敏锐捕捉这一隐藏的情感需求，通过适时的鼓励，或许就能点燃学生的学习热情。

隐性动机宛如一只狡黠的小狐狸，它潜伏在人们内心深处，让人们心口不一，既巧妙地规避了社会非议，又能趁机赢得社会的赞许。如果我们能够透视这些隐性动机，就能更准确地解读人们的行为意图，以成熟的视角看待生活中的各种现象，应对人际交往中的纷繁复杂。

成长锦囊

你是否真正听见内心的声音？

在AA制聚餐时，你是否因为“大家分摊费用”而随大流，点了那道最贵的菜，尽管你并不确定自己真的喜欢？在评价他人时，你只盯着他们的不足，却无意间忽视了他们的众多闪光点，这是否反映出你对完美主义的过度执著？

《道德经》有言：“五色令人目盲，五音令人耳聋。”在这个信息爆炸的时代，我们更容易被外界信息所淹没，被他人的观点所左右，所以需要去倾听内心的声音。

每天抽出十分钟，给自己一个独处的机会，让心灵得以沉静。在这片刻的宁静中，尝试问问自己："我真正追求的是什么？""我希望自己怎样去生活？"你可能会感受到各种情感的涌动，有不安、有迷茫，也有温暖与坚定。比如，当父母想要奖励你时，一个声音脱口而出"我想要一部新手机"，而另一个微弱但坚定的声音则会说"我只希望得到一句温暖的鼓励"。那个微弱的声音，或许就是你内心的真实想法，它代表你真正的需求。

学会倾听内心的声音，需要投入时间和耐心。只要你开始觉察，便已然启程，正踏上与自我内心对话的旅程。

骑虎难下 ◆ 左右为难的心理纠葛 | 动机冲突

典故探源

成语源自唐朝房玄龄等撰《晋书·温峤传》："今之事势，义无旋踵，骑猛兽安可中下哉。"

成语"骑虎难下"原意指骑在老虎背上不能下来。比喻做一件事情继续下去有困难，但情况又不允许中途停止，陷于进退两难的境地。

时光故事

晋成帝咸和三年，叛军兴兵作乱，大臣温峤挺身而出，联手众将组建联军，誓言征讨叛军。战争初期，由于叛军人多势众，联军一度连吃败仗，士气萎靡不振。更糟糕的是，军粮告急，将士们饥饿难耐。

主帅陶侃焦虑不已，忍不住向温峤抱怨道："你当初劝我参战时，信誓旦旦，声称一切已筹备妥当。如今战事未了，军粮却告急，若无后援补给，我只能无奈撤军，否则必将全军覆没。"

温峤深知胜败乃兵家常事，他平心静气地劝慰陶侃："自古以来，胜战之道在于内部团结。我军虽缺粮少饷、处境艰难，但若此时撤军，不仅会遭人耻笑，更会助长叛军气焰。我们现在的处境犹如骑虎难下，不打死这猛虎，岂能轻易下来？唯有鼓足勇气、坚持到底，方有生机。"

陶侃听闻温峤之言，觉得有理。于是，他重整旗鼓，激励将士们奋勇杀敌。最终，联军凭借坚韧不拔的毅力，成功击溃叛军，取得胜利。

"心"解漫谈

在现实生活中，人们追求的目标往往难以完全实现，有时甚至会遇到骑虎难下的两难境地，这会引发内心的动机冲突。动机冲突是指在有目的的行为活动中，个体往往会渴望实现一个或多个目标，但同时也会遇到两个或更多目标相互排斥的情况。美国心理学家勒温把动机的冲突细分为三种类型，这些类型有助于人们理解在面对选择时内心的挣扎和决策过程。

第一种类型的冲突被称为"双趋式"。当两种目标同时出现，且对个体具有同样的吸引力时，由于条件限制，个体无法同时追求这两个目标，这时就会产生动机冲突。这就是我们常说的"鱼和熊掌不能兼得"。比如，在填报升学志愿或求职时，经常会遇到两个目标都非常有吸引力，却不知道如何选择的情况。

第二种类型的冲突被称为"双避式"。当两种目标都是人们想要回避的事物，而且只能回避其中一种时，这种冲突就会产生。常说的"前遇悬崖，后有追兵"就是典型的双避式冲突。

第三种类型的冲突被称为"趋避式"。这指的是同一个目标或物体既对人产生吸引力，又带来一定的威胁。在选择这类事物时，就会产生趋避式冲突。比如，想吃鱼来增加营养，但又不喜欢鱼的腥味；喜欢冰激凌的美味，但又担心吃多了会发胖。

要解决动机冲突，大家通常会遵循“两利相权取其重，两弊相权取其轻”的原则，就是说，在面对多个选择时，要仔细权衡每个目标的利弊，在深入分析的基础上，挑选出对自己最有利的目标。

优选法是一种科学方法，它通过比较和评估动机冲突中的各种选项，帮助人们做出科学的决策。第一步，剔除那些不太重要的目标，合并相似的目标，通过精简目标数量，让自己能更专注于真正关键的目标。第二步，根据目标的紧急性、重要性或可行性等要求，对各个方案进行排序并确定优先级。第三步，选出最符合自己需求的方案。可以用淘汰法，设定一些标准来逐步筛选方案；或者用排除法，两两对比之后，淘汰那些较差的选项；还可以用归类法，把相似的方案分到一组，然后再从每组里进行淘汰。

当然，在确定方案的时候，也得全面考虑自己的价值观、亲朋好友的意见、道德准则、法律，还有社会评价等因素。综合权衡不仅能让自己的选择有理有据，还能减少心里的纠结，更加坚定地走自己选的那条路。

成长锦囊

难以取舍时，如何做出最佳选择？

你是否曾在五花八门的选择中犹豫不决，仿佛站在错综复杂的交叉路口，不知走向何方？

每个选择都如同一扇半掩的门，门后既可能有诱人的机会，也可能潜藏风险。在做出决定时，不妨问问自己：这是我想要的东西，还是我真正需要的东西？当我们聚焦于真实需要时，做决定就相对容易。

做决策时，不仅要用脑思考，也需要用心感受。我们可以学习下棋高手的做法：预测不同的走法，思考局势的变化及应对之策，用心感受每个选择可能带来的转折。当所有选项都“势均力敌”时，勇气就成了决胜的关键。

除了理性分析外，还可以信赖自己的直觉来帮助我们做出取舍。每个人的内心最清楚自己是在探寻真相还是在逃避现实，这种感受是无法掩饰的。如果直觉告诉我们，某个选择更有可能带来优质的结果，那么在后续做选择时，它就可以作为重要参考。

未雨绸缪 ◆ 玩转生活节奏 | 时间管理

典故探源

成语出自《诗经·豳风·鸱鸮》："迨天之未阴雨，彻彼桑土，绸缪牖户。今女下民，或敢侮予！"

成语"未雨绸缪"的意思是趁着天还没下雨，先把门窗缠缚牢固。比喻做任何事情都应该事先准备，以免到时手忙脚乱。

时光故事

周武王灭商后不久辞世，年幼的成王继位，暂由成王的叔父周公旦代理执掌国家大权。然而，这引来了其他叔父管叔、霍叔和蔡叔的嫉妒。他们心生不满，散播周公旦篡位的谣言，同时勾结商纣王的儿子武庚，阴谋叛乱。

周公旦历经两年调查，终于查实了真相。他满心忧虑，写下《鸱鸮》一诗。诗的前两节写道：“猫头鹰啊，猫头鹰！你已夺走我的儿女，现在又要摧毁我的家。我是多么辛劳勤勉，为了养育儿女已经筋疲力尽！趁着天还未降雨，我急忙剥下桑树根皮，加紧修补好门窗。从今以后，住在树下的人们，有谁还敢来欺侮我呢？”

周公旦以母鸟的哀鸣自比，倾诉对国家的忠诚与忧虑，猫头鹰则象征着邪恶的武庚。成王读诗后深受触动，急召周公旦回京，授权他出兵平叛。最终，叛乱被平定，武庚被杀，管叔等人在流放中死去。周王朝因此转危为安，得以继续繁荣发展。

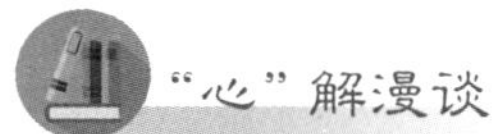

在快节奏的现代生活中，人们都渴望能够有条不紊、高效地处理好每一项任务。未雨绸缪体现了高效管理时间、优化生活步调，从而顺利达成个人目标的生活智慧。很多人都惊讶地发现，在一天的忙碌之后，回顾自己的日程，真正完成的重要事项其实寥寥无几。我们往往很容易被细枝末节的琐事缠绕，而疏忽了那些真正关键且紧急的任务。著名管理学家史蒂芬·科维提出的四象限时间管理法则，为处理这类困扰提供了解决之道。

这个法则将任务划分为四个类别：重要且紧急、重要不紧急、不重要但紧急、不重要也不紧急。每一类别的事务都有其特定的应对方法和优先级。以重要且紧急的事务为例，如突发的紧急情况或即将到期的作业，这些都需要我们立即处理，不容有任何耽搁。然而，若我们一味地忙于应对这类事务，很可能会感到力不从心、疲惫不堪。

为了摆脱这种困境，应将更多的精力投放在那些重要但不紧急的事务上，比如坚持阅读、定期锻炼身体、培养个人兴趣或发展特长。尽管这些事务并不迫切，但对长远发展而言却很重要。通过有计划地推进这些事务，我们不仅能够减少未来可能出现的紧急情况，还能让学习和生活更加有条不紊。

同时，我们要学会辨识并减少那些既不重要也不紧急的琐碎事务。比如玩电子游戏、刷微信、看视频等，多半是用来消磨时间、放松心情的娱乐活动，虽然有其存在的价值，但没必要为此过度消耗精力。

此外，我们还需要学会拒绝表面上看起来紧急，但实际上并不那么重要的事情的干扰。这类事务往往会分散注意力，导致真正重要的工作被拖延。

人们之所以倾向于先做紧急的事情，这背后既有心理层面的原因，也存在认知上的偏差。人们往往喜欢做那些见效快、容易上手的事情，而忽略了那些需要长期耕耘和耐心等待的工作。此外，人们往往高估自身的能力，误以为自己能够多进程工作，轻松兼顾多项任务，结果往往是顾此失彼。

为了纠正这些偏差，我们可以采取一些切实可行的措施。比如，将那些重要但不紧急的事务转化为明确、可行的计划，增加紧迫感；学会拒绝一些不擅长的事情，邀请别人帮忙来减轻自己的负担；培养自律意识，学习生涯规划。

时间管理不仅是一门技巧，更是一种生活态度。它教导我们善用每一分每一秒，要尊重自己与他人的时间，因为这是我们生命中不可复制、无法挽回的宝贵财富。

成长锦囊

如何防止时间偷偷溜走？

午餐时间，手机随手一滑，原本打算十分钟解决的简餐，却被一小时的综艺节目拖得很漫长。本想稍微放松片刻，可一抬头，惊讶地发现自己已经在手机上消磨了两个小时。心中不禁疑惑：我的时间都去哪了？

这正是我们需要警惕的"时间黑洞"。不要被那些看似轻松的"自我奖励"所迷惑。一旦你开始"犒劳"自己，比如玩玩游戏、刷刷视频或逛逛购物软件，几个小时可能在不知不觉中就溜走了。

"我很辛苦，应该奖励一下自己"——这种想法听起来很合理，但实际上，它狡猾地绕过人们的理智。在懊恼地发现"只是玩一会儿"的后果之前，你就已经沉迷其中。为了迅速找回理智，可以尝试一个简单的方法：拿起笔，在纸上简单记录下手头的事务。这个动作耗时不过两分钟，却足以提醒自己挽回那些逝去的时间。

管理时间就是管理你的生活。请珍惜生活的每一刻，投入到你真正热爱的事情中去吧！

孤注一掷 ◆ 挑战未知的勇者之路 | 冒险行为

典故探源

成语出自元朝脱脱和阿鲁图主持修撰的《宋史·寇准传》："博者输钱欲尽，乃罄所有出之，谓之孤注。"

成语"孤注一掷"原意是指赌徒在输急了的时候，会把所有的钱并作一次押上去，以决最后的输赢。比喻倾其所有，冒险决一胜负。孤注：以全部的钱作一次赌注。掷：抛骰子。

时光故事

北宋时期，敌国入侵，一时间危机四伏，求和之声此起彼伏，唯独宰相寇准力排众议，坚决主张迎战，并请求宋真宗亲自到澶州督战。

宋真宗亲临前线，宋军士气高昂，加上寇准足智多谋，指挥若定，宋军屡战屡胜，捷报频传。即使敌军重兵包围澶州，城内人心惶惶，寇准却神态自若，谈笑风生。宋真宗得知后，笑着说：“宰相都这样，我还有什么好担心的呢？”双方激战多日，敌国见久攻不下，便派使求和。宋真宗闻言大喜，在澶州和敌国签下和约。

寇准因功受封，深得皇帝器重，这让参事王钦若十分忌妒。他在宋真宗面前说：“陛下敬重寇准，是因为他有功吗？”宋真宗点头称是。王钦若却说：“陛下听说过赌博之术吗？赌徒快把钱输光时，会把剩下的钱都拿出来掷最后一把，这叫孤注。寇准丝毫不顾及皇上的安危，陛下您就是寇准的孤注啊！”

受到周围小人谗言的影响，宋真宗开始动摇对寇准的信任，逐渐冷淡了他。

“心”解漫谈

冒险行为，这种看似孤注一掷地挑战未知的行为，一直是心理学研究的焦点。特别是它与事故和灾害之间错综复杂的联系，常常引起广泛关注。

在日常生活中，人们往往倾向于将冒险行为视为某些人独特的性格特征，但深究起来，冒险并非仅仅是个人一时的冲动，而是受到心理状态、生理反应、当前环境以及周围群体氛围等多重因素的综合影响。因此，在解读冒险行为时，不能仅停留在个体的性格层面，这好比在分析一场孤注一掷的赌局时，我们若只聚焦于赌徒的豪掷，而忽视赌桌上的其他要素，那显然是片面的。

为了深入理解冒险行为背后的心理机制，英国萨塞克斯大学的研究人员进行了一项有趣的实验。他们邀请 168 名来自不同国家的参与者参与一个气球模拟风险任务。在这个任务中，参与者通过点击计算机屏幕上的按钮来给气球充气，气球变得越大，奖励越多，但一旦气球爆炸，参与者将失去所有奖励。实验前，每位参与者都喝了不同味道的水，包括苦、咸、酸、甜和鲜味，或者无味的纯净水。此外，参与者还需完成一份问卷，以评估他们的冲动和冒险倾向。

实验结果显示，喝酸味水的参与者更倾向于冒险，他们平均点击鼠标 40 次，而喝其他味道水的参与者则在 20 到 30 次之间。喝甜味和鲜味水的参与者在决定是否继续充气时表现出更多的犹豫，特别是当参与者被告知，气球在第64次点击时可能爆炸，请决定是否继续点击时。结果再次表明，喝了酸味水的参与者更愿意超越风险临界点。看来酸味确实能够提升人们承担风险的意愿。这一结论不禁让人联想到电影中熟悉的桥段：主人公闷下一口老酒，酒壮怂人胆，然后横下一条心，毅然决然地做出令人震惊的举动。

与成人显著不同，受限于社会经验和身心发展阶段，青少年的冒险心理主要由以下几种心理发展而来：一是好奇心理，青少年对新鲜、奇特和神秘的事物抱有极其浓厚的兴趣；二是探究心理，随着思维能力的发展，青少年对奇特和神秘的事物探究欲望强烈；三是渴望成功的心理，每个人都怀揣成功的梦想，青少年更是如此，甚至因急于求成而不顾一切地冒险；四是固执心理，有些同学一旦拿定主意就听不进任何人的意见，并不考虑自己的意愿是否符合客观实际，表现出一意孤行的行为。

青少年的冒险行为有一定的盲目性，在周密的思考和理性的判断方面表现不足。因此，在培育他们的勇敢品质时，我们更应引导他们理性看待冒险，教导他们在一个既安全又富有挑战性的环境中健康成长。

成长锦囊

如何在冒险中不失理智？

你是否曾被一些“酷炫”的挑战比如飙车、玩滑板等所吸引？在追求这种极致刺激的同时，你是否觉得自己仿佛变得勇敢无畏？但是要知道，真正的勇气并非一味地鲁莽行事。

冒险活动无疑会让人心跳加速，感受到难以言喻的兴奋，并激发人们对未知世界的深切向往。但是，真正的冒险家在每次一展身手之前，都会深思熟虑，周密规划。他们会审慎地评估可能的风险，做好充足的准备，以确保自身安全。比如，那些勇敢的登山者和探险家，在挑战自然之前，都会接受专业训练，做到有备无患。

因此，当我们在追求刺激时，务必保持头脑清醒。不要被情绪所左右，而是要冷静地分析现状，为各种可能发生的情况做好准备。否则，那种所谓的“勇敢”可能会让我们陷入不必要的危险，给青春岁月留下难以弥补的遗憾。

在追求冒险的同时，我们要时刻牢记以理智为指引，在冒险与安全之间找到最佳的平衡点。这样，青春的每一步都可以走得既稳健又安全，成长之路将因此多姿多彩。

得陇望蜀 ◆ 迈向满足的进阶之道 | 需要层次理论

典故探源

成语出自南朝宋时期范晔编撰的《后汉书·岑彭传》：“人苦不知足，既平陇，复望蜀。”

成语“得陇望蜀”原意是指已经取得陇右，还想攻取西蜀。比喻得寸进尺，务求多得。

时光故事

东汉初年，光武帝刘秀坐镇中央，但巴蜀的公孙述与陇西（今甘肃东部）的隗嚣仍自立为王，各霸一方。建武八年（公元 32 年），光武帝刘秀下决心平定这两大割据势力，实现一统天下。

他率领名将岑彭，如同猛虎下山，势不可当，一路攻破甘肃天水。紧接着，岑彭又与偏将吴汉联手，将隗嚣困在了西城。公孙述闻讯后，立即派兵前来援救，驻扎在上邽。但刘秀早有预料，迅速派出精兵强将，将公孙述的援军一并包围。

经过激战，刘秀见战局已定，便决定先行返回京城。临行前，他给岑彭留下了一封意味深长的信："你等到西城和上邽这两处攻下来以后，就可以率领军队向南去攻打四川。人都是不知满足的，我们取得了陇地，还应该接着将蜀地也夺过来。"刘秀的目标是平定陇、蜀两地，消灭隗嚣和公孙述。最终刘秀完成统一全国的大业，开创东汉王朝的辉煌时代。

"心"解漫谈

成语"得陇望蜀"生动地揭示了人类永不满足、不断追求的心理特点。这种特点是人们内心需求递进的必然反映。而心理学家马斯洛提出的"需求层次理论"，则为深入理解这种不断递进的需求打开了一扇窗。

美国心理学家马斯洛将人类的需求划分为五个层次：生理需求、安全需求、归属感与爱的需求、尊重需求和自我实现的需求。生理需求是维持人生存和发展最基本的需求，如食物、水、空气等；安全需求则让身体与心理免受威胁和伤害，如人身安全、生活稳定等；归属感与爱的需求代表了对关怀、爱、被接纳以及人际互动的需求，如亲情、友情、爱情等；尊重需求则体现了人们对社会地位、社会认可和他人尊重的追求；最后，自我实现的需求是人们挑战自己潜力、发挥自己潜能的需求，也是追求自己理想与完美境界的需求。

这五个层次的需求像金字塔阶梯一样，尊重与自我的实现均属于高层次的需求，位于塔尖，而其他需求则在低层次范围内，处于塔基。当最基本的需求得到满足之后，人们就会寄更多希望于高层次的需求。比如，在饥饿难耐时，人们可能只想填饱肚子，而食物的营养和口味则变得不那么重要。然而，一旦饥饿得到缓解，人们就会开始追求食物的口感和营养价值，甚至追求高端的餐饮以获得更大的满足。这种"得陇望蜀"的心态正是人类不断追求更高层次需求的体现。

在现实生活中，这种心态可以激发我们努力提升自己，追求更大的成就。比如，一些人在解决了温饱问题后，开始注重自己的形象设计；另一些人则在积累了财富后，开始追求投身于慈善事业或艺术享受等精神层面的满足。然而，如果这种追求变得过度物质化，也可能导致人们走向歧途。例如，一些贪官为了追求奢侈的生活而不择手段地敛财，最终身败名裂。

当然，马斯洛的需求层次理论为人们描绘的是理想的成长轨迹，现实生活中，真实的需求发展往往更加复杂。有的人会安于现状，对冒险追求更高层次的需求感到畏惧；有的人可能会为了短期利益而牺牲长远目标；还有的人甚至可能会选择放弃曾经努力追求的高层次需求，选择躺平，转而寻求更易获得的快乐。

因此，我们应该正视并理解这种"得陇望蜀"的心态，在不断追求更高目标的同时，也要循序渐进，保持理智，避免被过度的物质追求所束缚。只有这样，我们才能得到真正的满足，实现自我价值的提升。

成长锦囊

如何平息内心的不满足？

你是否觉得此刻的自己不够完美，总是期待下一个时刻的自己更精彩？即便目标已经实现，内心的渴求却似乎永无止境，这颗不安分的心该如何安抚呢？

不满足是人类的天性，但过度的不满足却可能阻碍成长。试着把自己的期望值调整到更为合理、贴近实际的范围内吧，别让那些无关紧要的事情扰乱你的心神，时刻提醒自己最初的愿望，学会放弃那些并不那么重要的追求。

过多的比较只会偷走应有的快乐。可以问问好友和家人，了解他们眼中的你有哪些优点。有时候当局者迷，但身边的人却能像一面镜子，帮助我们更真实地看清自己。

进行积极的自我对话是一个不错的主意。给自己定下明确而积极的目标，每完成一个就稍作停歇，好好享受那份成就感。别忘了时常对自己说些暖心的话语，比如“我对现在的自己感到很满意”。这样的自我肯定，就像是为自己的未来之路预先准备了一个坚实的安全行囊，使你信心倍增，步伐更加稳健。

第六章

用成语诠释执著精神，塑造坚韧品质

一诺千金 ◆ 说到做到的魅力 | 承诺

典故探源

成语出自西汉时期司马迁所著《史记·季布栾布列传》："得黄金百斤，不如得季布一诺。"

成语"一诺千金"原意是指许下的诺言能够价值千金。形容讲信用，遵守承诺。也作"千金一诺"。诺：许诺。

时光故事

秦末汉初，楚地有个叫季布的人，他为人豪爽，乐于助人。只要是他答应别人的事，无论多么困难，他都会想尽一切办法做到。

楚汉相争时，季布是项羽手下的大将，曾多次为项羽出谋划策，助其击败汉军。刘邦当皇帝后，下令悬赏千金捉拿季布。当时许多人都因仰慕他的为人而暗中帮助他。季布曾乔装到一朱姓人家做佣工。这位朱姓大哥识破季布的身份，但十分钦佩他的诚信正直，不仅热情地收留他，还专程前往洛阳求助老朋友夏侯婴。夏侯婴是开国功臣，与刘邦情谊深厚。他听闻季布之事后，深感同情，于是在刘邦面前力荐季布。刘邦最终撤销对季布的通缉，并封他为郎中。

季布的同乡曹丘生听说季布做了大官，立刻前来巴结。季布以礼相待，临走时还送他一份厚礼。曹丘生离开后便四处宣扬："得黄金百斤，不如得季布一诺。"从此，季布的名声越来越大。

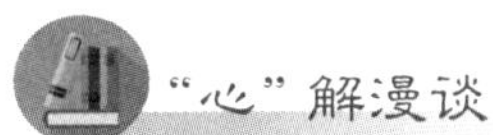

"心"解漫谈

在人际交往的纷繁世界里，承诺扮演着特别的角色。它虽无形，却拥有强大的力量，如同一把锁链，将信任紧密地绑在人与人之间。正如古人所言"一诺千金"，承诺的价值胜过千金，它不仅是对他人的承诺，更是对自己的一种约束。

为了探究承诺对人们行为的影响，心理学家帕拉克及其团队开展了一项有趣的研究。他们收集了 65 个家庭的煤气使用数据，并将这些家庭分为三组。其中，第一组家庭被告知，如果他们的节能表现突出，他们的名字将被刊登在报纸上；第二组家庭则被告知参与节能活动的信息将不公开，只有他们自己知道；第三组家庭则作为控制组，没有接受任何特别的说明。一个月后，研究人员重新检查这些家庭的煤气消耗量，结果发现尽管由于进入冬季，天气变冷，三组用户的耗气量都有所上升，但第一组即公开承诺组的家庭煤气使用量最低，节约的煤气量也最多。这表明公开承诺对人们的节能行为具有显著的促进作用。

这个实验也揭示了"承诺一致性原理"。当人们做出某个决定或者选择某种立场，他们就会倾向于对后续的行为保持一致，以证明自己的选择是正确的。这种忠于自己此前承诺的心理机制在日常生活中随处可见。例如，销售人员常常利用这一原理，通过引导客户做出各种承诺来促进销售。“你觉得这本书会对您孩子的教育有帮助，对吗？”“您会向孩子讲解这本书，对吗？”这些类似的承诺一旦被公开表达出来，客户就更容易坚持到底，不会轻易退货。

美国钢铁巨头安德鲁·卡内基说过一句至理名言：“最终取得成功的人，往往是那些一旦选择了道路，便坚定不移地走下去的人。”卡内基的成功，当然离不开他的非凡才智以及善于抓住机遇，但更为关键的是他对个人承诺的坚守。每当他许下诺言，总会竭尽全力去实现，绝不留任何余力。卡内基的人生经历，恰恰印证了承诺一致性原理在个人成功道路上的重要性。真正的承诺，意味着即使在激情消退之后，依然能够坚持不懈地努力，持续提升自己，并对自己的每一个决定负起责任。这样的承诺，才是最有价值的。

在这个快速变化的世界里，承诺已然成为一种越来越稀缺却愈发珍贵的品质，值得我们每个人去学习和践行。承诺，不仅仅代表着信任与责任，更蕴含着坚持与担当，它是我们构筑牢固人际关系、实现远大目标不可或缺的基础。所以，每当我们做出承诺的时刻，请铭记它所承载的力量，努力成为一个言出必行、一诺千金的人。

如何让承诺成为行动的基石？

你是否曾经轻易许下承诺，却因为没有付诸行动而让他人失望，甚至让自己也感到内疚？是否曾在面对难题时，因为那句“我试试看”而没有全力以赴，最终轻易打起了退堂鼓？

承诺，不仅仅是给别人的定心丸，更像是一面镜子，映照出人们对自己的鞭策。每当我们斩钉截铁地说出“我来搞定”，内心仿佛被热情的火焰瞬间点燃，激励我们勇往直前。相较之下，那些试探性地说出“我尽力而为”的时刻，往往在开始之前就已为自己准备好借口，铺设了退路。

要让承诺真正成为我们行动的基石，其核心在于保持言行一致。在许下承诺之前，问问自己的内心：这是不是我真正想要做的？是不是已经做好全力以赴的准备？一旦诺言说出口，就如同离弦之箭，决不回头。

承诺，它不单纯是肩上的担子，更是推动梦想启航的燃料。当发自内心地许下誓言，并竭尽全力去实现，我们会发现，自己原来拥有超乎想象的勇气与力量。

乐不思蜀 ◆　克服心中的惰性 | 舒适圈

典故探源

成语出自西晋时期陈寿所著，东晋、刘宋时期裴松之注《三国志·蜀书·后主传》：“他日，王问禅曰：‘颇思蜀否？’禅曰：‘此间乐，不思蜀。’”

成语“乐不思蜀”意思是指快乐得不再思念蜀国。比喻安于当下的快乐，不愿回到原来的环境。蜀：三国时的蜀国。

时光故事

三国末年，蜀国最终被魏国吞并。蜀后主刘禅投降后被送往洛阳，虽被封为安乐公，看似安稳，实则是对他的一种监视和嘲讽。

有一天，掌握魏国实权的晋王司马昭想要试探刘禅的心志，便设宴款待他。宴会上，司马昭故意让人表演起蜀地的歌舞。那熟悉的旋律，立刻勾起蜀国旧臣们的亡国之痛。他们纷纷掩面而泣，心中涌起无限的悲伤。然而，刘禅却谈笑风生，看得津津有味，没有丝毫的悲戚之色。司马昭看在眼里，心中不禁暗叹：这位蜀后主果然扶不起，即使诸葛亮再生，恐怕也难以保住蜀国。他转头对大臣低声说："你看，刘禅竟然如此糊涂，难怪蜀国会灭亡！"

稍后，司马昭忍不住又直接问刘禅："你是否还思念蜀国？"刘禅愣了一下，然后笑着回答："此间乐，不思蜀。"意思是他在此地生活快乐，不再怀念蜀国。司马昭听后大笑，认为刘禅愚昧至极，愈发轻视他。

"心"解漫谈

舒适圈最初是一个地理概念，用来形容那些气候宜人、四季如春的地区。随着时间的推移，这个词逐渐衍生出心理学的含义。在心理学上，舒适圈指的是人们习惯将自己的行为限定在熟悉的范围内，与熟悉的人和事互动，从而保持稳定的行为表现。历史上的刘禅沉迷于安逸的环境，乐不思蜀，竟将国家的沦亡与家族的仇恨抛诸脑后。这是一种衣食无忧的舒适圈，它如同一个保护罩，提供了一时的安宁，但不知不觉中，它已悄然成为阻碍他成长的隐形牢笼。

美国康奈尔大学进行过一个著名的"温水煮青蛙"实验。实验中，当青蛙被直接投入 40 摄氏度的水中时，由于高温刺激，它会立即跳出水面。然而，当青蛙被放入逐渐加热的水中时，由于环境变化缓慢，青蛙未能及时察觉到危险的来临，最终失去逃生的机会。这个实验生动地揭示了舒适圈可能带来的危害：当环境逐渐变得不舒适时，因为长期缺乏警觉而导致陷入危机。

同样，当人们长时间只与固定的朋友交往，遵循着一成不变的生活节奏，总是用熟悉的思维方式去看待问题，这种生活方式虽然会让人觉得自在和舒适，但时间一长，就可能觉得无聊和空虚。这种所谓的舒适圈，虽然给人安全感，但也可能成为限制发展的障碍。它就像一个温柔的陷阱，让人们在安逸中慢慢失去挑战未知的勇气。

心理学上将人们对外部世界的认知划分为三个层次：舒适圈、学习圈和恐慌圈。舒适圈指的是人们熟悉的领域；学习圈包含了人们尚未掌握但渴望学习的新知识；而恐慌圈则代表了那些超出人们认知范围、充满未知的事物。为了成长，我们必须勇敢地跨出舒适圈，踏入学习圈甚至挑战恐慌圈。

要开启这个成长之旅，无须大动干戈，从小步走起即可。你可以从换换口味，阅读一本不同类型的书开始；或者在放学后，尝试走一条全新的回家路线；甚至鼓起勇气，融入那个你一直好奇却从未涉足的读书会。这些看似微小的改变，实际上是在你的心灵地图上打开新的视窗，扩张你的兴趣版图，让你领略到更多别样的风景。

尽管这个过程可能伴随着不安和焦虑，但画家毕加索的名言却启示我们："我总是在尝试做我不会做的事，为的是学会如何去做。"这些情绪会助力我们成长，它们仿佛在说：你正在努力超越过去的自己，正朝着更宽广的视野迈进。不论每次尝试最终是喜提成功，还是收获了一筐"教训"，都是人生升级路上不可或缺的宝贵经验值。

成长锦囊

为什么心生安逸是持续成长的绊脚石？

你是否曾感到生活陷入一种单调的循环，每天都像是复制、粘贴，虽然轻松自在，但心里总觉得少了点什么？这种安逸的心态，看似让人舒心，实则是暗藏玄机的成长绊马索。

安逸容易让我们安于现状，害怕改变。这种"一成不变"的思维模式，会慢慢消磨我们对未知的好奇心，让人眼界变得越来越窄，成长的速度自然减缓下来。要跳出这种"舒适陷阱"，就得学会对那些让我们安逸却乏味的事情说"不"，并主动寻找新的挑战。比如，你可以尝试学习一门新的手艺，加入一个有趣的社团，甚至可以改变一下自己的生活方式，比如用左手写字、夹菜、挥拍、拾物，体验那份新手特有的"手忙脚乱"。

当你鼓起勇气走出舒适圈，去迎接新的挑战时，你会发现，原来世界这么大，这么精彩，而你也有无限可能。别让慵懒拖了你的后腿，成长的路上没有尽头，每一步都充满惊喜。跳出你的舒适圈，快点行动起来，去展现一个更出色的自己吧！

克己奉公◆ 心正为本，守道而行|道德感

典故探源

成语出自南朝宋时期范晔编撰的《后汉书·祭遵传》："遵为人廉约小心，克己奉公。赏赐辄尽与士卒，家无私财。"

成语"克己奉公"原意是指约束自己的私欲，以公事为重。比喻一个人对己要求严格，一心为公。克己：克制、约束自己。奉公：以公事为重。

时光故事

祭遵是东汉初年颍阳人，他处事谨慎，为人廉洁，生活俭朴。在担任军中执法官期间，他执法严明，不徇私情，备受赞誉。有一次，刘秀的一个小侍从犯了罪，祭遵在查明真相后，依法将这小侍从判处死刑。刘秀得知后非常生气，觉得祭遵竟敢处罚他身边的人，打算降罪于祭遵。但立刻有人劝谏刘秀：

“严明军令本是大王的要求。如今祭遵坚守法令，上下一致，做得非常正确。只有像他这样言行一致，号令三军才有威信。他本是功臣，自然不应遭到责罚。”刘秀听后觉得有理，不仅没有治祭遵的罪，还封他为征虏将军、颍阳侯。

祭遵为官清正，常受刘秀的赏赐，但他都把这些赏赐分给手下人。他一贯生活俭朴，甚至在安排后事时，也嘱咐手下不许铺张浪费，只用牛车装载他的遗体和棺木，简单下葬即可。祭遵去世后多年，汉光武帝刘秀仍然十分怀念他的克己奉公精神。

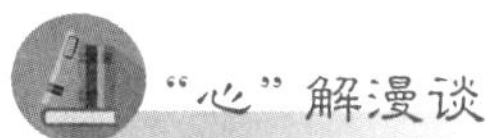

“心”解漫谈

道德感是人的道德需要是否得到满足而引起的一种内在体验，是品德的核心组成部分。它被视为一种内在的自我监督力量，时刻提醒人们向着正道前行。当人们的言行与道德准则相符时，内心会体验到满意、敬佩和赞赏的积极情感；而一旦偏离这些准则，羞愧、憎恨和厌恶等消极情感便会涌现。

研究发现，道德感具有深远的历史。事实上，六万年前的尼安德特人就已经表现出道德行为，如照顾伤残者和哀悼逝者。这些珍贵的发现揭示了伦理道德的悠久起源，显示出道德感在人类社会的雏形阶段就已经存在，并起到举足轻重的作用。尽管历史上战争屡见不鲜，但善良的观念始终占据人心。大多数人秉持着善良的信条，诸如尊重生命、关爱他人、诚实守信以及克己奉公等。正是人们对道德的坚守，推动人类社会不断向公平、民主和自由的方向迈进。

研究发现，婴儿在几个月大时就能开始做出简单的道德判断。美国耶鲁大学的心理学家曾经进行过一项实验，旨在探究婴儿对帮助行为和阻碍行为的认知。实验中，婴儿观看了一段动画：一个圆形试图爬上山顶，三角形在后面推它一把，帮助它成功登顶；而在另一个场景中，圆形却被正方形踢了下来。从实验设计的角度来看，这些场景蕴含了道德观念：正方形是个捣蛋的家伙，扮演了“阻碍者”角色，而三角形则是乐于助人的“帮助者”。

为了进一步了解婴儿对“帮助者”（三角形）和“阻碍者”（正方形）的态度，研究人员展示了圆形分别接近这两个形状的场景。结果显示，无论是9个月大还是12个月大的婴儿，当圆形接近正方形时，他们都表现出惊讶的神情，因为他们预期圆形会更愿意接近“帮助者”三角形。接下来，研究人员将动画中的三角形和正方形实物摆放在婴儿面前，结果发现，充当“帮助者”的三角形更受婴儿欢迎。这表明，婴儿可能在很小的时候就能区分“好”与“坏”，并倾向于选择“好”的一方。

在道德生活中，善恶、良心、荣誉和尊严等观念都与人们的情绪体验紧密相连。心理学研究显示，个体的道德动机与其情绪体验息息相关。当我们沉浸在丰富的情绪中时，道德感会更为强烈。积极的情绪，如快乐，能激发人们的亲社会行为。然而，情绪体验的缺乏，特别是共情能力的不足，可能会引发道德冷漠。以青少年罪犯为例，他们往往难以理解和共鸣他人的情感，这或许是他们犯罪行为的潜在心理原因。因此，提升个体的共情能力，进而激发其道德动机，具有重要的现实意义。

当然，道德感并非一成不变。在现实生活中，人们所处的社会环境、文化背景，以及各自的人生经历，都有可能对道德感产生影响。以地震救援等紧急情况为例，救援人员需要在很短的时间内，利用有限的资源做出重要的决定。在这种情境下，他们或许会根据生还概率来做出选择，而非仅仅遵循抽象的道德原则。

然而，这并不意味着人们应该放弃道德感。相反，这些挑战敦促我们更深入地理解道德的复杂性，寻求既契合道德原则又能应对现实需求的解决方案。我们应当更加坚定地秉持道德信念，发挥积极的引领作用。

成长锦囊

好人好事，为何终得好报？

你是否曾经努力做好事，却迟迟没有得到期待的回报？你是否因此疑惑过善良是否真的有意义？在成长的道路上，遇到这样的困惑在所难免。

要知道，善行的回报并非单一的因果关系，它可能受多重因素影响，需要时间的考验方能显现价值。所以，请不必着急，善良本身便是一种深沉的力量，它或许不会立刻显现效果，但总会在你最需要的时刻，以你最渴望的方式带给你惊喜。

在这个纷繁复杂的世界里，我们虽然不能控制外面发生的事情，但我们可以选择做一个善良的人。善良，不仅是一种好品质，还是一个聪明的选择。因为它不仅将我们塑造为更出色的人，更能吸引诸多的好运与欢乐。

无论在何时何地，都请坚守你的善良。好人终将得好报，这不是一句空话，而是时间给予善良者的最美承诺。

有志者事竟成 ◆ 当理想照进现实 | 目标激励

典故探源

成语出自南朝宋时期范晔编撰的《后汉书·耿弇传》：“将军前在南阳，建此大策，常以为落落难合，有志者事竟成也。”

成语“有志者事竟成”的意思是有志向的人终能实现抱负。

时光故事

东汉时期，汉光武帝刘秀手下有一员猛将，名叫耿弇。有一次，刘秀派耿弇去攻打地方豪强张步。耿弇率兵接连攻下祝阿、历下和临淄等重镇，张步情急之下，亲自带兵反攻临淄。于是，双方在临淄城外展开了一场生死搏斗。

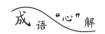

在激战中，耿弇大腿被射中一箭，但他拔出佩刀砍断箭杆，带伤坚持战斗。刘秀闻讯后，亲自带兵前来支援。援兵未到之际，部将陈俊认为张步兵力强大，建议暂时休战，待援兵到来后再发动进攻。然而，耿弇认为不能把困难留给别人。经过一场更为激烈的战斗，耿弇终于将张步打得大败。

几天后，刘秀亲临临淄慰劳军队。他在众多将官面前赞扬耿弇说："韩信曾经攻破历下，开创基业。现在耿将军攻克祝阿，连战连捷。这两场胜利相比较，你的功劳不亚于韩信。当初，你在南阳时曾建议平定张步，我当时以为你口气太大，恐怕难以成功。如今看来，有志气的人，事情终归是能成功的！"

"心"解漫谈

当你身处浓雾笼罩的海上，四周白茫茫一片，令人茫然无措。但此时，若有一座灯塔的光亮穿透了雾气，它便能为你指明前行的方向。人生之旅亦是如此，一个明确的目标就好比照亮前行之路的灯塔。就像古人所言："有志者事竟成。"只有设定清晰的目标，人们才能勇往直前，即使在困境中也能保持坚定的毅力。

哈佛大学的一项长期跟踪调查揭示出目标设定对人生成功的重要影响。这项调查涉及一群在智力、学历和环境等方面具有相似背景的年轻人。调查结果显示，这些参与者中 27% 的人没有明确目标，60% 的人目标不明确，10% 的人有清晰的短期目标，而只有 3% 的人拥有清晰且长远的目标。

25 年后，实验者再次回访这群学生，并进行跟踪调查。结果显示，那些仅占 3% 的拥有长期目标的人，在 25 年期间始终朝着同一方向不懈努力，最终在各自的领域取得显著成就，其中不乏行业领袖和社会精英。

另外，那些占 10% 的拥有短期目标的人，虽然目标不是长期的，但通过不断实现这些目标，逐步改善生活，也取得了显著的成果，成为各行各业不可或缺的专业人才。

相比之下，那些占 60% 的目标模糊的人虽然生活稳定，但鲜有突出成就，目标不明确导致缺乏奋斗动力，影响个人最终的成就，多数处于社会中下层。而剩下 27% 的没有目标者，他们过得很不如意，常常怨天尤人，满腹牢骚。

在设定目标的过程中，需要在目标的重要性和可行性之间寻求一种平衡。如果两者无法兼得，那么确保目标的可行性应当优先考虑。为了让目标更加切实可行，一个有效的策略是将宏大的目标拆解成一系列小目标。这样做不仅有助于逐步实现最终的愿望，还能让人们的努力更具方向感。

以学习为例，如果一开始就立志“成为第一名”，并且打算每天投入大量时间来学习，可能很快就会感到力不从心，难以持续。毕竟，山外有山，人外有人，竞争是无处不在的，总有人会更加出色。因此，根据实际情况优化目标是非常关键的。比如，设定每天固定学习三小时的目标，既实际可行，又便于评估。当注意力放在每日的学习过程上，而不是仅仅关注名次时，我们会发现，生活的满足感会大大提升。这种满足感，其实是对自己每一天努力的肯定。

设定明确而实际的目标，用开放的心态拥抱每一个可能的成就，无疑是通往成功的关键。当理想照进现实，我们会发现，那些曾经遥不可及的目标，正一步步地变为触手可及的现实。

如何用目标点燃激情？

你是否曾经被颓废、悲观的氛围所影响，被“咸鱼翻身还是咸鱼”的论调所困扰？在社交媒体上，类似“丧”文化的声音此起彼伏，难免让人感到迷茫。

“葛优躺”“我差不多是废人”等不求上进的生活态度是典型的“丧”文化。它让人沉溺于无尽的抱怨，却提不出可行之道，只会使人越陷越深。所以，我们应鼓起勇气，摆脱其负面影响，积极追寻自己的目标。

别听那些“咸鱼翻身还是咸鱼”的丧气话，关键看自己的拼劲！说不定你是只雄鹰，会一飞冲天呢！为自己设定一个既清晰又明确的目标，它要源于你由衷的热爱，会让你跃跃欲试，愿意为之付出全部努力。同时，拟订一份详尽的行动计划，按计划一步步推进，每一点进步都会给你带来真实的成就感。

在追梦的路上，还要学会熬过那些“苦哈哈”的日子。遇到困境时，决不轻易退缩。拿出“咬定青山不放松”的韧劲，不给半途而废留借口，笑到最后，终会迎接属于你的高光时刻。

从容不迫 ◆ 等待是为了更好的遇见 | 延迟满足

典故探源

成语出自《庄子·秋水》：“庄子与惠子游于濠梁之上。庄子曰：‘鲦鱼出游从容，是鱼之乐也。’”

成语“从容不迫”形容不慌不忙，沉着镇静而不紧迫。从容：镇静，沉着。迫：急促。

时光故事

有一天，庄子和挚友惠子一起在濠水岸边悠闲地观赏着鱼儿。庄子兴致勃勃地指着一条鱼说："看这鱼儿在水中游得如此自由自在，仿佛是在享受着无尽的快乐呢！"惠子听后，带着一丝戏谑反驳道："你又不是鱼，怎会知道它的快乐呢？"庄子机智地回答："你也不是我呀，怎么知道我不知道鱼的快乐呢？"

惠子笑了笑，说："我不是你，当然不知道你的想法。但你肯定不是鱼，所以你不可能真正了解鱼的快乐。"庄子听后，进一步解释道："让我们再从头说起。你问我怎么会知道鱼的快乐的，这就说明你认为我知道鱼的快乐才会问起我的。现在我就告诉你，我是从自己的感觉中体会的。你看，我和你在濠水边同游观鱼，是这样的悠然自得，其乐融融。这鱼儿，在水中游来游去，从容不迫地看着我们，那它当然也和我们一样，感到悠闲自在，十分快乐。"

一番交流之后，两人相视而笑，继续沉浸在观鱼的乐趣之中。

"心"解漫谈

生活在信息时代，科技的日新月异给人们的生活带来前所未有的改变。在这个便捷的时代，各种需求似乎都能在短时间内得到满足：通过外卖平台，可以足不出户就享受到热腾腾的餐食；借助快递服务，购买的商品隔天就能送到手中；自媒体平台的直播功能更是随时随地提供各种信息。然而，这种即时的满足感也引发了一个问题：在面对那些需要长期投入与不懈努力的事情时，人们常常会觉得自己急不可耐。

人们时常陷入两难的境地：是从容不迫，耐心等待未来更大的收获，还是立等可取，追求眼前的短暂满足？人生就像一场场等待组成的旅程，而在这等待之中，隐藏着一种强大的力量——"延迟满足"。"延迟满足"是指一种甘愿为更有价值的长远结果，放弃即时满足的抉择取向，以及在等待期展示出来的自制能力。

斯坦福大学的研究人员进行了一项著名的棉花糖实验。研究人员在房间里摆放着诱人的棉花糖，以 3 ~ 5 岁的幼儿为研究对象。孩子们被告知，如果他们能够等待十五分钟不吃掉棉花糖，就会得到额外的一颗作为奖励。随后，成人离开房间，留下孩子们面对这个甜蜜的诱惑。孩子们为了抵御诱惑，采取各种策略：有的用手遮住眼睛，有的转身面向墙壁以避免看到棉花糖，还有的尝试将棉花糖当作玩具来玩，以此来分散自己的注意力。实验结果显示，的确有一些孩子能够克制想吃棉花糖的冲动，成功地坚持十五分钟并获得更多的棉花糖，体现较好的"延迟满足"能力。

研究人员继续开展长达十年的追踪研究，发现一个重要的结论：那些在实验中展现出较强延迟满足能力的孩子，在他们长大后的课业成绩、日常生活以及人际关系等方面的表现都更为出色。

延迟满足之所以重要，是因为它关乎人们的意志力。追求长远的快乐并忍受当前的不适是不容易的，因为它违反了人的天性。但是真正的成功往往属于那些眼光长远、不懈努力、善于忍耐的人。他们从容不迫，懂得将小欲望转化为前进的动力。而那些无法抵挡眼前诱惑的人，容易在人生路上迷失方向。

在这个"瞬间满足"的时代，我们更需要培养自己的延迟满足能力。是选择贪恋温暖的被窝，还是迎接新的一天？是沉迷于手机，还是在书页间寻找知识？生活中的每一个选择都是对延迟满足的考验。

延迟满足是一种重要的心理能力，它关乎我们的自控力以及对未来的规划。"等待是为了更好的遇见"，那些愿意等待、愿意忍耐、愿意为了长远目标而努力的人，往往能在人生旅途中走得更远、更稳健。

成长锦囊

你愿意为未来的收益付出多少耐心？

你是否曾因等待的漫长而感到焦虑不安？想让自己变得更有耐心，难道就要像蜗牛一样慢慢爬行吗？在这个"快餐时代"，耐心似乎成了一种奢侈品。

成功就像是在玩一场钻井取油的游戏，考验你的耐心值和毅力值。开始钻井后，很长一段时间里是不会有石油冒出的。只有你坚持不懈，钻到一定深度，石油才会喷涌而出。想收获最后的丰收喜悦，那就得为未来播撒足够的耐心种子才行。

耐心这东西，可不是傻等。它需要你明智地进行推敲，只要你的大方向没跑偏，耐心就会自然而然地产生。如果你半途而废，那成功就是遥不可及的幻影。因此，耐心也可以说是通往成功的“金钥匙”。

生活中的每一次坚持，都是对耐心的锤炼。每当抵挡住诱惑，选择投身于更有意义的事情，你其实都在为未来添砖加瓦。这些看似微不足道的努力会不断累积，最终让精彩的成果深深地烙上你的印记。

三折其肱 ◆ 逆境中的舞者 | 心理弹性

典故探源

成语出自春秋末期左丘明所著《左传·定公十三年》：“三折肱，知为良医。”

成语“三折其肱”的原意是指一个人多次折断手臂，经过反复治疗，会深刻理解折断手臂的原因和治疗过程。比喻经历多次失败，阅历增加，经验丰富，因而造诣就精深。折肱：断臂。

时光故事

春秋时期，两大家族范氏和中行氏心怀不满，准备发兵攻打晋定公。有智者提出，这场战事的胜负，关键在于是否取得民心，得到民众的支持。

首先，这次起兵行动无疑是对晋定公的公然反叛，民众显然不会站在范氏和中行氏的这一边。其次，晋定公本人也是一位历经风雨的君主。他曾因战败流亡异国，饱受磨难。但是，这段经历不仅让他了解了失败的滋味，还明白了如何避免失败。就像一个人曾三次折断手臂，虽然痛苦无比，但每一次治疗过程，都会让他更加深刻地理解痛苦，对治疗的每一个细节都了如指掌。晋定公就是这样一个"过来人"，在面对困难时，他已积累丰富的经验。

尽管有智者的忠告，范氏和中行氏仍一意孤行，执意发兵。他们无视民众的声音，也忽视晋定公的坚韧。结果可想而知，晋定公凭借他的智慧和民众的支持，成功地挫败这场叛乱，再次稳固他的统治地位。

"心"解漫谈

在人生的旅途中，挑战和困难如影随形。正如成语"三折其肱"所描绘的，在挫折中成长、坚持不懈的人，常常是最终的人生赢家。它启示人们可以从越挫越勇的过程中汲取力量。这种在逆境中不屈不挠的精神，正是心理弹性的生动体现。

心理弹性，简而言之，就是面对挑战时保持积极态度、从挫折中恢复并继续前进的能力。心理弹性对犯错后的学习具有显著影响。当人们犯错后，心理弹性高的个体能够保持积极心态，视其为学习的契机；他能够迅速调整自身行为，从中汲取教训以提高效率；同时，这类个体还拥有强大的复原力，能在犯错后快速恢复，以更加饱满的状态重新投入学习。这种心态和能力共同作用，使得心理弹性高的个体在犯错后能够更好地学习。

加州理工学院的神经科学家进行过一项研究，揭示人脑对错误的极高敏感性。在实验中，被试被要求在排除字义影响的情况下，识别出字体的颜色。结果显示，当字义和字体颜色一致时，被试的错误率较低；当字义和字体颜色不相符时，反应时间会延长，而且错误率明显上升。

实验表明，当操作出错时，大脑会迅速对这个情况做出反应。脑电波的监测结果显示，人们在自己意识到犯错之前，大脑就已经侦测到错误，并产生相应的脑电波反应。犯错之后，人们的反应往往会变得更加谨慎。为了不再犯同样的错误，大脑会努力争取更多的时间来进行反思学习，从而避免重蹈覆辙。

值得注意的是，人们对于错误的态度会影响从错误中学习的效果。在一个对错误更友好的学习环境中，学习者的学习效率得到明显的提高，也更乐于挑战更有难度的问题。因为他们知道犯错是可以接受的，并且相信自己在下一次能够做得更好。

人们常说，"吃一堑，长一智"。这其实告诉我们，错误并不可怕，关键在于如何从错误中吸取教训，让自己变得更强。学会合理归因，有助于提升个人的心理弹性。有些人在面对失败时，会不自觉地将其归咎于自身能力的不足，从而产生沮丧的情绪。但当你再次陷入困境时，不妨稍作停歇，回顾过往，看看自己是如何一次次从挫败中重新站起的。这样，你会发现，原来自己已拥有足够的勇气去迎接任何挑战。

错误不仅是警示，更是珍贵的机会，它让我们变得更坚韧、更有经验。只要我们怀揣对知识的渴望，持续积累宝贵经验，那么，每一个挫折都将成为我们成功的启示录。而心理弹性，便是那双隐形的翅膀，有了它，即便我们身陷困境，也能展翅飞翔。

跌倒之后，你捡到了什么"宝藏"？

想要从失败中获得经验，关键在于从失败中寻找那些隐藏的宝藏。

跌倒是生活中积累经验的一种方式。小孩子学走路，哪个不是经历了跌跌撞撞才能稳稳地行走？经常与经验丰富的长者交流，了解他们曾经走过的弯路、踩过的坑，可以传承珍贵的人生智慧，避开麻烦。

跌倒也能锻炼意志。小逆境考验一个人的能力，大逆境考验一个人的心性。看看那些成功的人，他们多数都经历过无数次的跌倒与重新站起。

跌倒之时，我们更能清晰地辨识出谁是真正的朋友，谁只是表面的熟人，谁选择逃避，而谁又愿意向我们伸出援手。这样的经历让我们更懂人心，也更能识别出真正的友情。

对于明智的人来说，无论顺境还是逆境，都是宝贵的历练。他们即使偶尔跌倒，也会细心复盘，看看有哪些值得学习的地方，再勇敢地站起来，或许会因此得到意料之外的收获。

熟能生巧◆　从新手到高手的精进之路 | 刻意练习

典故探源

成语出自宋朝欧阳修著《欧阳文忠公文集·归田录》："因曰：'我亦无他，惟手熟尔。'"

成语"熟能生巧"的意思是熟练了就能掌握巧办法、好办法，干起事来得心应手。

时光故事

北宋年间，有个叫陈尧咨的人擅长射箭，他总能百发百中地射中目标，自以为射术了不起。

有一次在靶场练箭，他几乎箭箭命中靶心，引来大家一片喝彩。陈尧咨正得意，不料有个围观的老翁却不以为意，说："这有什么稀奇的，不过手法熟练些罢了。"陈尧咨一听，很不高兴地问他："难道你也懂得射箭？难道我的箭术不高明吗？你有什么了不起的本事？竟敢轻视我！"

这位老翁既不急也不气，耐心解释说："我并不是看轻你的箭法，我只是一个卖油的。这个道理是我从这些年卖油的经历中明白的。"说罢，老翁从担头上取下一只油葫芦，把一枚铜钱盖在葫芦口上，又用勺子盛了一勺油，然后高高地举起勺子向葫芦里倒油。只见那油就像一根线一样，穿过钱眼而过，勺里的油倒完了，铜钱上却没有沾上一点油星，大家看了赞叹不已。

老翁笑着对陈尧咨说："我也没什么特别本领，只不过是熟能生巧罢了。"

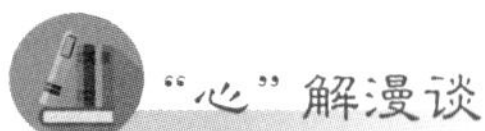

"心"解漫谈

运笔如行云流水，琴声如泣如诉，射箭如百步穿杨，这些让人叹为观止的技艺都是动作技能高超的体现。动作技能在日常生活中随处可见，表现为以迅速、精确、流畅和娴熟的身体运动为特征的活动方式。无论是写字、绘画、骑车，还是音乐方面的吹、拉、弹、唱，或者是体育项目中的田径、球类等，都是属于动作技能的范畴。这些技能的习得并非一蹴而就，都须经过长时间练习，才能熟能生巧。

那么，如何从新手阶段逐步提升到熟练水平，甚至成为高手呢？仅仅依靠日常的随意练习是远远不够的。我们需要进行刻意练习，这是一种全神贯注的、主动探求反馈并挑战自我极限的练习方式。它要求我们明确目标、掌握正确的方法、有计划有步骤地进行练习，并时刻保持对进步的渴望。

著名心理学家艾利克森对国际象棋大师、小提琴家、运动明星、记忆高手、拼字冠军、医生等一系列专家级人物进行了研究，结果发现，无论在哪个行业或领域，刻意练习都是提高技能与能力的最有效方法。这意味着，只要我们掌握刻意练习的方法，就能在任何领域实现从新手到高手的蜕变。

那么，如何进行刻意练习呢？最佳的方式是在适合自己的学习区进行有针对性的训练。所谓学习区就是那些半懂不懂、稍微有点难度的任务。不要老是练那些已经完全掌握了的东西，也不要练那些完全搞不懂的东西，而是要在学习区持续练习，才能让自己在挑战中进步。

大量的重复训练也是必不可少的。我们不能在刚学会一点皮毛后就停止前进，而是要持续不断地巩固。对于复杂的技能，我们可以将其拆解成若干小段，分步骤进行练习。比如练习钢琴曲不要直接弹整首曲目，不能急于求成，一节一节地练习会更有效。

同时，我们要确保在整个练习过程中能够获得持续且有效的反馈。无论是错误还是正确的操作，都需要得到及时的指正，这样我们才能清晰地认识到自己的实际水平。

刻意练习是从新手成长为高手的精进之路。刻意练习比一般的练习更有深度，在专业导师指导下，你就能更清楚地知道自己应该怎么练、往哪个方向努力。不同于那种简单重复做一件事的练习，刻意练习更关注你的个人成长，让你不断挑战自己。只要坚持这一方法，在任何行业或领域都能不断提升自己，实现从新手到高手的华丽转身。

成长锦囊

如何在不断变化的环境中提高适应能力？

为什么有些人面对变化时能够从容应对、迅速调整并取得成功，而另一些人却常常感到应对无措，力不从心？

一项研究表明，出租车司机和公交车司机虽然都拥有多年的驾驶经验，但他们的大脑发展却存在显著差异：与公交车司机相比，出租车司机负责记忆空间位置的大脑海马区更为发达。这主要源于两者工作性质的不同：公交车司机每日行驶在固定路线上，虽然驾轻就熟，但大脑缺乏足够的刺激；而出租车司机则需要不断应对变化的路况和乘客需求，随时掌握最新信息并调整路线，这使得他们的大脑得到了更充分的锻炼。

在追求成功的道路上，"熟能生巧"固然重要，但在知识经济时代，适应能力显得尤为关键。掌握新技能后，我们不应满足于现状，而是要主动寻求新的挑战。这样不仅能巩固已有技能，还能让学习成为一种持续的过程，帮助我们不断适应新的环境。

因此，不要因为一时的熟练而停滞不前。只有那些敢于创新、勇于尝试新事物的人，才能在瞬息万变的环境中立于不败之地。

胸有成竹 ◆　心中有路，成就自我 | 主控感

成语出自宋朝苏轼作品《文与可画筼筜谷偃竹记》："故画竹，必先得成竹于胸中，执笔熟视，乃见其所欲画者，急起从之，振笔直遂。"

成语"胸有成竹"原意是指画竹子前，心中已有竹子的形象。比喻在做事之前已经有了妥善的安排，做起来很有把握。

北宋时期，画家文与可善于画竹，远近闻名。为了画好竹子，他在房前屋后悉心栽种了竹子。无论春夏秋冬，刮风下雨，他都长年不断地在竹林里细致观察，琢磨竹枝和叶子的形态，研究竹子在不同季节、不同天气下的变化。他深知，竹子在春夏秋冬四季里形态各异；在阴晴雨雪天，竹子的颜色和姿势也

有所不同；在强光照耀下和明净的月光映照下，竹子更是展现出别样的风采。这些都被他一一捕捉，深深刻印在心头。

每当有人登门求画时，他总能从容自信地一挥而就，画出的竹子无不逼真传神。当人们赞不绝口时，他总是谦虚地说："我只是把心中琢磨成熟的竹子画下来罢了。"确实，竹子在不同时辰、不同情境下的形象早已深深印在他的心中。每次动笔前，他早已构思好要画什么样的竹子、如何构图、如何着墨。正是这份对艺术的执著和热爱，成就他的竹子绘画传奇。

"心"解漫谈

在人生的旅途中，我们不断地与环境进行互动，书写属于自己的故事。有时候，我们会感受到一种来自内心的力量，它使我们能够自信地掌控自己的行为，仿佛心中有一幅清晰的蓝图，让我们"胸有成竹"。这种能够自主决定自己想法和行为的体验，在心理学上被称为主控感。

"胸有成竹"的境界，不仅在于对结果的先见之明，更在于对整个过程的驾驭自如。那些拥有主控感的人，总能从容不迫地规划步骤、合理调配资源，这是因为他们深知自己每一步行动都将如何引导至最终的目标。相反，那些缺乏主控感的人，则像是迷失在浓雾中的航船，很容易变得茫然无助。

有一项关于养老院老人的研究，非常直观地展现了主控感对个体的深远影响。在这项研究中，老人们被分为两组。第一组老人享有充分的主控权，他们可以自由选择早餐是吃煎蛋还是煮蛋，决定周末是观看西部片还是爱情片，同时还需要照料自己房间的盆栽，若盆栽枯萎，他们还需向养老院赔偿。第二组老人虽然吃的、住的，一切都与第一组一样，自己却不能做主，一切听从院方的安排，一、三、五吃煎蛋，二、四、六吃煮蛋，周三看西部片，周末看爱情片，房间也有盆栽，但是护士会进来浇水，自己不必管。一年之后，研究者发现第二组的老人因为缺少生活的主控权，死亡率明显比第一组的老人更高。

引人深思的是，即便我们并不真正掌握控制权，仅仅是一种"胸有成竹"的错觉，也能为我们带来积极的影响。曾有一项实验，被试需在嘈杂环境下完成指定任务。实验中，一半的被试被告知他们可以通过按钮来调节音量（尽管实际上并无此功能），而另一半则未被赋予这种错觉。结果显示，那些自以为拥有控制权的被试，其压力指数，比如手掌出汗、心跳加快、耳鸣、头痛等，相比之下也明显比较低。

在日常生活中，培养那种“胸有成竹”的主控感，其实有章可循。通过亲身实践，人们能更明确地了解自己的能力所能触及的边界。这样一来，面对新任务时，人们会更加自信，内心也会更加有把握。同时，团队协作和沟通能力的培养同样不容忽视。在如今这个时代，单打独斗已不再是主流，团队合作的重要性愈发凸显。学会与他人携手并肩，共同解决问题，这无疑会进一步增强主控感。此外，制订明确的目标也相当重要，它能为人们的行动提供明确的指引。而一份详尽的实施计划，则能助力人们稳扎稳打地推进，确保每一步都迈得坚定而有力。

对于家长和教育工作者而言，培育孩子的主控感十分关键。一个总是被操控的孩子，如同被束缚的小树，难以自由生长。相反，一个学会自主决策、自我管理的孩子，将在人生道路上昂首阔步，充满自信。因为我们深知，只要心中有明确的蓝图，脚下就会展现出通往目标的道路。

成长锦囊

面对变化，如何培养稳定的控制感？

生活总是充满变化，面对那些突如其来的“插曲”，我们很可能束手无策，不知如何应对。面对措手不及的变化，我们可以培养稳定的控制感，来使心态保持平和。

对于那些我们无法左右的事情，要学会坦然接受。生活中总会有变数，有些事情是我们难以改变的。试着去接纳那些“不可抗力”，释放内心的纠结，你将感受到前所未有的释然与轻松。

把注意力转向那些我们能够掌控的事情。深入了解自己的内心，找出当前对你而言最重要的事情，并投入全部精力去实现。当你的注意力从问题上转移开，把焦点放在解决方案上时，这种思维转变将帮助你专注于当下，发现新的可能性。

为了持续提升自己的控制感，养成每日复盘的习惯极为重要。要及时审视自己的表现，找出优点和不足，思考如何不断地自我精进，你将逐渐从人群中脱颖而出，让自己的主控感与更加美好的生活相得益彰。

锲而不舍 ◆ 让热情和恒心并驾齐驱 | 意志坚持性

典故探源

成语出自《荀子·劝学》：“锲而舍之，朽木不折；锲而不舍，金石可镂。”

成语“锲而不舍”意思是只要坚持不懈地镂刻下去，即使是坚硬的金属和石头，也可以把它们刻穿。比喻学习持之以恒，必有成果。锲：镂刻。舍：停止和放弃。

时光故事

荀子是战国末期的哲学家、教育家。为阐明自身思想，他撰写了一篇名为

《劝学》的文章，旨在劝导人们要坚持不懈地认真学习。

文章开篇即明确指出：学习无止境，因此学习不可停歇。靛青这种颜料，是从蓝草中提取出来的，但它却比蓝草的颜色更青；冰，是由水结成的，却比水更加寒冷。这些例子说明，经过学习，总会比没有学习的时候有所进步。

荀子又用镂刻金石来比喻学习要持之以恒。他说："如果镂刻一下就停下手来，那么就算手里拿的是烂木头，也是镂刻不断的；只要坚持不懈地镂刻，即使是坚硬的金属和石头，也可以刻穿。"因此，人们秉持这种锲而不舍的精神去学习，才能取得成功。

荀子还坚信，学习是日积月累、由少至多的过程。正如千里之行，始于足下；江海之大，源于细流。这些比喻深入浅出，极富启发性，生动地展现了荀子对教育的独特见解。直至今日，这些观点仍在教育领域中被广泛引用。

"心"解漫谈

古人云："古之成大事者，不惟有超世之才，亦必有坚忍不拔之志。"毅力，亦称意志力，指的是人们为了达成预定目标而自觉克服困难、努力奋进的一种宝贵品质。它展现了锲而不舍的精神，同时持续燃烧着对长期目标的热情。不仅如此，它还蕴含了自我激励的特质，能够自我约束，并具备出色的自我调整能力。

然而，毅力背后的驱动机制是什么呢？这里，一个有趣的心理学现象——蔡戈尼效应值得我们探讨。这一效应由德国心理学家蔡戈尼发现。在实验中，被试被分为两组，分别进行数学题演算。甲组顺利完成任务，而乙组在解题时被突然打断。实验结果显示，甲组因"完成欲"得到满足，很快将任务抛诸脑后，而乙组因任务未完成而产生的不爽感深深地留在记忆中，使得他们在回忆题目时的表现明显优于甲组。

这个实验揭示了人们对于尚未处理完的事情比已处理完的事情印象更加深刻。它在一定程度上解释了毅力背后的心理机制，这种不适应感会转化为强烈的完成欲望，成为人们对于事务有始有终的自然驱动力。

出现这种现象的原因是人们天生都有一种办事要有头有尾的驱动力。比如让我们试画一个圆圈，但是在最后的时候留下一个小缺口，就停笔不动。然后让人们来看它一眼，大多数人的心思都会倾向于想把这个圆给完成。进行拼图游戏时，如果拼到一半被打断，人们会感到意犹未尽，心中总是挂念着，甚至会在空闲时间里忍不住想要继续拼完。又比如，一些青少年沉迷于游戏，为了打完一场游戏而熬夜，甚至牺牲吃饭和睡觉的时间。这种强烈的完成欲，有时甚至会导致他们忽略了更重要的事情，比如学习和健康。

这就是蔡戈尼效应起到的心理作用。一日任务不完成，便一日不解"心头恨"。一般来说，做事情的时候还是需要相应的蔡戈尼效应的，因为它能够推动我们主动去完成任务，并且达到圆满状态。如果生活中没有蔡戈尼效应，那么办事就不会有效率，只有在蔡戈尼效应的驱使下，工作效率才能快速得到提高。

对大多数人而言，蔡戈尼效应是完成工作的一大动力。人们常说，人生如同马拉松，成功往往源于坚持不懈。这种坚持，不仅是对岁月的抵抗、对失败的挑战，更是对个人意志品质的锤炼。正是意志的坚持性让生命更显深厚，使得前行的每一步都显得坚定有力。人生之路，无论前路多么遥远，无论环境多么恶劣，只要我们历经风雨，那么，人生的某个时刻，必将绽放精彩。

为什么未完成的事，总是让人念念不忘？

当你正忙于一项任务，却不得不转而面对另一项工作时，是否感到心神不宁，难以集中注意力？你是否曾在深夜被一本引人入胜的小说深深吸引，即使知道第二天要上课，也忍不住想要一口气读完？其实，这些都是蔡戈尼效应在悄然起作用，它揭示了我们对未完成事务的那种难以割舍的执著。

更好地实践善始善终的关键在于培养对时间的敏锐感知。为每项任务或项目设定一个既切实可行又合情合理的期限。当截止时间到来，无论进度如何，我们都应该以平和的心态接受结果，承担责任。对于那些看似乏味或充满困难的工作，也要尝试发掘其中的乐趣与成就感。这样，我们就能从内心深处唤起源源不断的动力。

善始善终，这不仅仅是一种态度，更是一种可以通过持续磨炼而提升的能力。锻造坚定的意志品质，就如同悉心照料一棵小树，需要日复一日的耐心浇灌。持续的努力将促使事情本身发生质的飞跃，最终帮助我们达成所愿。

力不从心 ◆ 莫让努力变成徒劳 | 习得性无助

典故探源

成语出自南朝宋时期范晔编撰的《后汉书·班超传》：“如有卒暴，超之气力，不能从心。”

成语“力不从心”意思是力量不够，无法做内心想做的事，实现不了愿望。

时光故事

班超出使西域，在西域生活近三十年，年事已高，十分思念故土。他写了一封信，让儿子面呈汉和帝，请求返回汉朝，可此信迟迟未见回复。于是，班超又写信给他的妹妹班昭，表明自己的意愿。班昭看了来信，深为感动，便上书皇帝，替哥哥再次请求告老还乡。

信中这样写道："班超在和他同去西域的人中年龄最大，现在已过花甲之年，体弱多病，头发已白，耳朵不灵，眼睛不亮，扶着手杖才能走路。如果有猝不及防的暴乱事件发生，班超的气力，已经不能顺从心里的意愿了。这样，对上会损害国家治理边疆的成果，对下会破坏忠臣好不容易建立的功劳，实在令人痛心呀！我听说古人十五从军，六十还乡，中间还有休息、不服役的时候。因此，我冒死请求陛下让班超回归故土。"

汉和帝被班昭的奏章打动，马上下诏召回班超。班超回到洛阳不到一个月，就因胸肋病加重而去世，终年七十一岁。

"心"解漫谈

当你面对一项挑战，多次尝试后依然未能如愿，那种力不从心的感觉多少会让你心灰意冷。然而，这并非仅仅是因为年老体衰，能力不足，更多时候，它源于我们内心深处的一种无助感——习得性无助。

那么，何为习得性无助？简单来说，它是个体在经历多次失败后，产生的一种对现实的无可奈何的心理状态。它就像一个隐形的牢笼，束缚着心灵，让人们在面对挑战时不敢再尝试，不再用曾经的热情去追求成功，而是自觉降低成功的标准。

心理学家塞利格曼用狗做实验，生动地演示了这种心理形成的过程。他把狗放进笼子里，施加电击，电击的强度能够引起狗的痛苦，但不会伤害狗的身体。开始时，这只狗拼命挣扎，试图逃出笼子，但经过多次努力，仍然无法逃脱，慢慢地它的挣扎程度逐渐降低。随后，塞利格曼再把这只狗重新放进另一个笼子。这个新笼子用隔板隔开，一边施加电击，另一边没有施加电击，隔板的高度是任何一只狗都可以轻易跳过去的。他发现，当狗被放进新笼子时，除了在前半分钟惊恐一阵子之外，此后放弃挣扎，直接卧倒在地等待电击的痛苦，即使是处于这么容易逃脱的环境，它竟然也不愿去尝试一下。

上述实验清晰地揭示了"习得性无助"的形成过程：一开始，个体在多次尝试后屡屡失败，经历一连串的挫折。随后，由于多次努力未能取得预期的结果，个体形成“我根本无法改变现状”的认知。这种消极的认知逐渐侵蚀个体对未来的信心，使个体对未来的期望变得越来越黯淡，直至放弃努力并深陷其中。

要改变这种力不从心的状态，首要之务是认识到自我设限的存在。这些限制往往源于过去的失败和对未来的恐惧。一旦我们意识到这些限制，它们就像一扇虚掩的大门，推开大门就能看到焕然一新的世界。此外，相关研究还表明，并非所有失败都会导致习得性无助。只有当我们将失败归咎于不可改变的个人特质，例如认为学习成绩差是因为自己智力不高，再如认为朋友很少是因为自己本身不讨人喜欢，等等，才容易感到力不从心，进而陷入习得性无助的境地。

在遭遇一连串的挫折后，我们或许会陷入深深的无力感，甚至开始质疑自己的能力。面对习得性无助，真正令人担心的并非挫折本身，而是心灰意冷、一蹶不振的精神状态。为了走出低谷，我们应当积极主动地探寻解决问题的方法，努力从失意中恢复过来，这样就有可能峰回路转，实现从挫败到成功的华丽转身。

怎样归因才能叩响成功的大门?

当你在篮球场上投篮不中时，是抱怨自己手气不好，还是责怪场地问题？遇到挫折时，你会怀疑自己“命该如此”，还是轻易地说“我做不到”？这些问题的答案涉及人们如何解释事情发生的原因，心理学上称之为“归因”。

要正确归因，先分清内因和外因。内因，比如技能与努力，跟个人的特征有关；而外因，如机会和外在环境，则不在我们管辖范围内。当取得成绩时，多从内归因出发认可自己，有利于提升动力。受挫的时候，可适度外归因，以免受到自尊和自信的双重打击。

此外，区分哪些因素是相对稳定的，哪些因素是可以由自己主动控制的，也是很重要的。遭遇偶尔的失败时，不要轻易地否定自己，在一时的成功面前，我们仍需保持谦逊，坚信付出会带来回报。

真正能左右我们心态的，是对成败原因的认知。有了这样的认识，我们就能理性地看待世界，客观地评价自己，做到宠辱不惊、得失随缘。

东山再起 ◆ 裂痕背后的生命力量 | 创伤后成长

成语出自唐朝房玄龄等撰《晋书·谢安传》：“卿累违朝旨，高卧东山，诸人每相与言，安石不肯出，将如苍生何！”

成语“东山再起”原意是指有声望的人退职以后再度任职。比喻失势后重新恢复地位或失败后恢复力量再干。

东晋时期的政治家谢安才华横溢，早年就享有很高的声望，但他对仕途并不热衷，在浙江绍兴一带的东山过着隐居的生活，与文人雅士共赏山水，吟诗作对，享受闲适的生活。

谢安在四十岁的时候，经过深思熟虑，最终接受大司马桓温的邀请，加入幕府。当时，朝廷一位官员开玩笑地说：“谢先生，您之前多次推辞了朝廷的征召，高卧东山。现在您突然出山为官，不知道您该如何向百姓解释这个转变？”谢安听后，脸露出惭愧之色。

谢安出山后凭借卓越的政治和军事才能不断获得晋升。到了晋孝武帝时期，他更是被任命为宰相。公元 383 年，发生了著名的淝水之战。谢安担任征讨大都督，沉着冷静，运筹帷幄。在国家危难之际，他力挽狂澜，大败苻坚的百万大军，创造历史上以少胜多的著名战例。这场胜利不仅保住东晋的半壁江山，更让谢安的声望达到前所未有的高度。

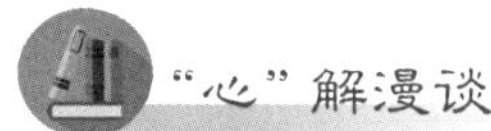

“心”解漫谈

“东山再起”常被用来形容一个人遭受失败后卷土重来，再次获得成功。在生活中，我们都可能遭遇突如其来的打击，这可能是一次意外、一场疾病，甚至是一段痛苦的经历。面对这样的创伤，我们可能会感到无助、恐惧，甚至绝望。然而，在这些艰难时刻的背后，有一种力量可以帮助我们站起来，那就是“创伤后成长”。

当人们面对创伤，无论是生活中的重大挫折、亲人离世，还是身体上的伤害，内心都会经历一系列复杂的情感反应。但正是这些经历，有时会成为心灵成长的催化剂。比如，通常来说，一名中学生经历高考失利，他可能会感到沮丧和自卑。然而，如果他能够接受这个事实，放下对失败的恐惧，并将这种经历转化为前进的动力，他可能会变得更加坚韧，未来在面对挑战时更加从容。

“创伤后成长”的过程往往包括三个心理阶段：接受创伤的事实并勇敢面对其中的痛苦；逐渐放下负面情绪和消极想法，避免陷入受害者心态；最终将这段经历沉淀为人生智慧，转化为个人成长的动力。

经历创伤后成长，人们通常会体验到以下五种变化：

第一，发展更有质量的人际关系，对待他人比以前更有同理心。

第二，获得对生活的新认识，能够从新视角看问题，与以往相比，发现更多可能性。

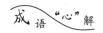

第三，肯定自我价值，觉察到对自己的信心，体会到自身的强大。

第四，人生价值观改变，获得比经历事情之前更强的信仰。

第五，重新评估生命意义，意识到生命的重要性，对人生充满感恩之心。

根据世界卫生组织的调查数据，大多数人在一生中都会遭遇至少一次创伤性事件。回顾汶川大地震等重大灾难，可以看到许多人在逆境中展现出的惊人韧性。全球各地，无论是恐怖袭击事件的幸存者，照顾生病亲人的家属，还是在灾难中失去家园的人们，都有过创伤后成长的经历。这些鲜活的实例告诉人们，无论生活带来多么沉重的打击，即使在那些看似无尽的黑暗中，人们依然有能力寻找到微弱却坚定的希望之光，在困境中崛起，在逆境中成长。

创伤后成长，并非指创伤本身具有益处，而是指在勇敢地直面并战胜困境的过程中，个体内心会获得一种积极的成长。这种成长是一个渐进的过程，需要个体去深切体验。每一次跌倒，都是一次成长的契机，促使人们学会运用自身的韧性，书写属于自己的成长故事。

成长锦囊

如何做困难面前的不倒翁？

当面临挑战的时候，你是否曾有过力不从心的感觉，仿佛自己随时都可能被巨浪掀翻？当风暴来袭，你可能会暂时失去平衡，但只要信念坚定，这个"稳固的重心"将帮助你在风雨中稳住阵脚。

不要让"应该这样""必须那样""我从不……"等固定的思维模式限制了你。生活充满了变数，要随着生活的节奏灵活地调整自己，用乐观的心态拥抱每一个变化。

当困难来临，试着把问题拆解成一个个小步骤来解决。就像我们吃饭一样，不能一口气吃下整碗饭，得一口一口来，每解决一个小问题，就意味着你离成功又近了一步。

另外，请不要对自己过于苛刻，追求完美并不总是必要的。找出那些你真正热爱且擅长的事情，并全身心地投入其中。时刻记住自己的独特之处和优点，保持自信，这样即使在困难的环境中，你也能像那不倒翁玩具稳稳地站立，敏锐地发现新机遇，并坚定前行。

老当益壮 ◆ 激情让我们永远年轻 | 积极老龄化

典故探源

成语出自南朝宋时期范晔编撰的《后汉书·马援列传》：“丈夫为志，穷当益坚，老当益壮。”

成语“老当益壮”意思是年纪虽老而志气更旺盛，干劲更足。益：更加。

时光故事

东汉名将马援从小就胸怀大志。长大后，他在扶风郡担任督邮。有一次，郡太守派他押解犯人到长安。他因怜悯犯人的凄惨状况，在途中私自放走犯人，因此被革职。随后马援开始逃亡，并经营畜牧业和农业。不久，他便成为一个大牧主，拥有大片土地、数千头牛羊和数万石粮食。

可是，马援并非安于现状之人，心里总想着成就一番大事业。他常对友人说：“男子汉大丈夫，应该有远大志向。处境越艰难，志向应更坚定；年纪越大，志气应更豪迈。”

随后，马援毅然投身军旅，成为东汉有名的将领。当洞庭湖一带发生叛乱时，他主动向光武帝请缨带兵出征。光武帝看着他，犹豫地说：“你年纪太老了吧。”马援坚定地回答：“我年虽六十二，但尚能披甲上马，不能算老。”说完，他穿好甲胄，一跃登鞍，威风凛凛地驰骋沙场去了。光武帝见状称赞道：“这个老人家真是老当益壮啊！”

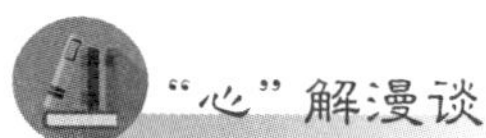

“心”解漫谈

人们一旦进入老年期，由于生理机能的衰退以及传统观念的影响，往往会退出社会活动第一线，开始享受晚年生活。然而，普遍认为的“随着身体的老化，老年人的智力也在衰退”的观点并不完全准确，老当益壮的现象屡见不鲜，在各个领域都有所体现。老当益壮是老年人积极生活态度的象征。

美国心理学家卡特尔与霍恩的研究指出，人的智力可以划分为流体智力和晶体智力两种。流体智力是基于生理的认知能力，如注意力、知识整合能力和思维敏捷性，它通常在二十岁左右达到顶峰，随后随年龄增长而逐渐降低。而晶体智力则是基于学习和经验的认知能力，如知识广度和判断能力，它并不因年龄增长而降低，甚至可能随年龄增长，因知识经验的积累而提高。

这一点在“摩西奶奶效应”中得到了有力的印证。摩西奶奶是美国弗吉尼亚州的一位农妇，73 岁那年扭伤脚后无法再从事体力劳动，于是在 75 时岁开始学习绘画。令人惊讶的是，她 80 岁时在纽约举办个人首次画展，并引起轰动。摩西奶奶活到 101 岁，在最后 25 年的艺术生涯中，她留下 1600 多幅作品，取得惊人的艺术成就。

20 世纪 90 年代，在世界卫生组织的倡导下，积极老龄化的概念开始形成，旨在通过优化老年人的健康、参与和保障的机会来提升他们的生活质量，倡导老年人持续参与社会活动，维持积极的生活态度，持续追求自我实现，而不仅仅是作为被动的接受者。

历史长河中，不乏早期并未显露头角，但经过不懈努力，最终在晚年展现出强大的实力，大器晚成的人物。英国科学家达尔文 50 多岁才开始取得显著的研究成果，并发表划时代的著作《物种起源》。这说明某些学科领域需要长时间的实践，才能洞悉学问的精髓，老年人在科研领域仍能发挥重要作用。唐宋八大家之一的苏洵年轻时豪放不羁，热爱游历，但到了 27 岁，他开始发奋读书，刻苦钻研，最终成为文学巨匠。这表明即使起步较晚，只要愿意付出足够的努力，依然可以在人生的后半段取得卓越的成就。

积极老龄化是一个全生命历程的概念，代表了一种不断挑战自我、超越自我的精神力量。老年人通过持续学习和不懈努力，完全有可能在晚年取得显著成就。我们应摒弃偏见，尊重和珍视老年人的经验，为他们创造机会，实现"老有所乐，老有所为"的美好愿景。

成长锦囊

如何培养稳健而成熟的心态？

你是否曾因学业成绩没有名列前茅而忧心忡忡？是否因担心自己起步晚，难以迎头赶上，怕因此辜负父母的期望而感到焦虑？每个人的进步轨迹都是独特的。花园里的花朵，有的早早盛开，有的则需要更多阳光和雨露才能绽放，但每一朵花都有其独特的美丽。

在求知的旅程中，速度并非决定性因素，真正重要的是找到与自身特点相匹配的学习方式。那些学业表现并非始终出类拔萃的同学，或许正走在一条不同寻常的思考路径上。他们勇于尝试崭新的学习方法，不畏惧寻找自己的道路，这恰恰可能是他们难能可贵的品质。因此，我们不必急于求成，按照自己的学习进度稳步前行，每一步都孕育着无限的可能性。

试着调整自己与父母间彼此的期望，以避免因预期差异而引发的误会。个人成长的首要责任在于自己。降低一些不切实际的期望，会让自己在遇到困难时，培养出一种沉稳的心态，表现出更多的主动性和韧性。

第四部分

个性之海，成语探秘

第七章

用成语勾勒心理特质，提升自我认知

见猎心喜 ◆ 开启内心的热情开关 | 兴趣

典故探源

成语出自宋朝程颢、程颐所著《二程全书》：“明道年十六七时，好田猎。十二年，暮归，在田野间见田猎者，不觉有喜心。”

成语“见猎心喜”原意是指看到打猎心里就高兴，因为别人在做的事正是自己过去所喜好的。比喻旧习难忘，触其所好，便跃跃欲试。猎：打猎。

时光故事

北宋著名学者程颢和程颐被人们尊称为“二程”。程颢在少年时期特别喜欢打猎，常到野外去打雁捕雀，赶兔追獐。他箭术精准，猎获丰富。然而，随着他拜周敦颐为师并深入研究学问，繁重的学业逐渐占据他的精力，打猎的乐趣也被渐渐淡忘。

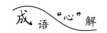

有一次，程颢在跟朋友闲聊时感慨道：“恐怕我以后再也没有机会去打猎了。”周敦颐劝慰程颢道：“程颢啊，不要轻易下这样的结论。人的情感是复杂多变的，你现在觉得失去对打猎的兴趣，但未来某一天，你或许又会重新找回那份激情。要知道，你对打猎的热爱并未完全消失，只是暂时被埋藏在心底。”

多年后，当程颢再次回到故乡时，一路上的风景勾起了他许多美好的回忆。看到田野里有人正在打猎，他内心那份久违的兴奋和喜悦瞬间被点燃。就在即将举起弓箭的那一刻，程颢忽然想起周敦颐当年的那番话，深刻地体会到老师话语中的智慧。

“心”解漫谈

人的兴趣究竟有多重要呢？或许，我们可以从“见猎心喜”这个成语中感受其深意，看见别人在做的事正是自己过去所喜好的，不由得心动，也跃跃欲试。心理学上，兴趣被视为一种深层的内在驱动力，它引导人们积极地去发掘、去投身于多样的活动中，进而影响一个人的行为。

兴趣的表现形式多种多样，大致可以分为直接兴趣和间接兴趣两种。直接兴趣，顾名思义，就是对事物本身感兴趣。比如，一个人对于音乐的兴趣，源于他喜欢音乐的旋律、节奏、声音等方面的特点。而间接兴趣则是指对事物可能带来的结果或影响感兴趣。比如，一个人可能并不直接对阅读本身感兴趣，但他可能对通过阅读杂志等来了解明星八卦这样的结果感兴趣。

兴趣的发展一般经历三个阶段：有趣、乐趣和志趣。有趣是最初级的兴趣阶段，它引导我们开始新的探索；乐趣是中级的兴趣阶段，当人们持续参与某种活动并深入其中时，会从中获得愉悦；志趣是高级的兴趣阶段，它与人们的事业目标和个人发展密切相关，人一旦形成志趣，就会自发地投入其中，成为未来坚定追求的方向。人们对事物的兴趣倾向与他们的情绪状态有着直接的联系。如果兴趣得到满足，人们就会产生强烈的求知欲和好奇心，感受到精神上的幸福；反之，当一个人的兴趣被破坏时，会给其带来精神上的打击，导致他们感到沮丧，生活失去热情。

自 20 世纪 80 年代以来，心理学家对“兴趣”这一现象进行了深入研究。兴趣被描述为个体与其周围环境之间的互动关系，它既表现为一种状态，也体现为一种倾向，可以分为个体兴趣和情境兴趣。个体兴趣深植于人的内心，与人的性格、爱好以及过往经历紧密相连，它引导人们去追求那些真正热爱的事物。例如，有些同学对绘画情有独钟，一拿起画笔便能沉浸于色彩的世界；而有些同学则对科学实验充满好奇，总是渴望揭开自然界的奥秘。相比之下，情境兴趣往往源自人们的实践活动，比如一次生动的科学实验、一场精彩的讲座，或是一次难忘的实地考察。这些活动犹如一把钥匙，为人们打开了新世界的大门，使他们在短时间内对某个话题或领域产生浓厚的兴趣。

有意思的是，研究发现情境兴趣可以转化为个体兴趣。翻译家伊科诺姆小时候居住在希腊的克里特岛。年幼的他，总喜欢拎着竹篮，在离家不远的海滩上捡贝壳玩耍。有一次，他偶遇了几位外国游客，通过简单的交流，他用贝壳换得了游客的一美元，这一经历点燃了他学习语言的热情。从此，他的兴趣一发不可收，全身心地投入与语言相关的学习中。后来，他精通 42 种语言，成为传奇人物，被欧洲议会聘请为欧洲各国元首的翻译。当记者问及他学语言的秘诀时，伊科诺姆总会提起儿时捡贝壳的往事，然后微笑着回答：“我始终坚持自己对语言的兴趣，就这样一路走到了今天。”

发现自己的兴趣是一场探索与成长的旅程。让我们珍惜每一次实践的机会，无论是志愿服务、文化体验，还是旅行，都能成为我们探索未知、激发兴趣的发现之旅，使学习变得更加有趣且富有意义。

成长锦囊

在奖励面前，如何守护你的热爱？

当你对某事充满激情时，奖励的到来是否会让这一切更加诱人？或许，你也曾忧虑，奖励的诱惑是否正在悄悄蚕食你的初衷？

奖励，无疑是努力的见证，也可以作为成长的里程碑，它具有独特的意义。但我们也应谨慎，不能让奖励成为我们奋进的唯一动因。否则，一旦奖励的吸引力消失，我们是否还会坚守原本的追求？

兴趣是最好的老师。它像一盏明灯，照亮我们探索的征途，鼓舞我们在挑战的大海中乘风破浪。不要让短暂的奖励蒙蔽了你的双眼，真正的热爱——那种源自心灵深处的热忱与信念——才是你成长路上最珍贵的宝藏。

站在抵制诱惑的十字路口，坚定地对自己说："我追求的，是那份纯粹的热爱，而非转瞬即逝的奖励。"让这份热爱化作你坚实的后盾，助你排除外界的干扰，让你在成长的每一步中更加自信、坚定，也更能享受每一个精彩瞬间。

人心如面 ◆ 不一样的你我他 | 个性

典故探源

成语出自春秋末期左丘明所著《左传·襄公三十一年》："人心之不同，如其面焉，吾岂敢谓子面如吾面乎？"

成语"人心如面"的意思是人的心思互不一样，像人的面孔各不相同。

时光故事

春秋时期，郑国的大夫子皮打算让尹何担任自己封地上的主管，找子产征求意见。子皮认为尹何虽然年纪轻，缺乏管理土地的经验，但是可以学习如何治理。子产并不赞同这个决定。

子产耐心地解释道："犹如喜爱一个人，总希望对他好。如今你将重任交给尹何，就好比让不会用刀的人去切东西，反而会造成伤害。假如有块美丽的布料，你肯定不愿交给不会做衣服的人裁剪，因为那会毁掉布料。同样，当官是要为百姓做事的，这比裁剪一块美丽的布料重要得多。你既然不肯把布料交给不会做衣服的人裁剪，为何又让没有经验的人去管理百姓呢？"

子皮听后连连点头："治理一方土地并非易事，你说得对，我错了。"子产继续说道："人的心思各异，如同人的相貌各不相同，我只是觉得你的做法存在风险，所以说出我的想法而已。"子皮深知子产的远见与卓识，因此委以重任。后来，子产把郑国治理得非常好。

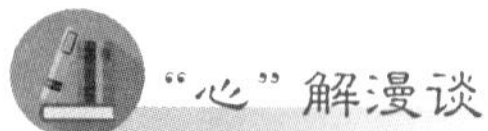

"心"解漫谈

世界宛如一幅绚烂多彩的画卷，在这幅画中，每个人都涂上了属于自己的一抹色彩。这一抹色彩，便是"个性"——它揭示了我们每个人独一无二的特质，是在纷繁复杂的环境中依然能保持稳定不变的心理特质和行为模式。

个性的独特性是其最鲜明的标志，正如俗话所说："人心不同，各如其面。"有人统计过，一共可以找到4000个形容词来描述个性。然而，这并不意味着人们彼此间没有共通之处。现实表明，生活在相同环境或具有共同信仰的人，常常会在某些方面展现出相似的特点，形成独特与共性的和谐共存。

个性的稳定性是其另一个重要特征。尽管偶尔的反常行为并不代表个性，但个性也非一成不变。事实上，个性就像一棵生长中的树，随着岁月的流逝和环境的变迁，它会不断地调整自己的姿态，以适应新的环境。特别是，生活中的重大事件会让人性情大变，甚至改变个性。

个性的整体性也值得关注。个性的各个成分不是孤立存在的，而是紧密联系、相互作用的，就像一个交响乐团，只有当每个乐手和谐共鸣时，才能演奏出最动人的乐章。一个人的行为举止往往是各个个性成分协调一致运行的结果，一个性格既细致又果断的人，既能考虑到每个细节，又能迅速做出决策，这种综合的个性特质使得他能够高效地完成任务。这种整体性是心理健康的重要保障，当心理成分无法形成一个系统时，就可能导致心理疾病出现。

正因为个性具有这些特征，它成为影响人们行为举止的重要心理因素。在生产领域，研究人的个性心理对于保证安全生产具有重要意义。

日本、德国的统计资料显示，交通事故中主要因驾驶员造成的责任事故占交通事故总数的 81%；而中国部分城市的统计显示，交通事故中主要因驾驶员造成的责任事故占交通事故总数的 70%。对这些事故进行分析后，人们发现，在大部分肇事司机的身上都存在缺少社会责任感、自负、情绪不稳定、控制力差等不良的个性心理。许多研究表明，具有某些个性特征的人在工作中更容易发生事故，这些人被称为具有事故倾向性的人。类似的研究发现，对待一份工作，有的人认真负责，谨慎小心，而有的人马虎大意，错误不断，这与他们在安全生产过程中表现出来的个性心理有直接关系。

个性，作为每个人身份的核心，彰显着我们与他人不同的独特魅力。无论我们的个性如何，都值得我们细心呵护与珍视。与此同时，我们也应当学会欣赏并尊重他人的独特性，唯有如此，我们才能共同携手，描绘出和谐而多彩的世界图景。

成长锦囊

如何释放我的独特光芒?

身为学生，四周总是充斥着各种期望和标准，好像只有遵循某种固定模式才算成功。但你真的愿意成为别人眼中那个"标准化"的自己吗?

如果世界是一片璀璨的星空，那么每个人都是其中的一颗星。有的"星"以数学逻辑的光辉闪耀，有的则以人际沟通的温暖光芒照亮夜空。每颗"星"

都有其独特的光芒。

每个人都是独特的个体，不是流水线上的产品。要释放你的独特光芒，关键在于深入了解自己：你的兴趣是什么？你的长处在哪里？你还有哪些未被发掘的潜能？在这个探索的过程中，挑战自己，尝试新事物，你的“星光”会更加耀眼。

成功并非复制他人之路，而是寻觅属于自己的成长轨迹。学校提供的丰富资源，无论是选修实践课程，还是投身于社团活动，都是发现自我的好途径。在这些宝贵的经历中，你将逐步打磨出鲜明的个人形象，为这个世界带来别具一格的色彩。

以管窥天 ◆　穿越心灵的迷雾 | 偏见

典故探源

成语出自《庄子·秋水》：“是直用管窥天，用锥指地也，不亦小乎？”

成语“以管窥天”意思是透过竹管看天，仅见天的一小部分。比喻见识狭窄，观察事物很肤浅，看问题很片面。窥：从小孔或缝隙里看。

时光故事

扁鹊是战国时期的名医。有一年，他来到虢国的都城，听说太子在鸡鸣二遍的清晨时分突然离世，病因是气血逆乱、阴阳交错而不能疏泄，最终昏倒而死。然而，扁鹊凭借自己丰富的医学经验，认为太子可能并未真正死亡，而是陷入了深度昏迷状态。扁鹊毫不犹豫地对守门的卫士说道："请禀告你们的君王，我有办法救治太子。你们所用的那些治疗方法，就像从管子里去看天，从缝隙中看花纹一样，难免有局限。而我用的治疗方法，无须繁琐的切脉、察色、听声，只要细致观察病人的体态神情，便能准确判断病因所在。"

半信半疑的卫士赶紧向国君禀告。国君喜出望外，即刻请扁鹊诊治。扁鹊经过一番仔细的检查后，开始为太子针灸。当银针轻轻扎入太子的身体，太子竟缓缓睁开双眼。经过扁鹊的精心治疗，太子在短短一个月内就完全康复。人们奔走相告，纷纷称赞扁鹊的医术高超。

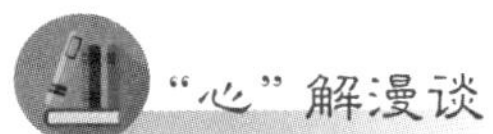

"心"解漫谈

每个人的内心都可能隐藏着某些不易察觉的偏见。比如，不经意地以瘦为美、以胖为耻，认为年轻人"嘴上没毛，办事不牢"。此外，经济、性别、地域等多重因素也可能潜移默化地影响人们的看法，对不同社会群体产生刻板印象，导致"以管窥天"，形成各种心理盲点。

偏见是指个人用缺乏事实依据的态度，对特定群体抱持着非理性的刻板印象。偏见常常与情感紧密相连，它使人们并非基于客观事实，而是更多地基于对方所属的群体对他人进行评价。这种评价方式既不合逻辑，也不合情理。如果偏见得不到及时的纠正，有可能会逐渐升级为歧视，也就是通过明确的语言或行为将偏见态度表现出来。这些印象大多数时候都是负面的，尽管也有少数偏见会给予正面评价。例如，人们可能会认为戴眼镜的孩子更聪明，或者将北方人与豪爽、大男子主义联系在一起，而南方人则被刻板地描述为狡诈小气、精于算计。

"种族主义"和"性别主义"是两种最为人所知的偏见与歧视。以美国为例，尽管近年来一直在努力消除种族偏见，但黑种人仍然时常因此受到各种歧视。即便黑种人曾经当选为美国总统，当发生暴力事件时，他们仍常被首先视为嫌疑对象。同时，在许多社会文化中，性别偏见也根深蒂固，比如“男生理性、女生感性”等刻板印象。

除了这些直接的偏见和歧视外，还有一些隐性的偏见和歧视同样值得关注。地域偏见和职业偏见就是其中的典型例子。比如，有些人可能认为某地人精明，某地人大方，或者认为某些职业低人一等、不体面。这些偏见不仅影响个人的生活质量，还可能对社会的公平造成负面效应。

那么，这些偏见究竟是如何产生的呢？社会学习论认为，偏见是通过学习获得的，与其他态度和观念一样，都是通过直接或间接的经验逐渐形成的。儿童可能从父母、朋友、老师等人的言谈举止中，潜移默化地学会对某些社会群体持有消极态度。当儿童接受并认同这些偏见后，他们可能还会因为得到重要他人的赞扬和鼓励而进一步强化这些偏见。此外，环境气氛的感染也是形成偏见的重要因素之一。例如，在种族歧视问题严重的国家里，白种人和黑种人可能会分区居住，黑种人居住的地方很少有白种人光顾。

在丰富多彩的现代文明里，不少社会偏见往往源于不合理的“社会期待”。为了弥合分歧，大家都应致力于克服这些偏见，用更为开放与包容的心态去接纳各异的群体文化。这样，我们才能共同缔造更加和谐而多元的社会环境。

成长锦囊

如何走出偏见的迷宫？

你是否曾在初见陌生朋友时，因其某个举动就对他们有了某种看法？或者在上网浏览新闻时，仅通过新闻标题就立刻下定论？如果答案是肯定的，那么你可能已经走入“偏见的迷宫”。

偏见常常如同盲人摸象，使人们倾向于仅凭片面的信息就仓促地下结论。打破这种心理桎梏，认识到自身所持有的偏见，这是迈向更广阔视野的第一步。

要想更深入地理解不同的观点，不妨常常自问“他为何会持有这样的看法？”探究他人观点背后的逻辑，能让我们更加理解其立场。同时，我们也应该审视事件的本质——"如果从另一个角度看，会怎样？"避免草率下结论。而在探讨某个概念时，我们需要深入思考其真正的含义——"这个概念真正要表达什么意思？"不要被高大上的定义迷惑，准确地把握其精髓。

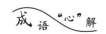

此外，不要局限于只和自己类似的人交朋友，努力去理解和接纳那些与你截然不同的人，与他们讨论各自的兴趣，亲身体验不同的生活，这将帮助你开阔思维。

妄自尊大 ◆ 唤醒你的隐形翅膀 | 自尊

典故探源

成语出自南朝宋时期范晔编撰的《后汉书·马援传》："子阳井底蛙耳，而妄自尊大，不如专意东方。"

成语"妄自尊大"的意思是指过分狂妄地夸大自己，以为自己了不起，不把别人放眼里。妄：过分。

时光故事

东汉初年，光武帝刘秀虽然已经登基，但天下并未完全统一。各地豪强纷纷割据，其中公孙述在蜀地自立为帝，其实力最为强大。陇西霸主隗嚣为了解公孙述的实力，派遣大将马援前往刺探虚实。马援与公孙述是同乡并且早年就已相熟，因此信心满满地前往成都，期待能得到公孙述的热情款待。

然而，公孙述听说马援要来，竟然摆出皇帝的架势，派出许多侍卫站在阶前，要马援行帝王之礼拜见他。没说上几句话，公孙述就退朝回宫，差人把马援送回馆驿。马援回到住所，对随从说："如今天下未定，公孙述却如此大讲排场，自以为强大。任何有才干的人都不会留在此地，不会愿与他共同建立功业。"

马援回到陇西后，对隗嚣说："公孙述就好比井底的青蛙，看不到天下的广大，自以为了不起，妄自尊大。我们不如投奔光武帝刘秀，寻找更广阔的天地。"最终，马援投奔光武帝刘秀，成为他麾下的一员大将。他竭尽全力帮助刘秀统一天下，立下赫赫战功。

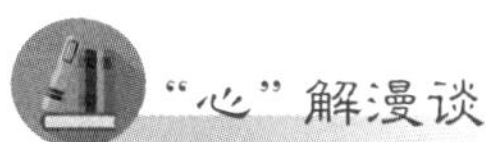

"心"解漫谈

"妄自尊大"这个成语，如同一面明镜，映射出那些学识浅薄却自视甚高的人。这种表面的自我吹嘘，实则折射出深层次的低自尊问题。谈及自尊，人们往往联想到日常生活中常被提及的自尊心。例如，中学生因在课堂上回答问题出错而遭受同学讥笑时，可能会感到尴尬与痛苦，认为自尊心受损。然而，心理学中的"自尊"概念则更为复杂，它涉及人们如何评估自己，以及这种评估如何塑造人们的情感与行为。

在心理学上，自尊与自信是两个紧密相关但各有侧重的概念。自信是对个人特定能力的信任，如对自己的跑步能力或学习能力持有信心。而自尊是指个体对自我能力和自我价值的态度。它涵盖了个人对自我存在的肯定与尊重，是对自我整体价值的全面认同。

拥有健康的自尊心会让人们对自己和生活产生积极的感受，更好地面对生活的起起落落，即便面对批评与质疑，也能保持内心的平和，将其视为成长的机会。例如，当作文受到老师批评时，高自尊的学生看到的是提升的空间，而非否定自我的理由。他们尊重自己，接纳自己的不完美，并从中汲取力量。相反，低自尊的学生会用较为消极和批判的眼光看待自己和生活，往往依赖外界评价来证实自我价值，他们的"自尊心"尤为脆弱，稍受打击便可能崩溃，陷入自我怀疑。比如，前面所说的在课堂上出错的中学生，若自尊水平偏低，同学的讥笑可能使其长时间难以释怀。

生活中，我们时常遇到一些看似拥有高自尊心的人，他们自命不凡，觉得自己什么都懂，什么都能做好，不太愿意听取别人的意见。然而，从心理学角度看，这种态度实际上可能是"低自尊"的反映。他们之所以表现得如此强硬与傲慢，是因为内心缺乏足够的自我肯定与认同，随时可能因外界刺激而爆发。

中学生身处成长的重要阶段，健康的自尊心是他们未来翱翔的坚实之翼。学会积极的自我对话可以呵护这样的自尊。比如，一个中学生在考试中没有取得预期的成绩时，他可以通过积极的自我对话提醒自己过去的成功经历，认识到这次失败只是暂时的，并相信自己有能力在未来做得更好。这种内在的鼓励可以帮助学生保持动力，增强解决问题的能力，从而在学业和个人成长上取得进步。要警惕妄自尊大式的自我欺骗，它就像海市蜃楼，看起来很美却抓不住。我们要看清楚自己真正的样子，既不过于自信以致忽视周围的声音，也不过于自卑而失去前行的勇气。

同时，建立正面的社交关系，与理解和支持自己的人相处，也能为自尊心的培养提供丰富的养分。在这样的环境中，青少年可以更加自由地探索自我，逐渐形成稳固且健康的自尊体系。真正的自尊，是既能仰望星空，心怀壮志；又能脚踏实地，勇于面对每一个挑战。

成长锦囊

如何闪耀而不失谦逊?

你是否曾见过那些夸夸其谈，却在批评面前异常敏感的人？真正的自信，不应是浮于表面的自夸，而是一种根植于内心的自我肯定。在追求卓越的道路上，我们如何既自信地绽放光彩，又不失谦逊之风呢？

身处竞争激烈的当今社会，每个人都不自甘落后，但也往往容易在自信与自大之间摇摆不定。真正的自信并非高声炫耀，而是默默坚守自己的信念；而谦逊，也并非低声下气，更多的是在交流中展现对他人的尊重。

当在课堂上分享观点时，我们要时刻提醒自己：表达自己固然重要，但倾听同学的声音同样关键。这样的自我提醒，有助于我们更加得体地表达，在坚持己见的同时展现出包容的态度。

每当自己有点滴进步时，要懂得自我欣赏，同时也要由衷地为他人的成就感到高兴。这种共享成功喜悦的心态，将使我们的自信更加温暖而真实。

叶公好龙 ◆ 认知迷宫中的矛盾大战 | 认知失调

典故探源

成语出自汉朝刘向编撰的《新序·杂事五》：“叶公子高好龙，钩以写龙，凿以写龙，屋室雕文以写龙。”

成语“叶公好龙”原意指叶公喜欢龙，真龙来了他却被吓跑了。比喻表面上爱好某种事物，但并非真正爱好它，嘴上讲的与心里想的不一致。好：爱好。

时光故事

叶公对龙有着近乎狂热的崇拜。他亲手操持钩刀与凿子，巧妙地在梁柱、门窗上雕刻出栩栩如生的龙形图案。更令人惊叹的是，他的这份热爱渗透到了生活的每一处细节：从华美的服饰到居家的床帐，甚至碗盆等日常用具，都细致入微地装饰着灵动逼真的龙形图案。

叶公喜欢龙的事情广为流传，最后被天上的真龙知道了。有一天，真龙专程拜访叶公，意外地出现在叶公的家中，龙头探入窗户，龙尾缠绕在客堂之间。然而，面对这千载难逢的真龙现身，叶公并未如众人所料般欢欣鼓舞，反倒是被吓得魂不附体，面无血色，仓皇失措地逃离家中。

此时此刻，人们才恍然大悟，原来叶公内心深处所钟爱的，并非活灵活现的真龙，他痴迷的只是那些雕刻和绘画出来的假龙。

"心"解漫谈

"叶公好龙"的故事中，叶公声称自己喜欢龙，然而当面对真龙时，内心的恐惧让他连滚带爬地逃离。态度上喜欢但行为上逃避，正是认知失调的典型表现。认知失调就是当人们的信念、态度、行为或情感之间出现不一致时，内心产生的那种不适感。简单来说，认知失调可以理解为一个人行为和态度上的南辕北辙。

认知失调在日常生活中经常悄悄上演。吸烟者就是一个典型的例子。当他们面对香烟盒上的"吸烟有害健康"警示语时，内心的矛盾便油然而生：一方面，他们享受吸烟带来的短暂快感；另一方面，警示语让他们产生了心理压力。为了解决这个问题，有些吸烟者会尝试戒烟，但更多的人可能会选择通过自欺欺人的方式来维持内心的平衡。他们可能会找出一些长寿的吸烟者作为例证，告诉自己吸烟并不真的那么危险；或者会与其他吸烟者一起寻找各种借口，拒绝承认吸烟与健康之间的直接联系，甚至坚称"抽烟有助于缓解生活中的压力""吸烟可以让自己放松一下，偶尔来一根没关系"，等等。这种现象充分说明，当现实与已有观念相冲突时，为缓解内心的认知失调，人们会用各种借口为自己的行为辩解。

研究表明，认知失调的程度通常取决于个人对行为与态度不一致所引起的认同度。为了探究这一现象，研究者进行了一项经典的心理学实验。他们让大学生长时间执行一项枯燥乏味的任务，然后要求他们假装这项任务非常有趣并吸引其他人参与。学生被分成两组：一组完成任务后能够获得较高报酬，另一组则只能获得很低的报酬。

实验结果发现，获得较高报酬的学生在整个过程中表现得心安理得。他们认为为了获取报酬而撒谎是一项合理的交换，因此并没有感受到明显的认知失调。相反，获得较低报酬的学生则出现了明显的认知失调。他们在撒谎后感受到了心理压力，为了证明自己没有撒谎，他们更倾向于调整自己对任务的态度，使自己相信任务确实是有趣的。

认知失调是心灵深处的挣扎，常常带给我们心理压力和不适感。这种失调主要源于新情况与旧有行为的抵触、观念转变后产生的预期与现实之间的差异，以及新旧文化习俗之间的冲突等。这一现象揭示了人类行为的复杂性。面对认知失调的状况，人们应及时调整自身行为或改变某些信念，以新的平衡之道来提升生活质量。

成长锦囊

如何打破与固执者的沟通僵局？

面对固执己见的人，犹如面对一堵难以逾越的高墙。无论是陷入争执还是妥协放弃，显然都不是明智之举。该如何与他们展开有效的沟通呢？

要认识到固执的背后隐藏着认知失调。当碰到观点冲突时，这类人的第一反应甚至唯一反应就是他的观点是无懈可击的，很容易一条路走到黑。与其直接硬碰硬地与其对立，不如先给予肯定，你可以说："你的想法真有创意！"这样有助于减少对方的防备心理，为后续的对话铺平道路。

耐心倾听在沟通过程中尤为重要。不要急于打断对方或提出反驳意见，而是让对方充分表达自己的想法。在倾听时，适时的点头、微笑等肢体语言，都能传递出你的理解和尊重。

在对话的尾声，以更为和缓的方式提出你的看法。比如："我们是否可以考虑做一个小调整？”这种沟通策略有助于拉近彼此的距离，使对方更愿意接纳你的观点，化解僵局，转向合作。

欲盖弥彰◆　当心“反作用力”|反弹效应

典故探源

成语出自春秋末期左丘明所著《左传·昭公三十一年》：“或求名而不得，或欲盖而名章，惩不义也。”

成语“欲盖弥彰”的意思是指本想掩盖事实真相，结果反而暴露得更明显。弥：更加。章：通“彰”，明显、显著。

时光故事

春秋时代，齐国有一位名叫崔杼的权臣。当时的国君齐庄公与崔杼的小妾私通，这引起崔杼的不满。于是，崔杼设计杀害齐庄公，并立齐景公为新的国君，自己则出任丞相，完全掌控朝政。

齐国负责撰写国史的官员是一位正直的人，崔杼多次暗示他，希望他能将弑君专权的事情掩盖过去，但史官毫不动摇，如实地记录在史书上：“崔杼杀了他的国君。”

崔杼看到后非常生气，便派人杀了他。第二位史官上任后，崔杼再次提出同样的要求，但第二位史官也拒绝了他。崔杼一气之下又杀了他。第三位史官上任后，依然毫不畏惧地秉笔直书，崔杼再次下令杀了他。

第四位史官上任后，依然坚持原则，不为所动。崔杼终于感到无奈，只好任由他自由撰写。后来的人们听说这一段历史，纷纷表示崔杼试图掩盖自己的丑事，但适得其反，结果暴露得更加明显。

“心”解漫谈

你是否有过这样的经历？晚上躺在床上，脑海里总是盘旋着某个不愿面对的问题，尽管你不断地告诉自己：“不要去想它！”却发现这个问题像顽皮的精灵一样，越是试图驱赶，越是挥之不去。这正是“欲盖弥彰”的心理学写照。你越是试图抑制某种思想、行为时，反而会使其更加强烈。这种现象被称为反弹效应。

反弹效应，又称白熊效应，它源于美国社会心理学家丹尼尔·魏格纳的一个实验。他要求参与者尝试不要想象一只白色的熊，结果发现，当人们努力回避想象一只白熊时，它的形象却越发鲜明地浮现在人们的脑海中。

这种反弹效应的产生与大脑的运作机制紧密相连。当我们试图压制某个想法或抑制某种情绪时，大脑实际上需要消耗更多的能量来不断监控这些特定的反应。由于我们无法完全掌控自己的内在体验，当压制与抑制变得困难时，被抑制的想法或情绪反而会更加活跃地涌现。

在日常生活中，这样的反弹效应屡见不鲜，常常出现在情绪控制、食欲抑制、痛苦感知等方面。比如，当你试图控制自己的欲望，不断告诫自己不要喝奶茶时，结果却往往适得其反，你反而更加渴望那杯香甜的奶茶。这是因为你的大脑在试图抑制这种渴望时，却无意间加强了这种渴望的存在感。这就是反弹效应在作祟，它以一种微妙的方式影响着人们的思维和行为。

研究人员还进行过一项有趣的实验：要求实验对象回忆一段单相思的恋

爱经历，并将他们分为两组：一组在睡前被要求尽量不去想那个人，而另一组则被要求想着那个人。实验结果显示，那些被要求不去想的人中，有34.1%的人梦到了自己的单相思对象，这一比例明显高于另一组的28.2%。这一发现清晰地表明，越是告诉自己不要去想某事，实际上就越容易在潜意识中反复思考。因此，"不去想"这种做法在心理学上往往并不是一种有效的疏导方式。它可能导致个体在试图压制某个想法时，反而加强了该想法在脑海中的存在感。

此外，还有研究指出，相较于非情绪性的内容，情绪性的内容更难抑制，而且更容易触发反弹效应。这或许与人们的情感体验息息相关，情感层面的事件由于与个人的情感和记忆紧密相连，因此更难以被控制。

认识反弹效应的重要意义在于，它揭示了抑制并非化解负面情绪的最佳方式，有时可能引发更强烈的逆反心理。了解这一效应，可以帮助人们更有效地调控自己的情绪，逐渐放下对过去的纠结，拥有更为平和的心境。

成长锦囊

如何巧妙化解情绪反弹？

你是否有过这样的经历，越想要摆脱不开心的情绪，它们却越像牛皮糖紧紧黏着你，怎么甩也甩不掉？这时，你需要明白，与其硬碰硬地去压制这些情绪，不如试着接纳它们，这或许是通往静心的捷径。

无为而治的哲学启示我们，某些时候，"暂时放下"就是最好的策略。无须操之过急，也不要强迫自己，顺其自然，让生活的河流自由流淌。当你的视野不断扩大，你会惊讶地发现，那些曾让你烦心的情绪，在广阔的世界里根本不值一提。

负面情绪就像头顶的乌云，虽然你会本能地想要驱散它们，但过度压抑反而会让它们更加挥之不去，甚至让你不断回想起那些想要忘记的烦恼。而你的注意力，便如同穿透这层阴霾的温暖阳光。当你学会放下这些心理包袱，将目光投向生活中的美好，你便会感受到，生活原本可以如此明媚动人。听一段轻快的音乐，或是与朋友们分享一段快乐时光，这些简单而纯粹的幸福瞬间，足以让你的心灵得到莫大的抚慰。

同舟共济 ◆ 搭档同心，其利断金 | 合作精神

典故探源

成语出自《孙子·九地》："夫吴人与越人相恶也，当其同舟而济，遇风，其相救也，如左右手。"

成语"同舟共济"的原意是指同坐一条船过河。比喻在困境中团结互助，同心协力，也比喻利害相同。济：过河。

时光故事

春秋时期，有人问军事家孙武怎样用兵才能不败。孙武说："人们如果打蛇的头部，它会用尾巴反击；去打蛇的尾巴，它会用头部来袭击；若打蛇的腰部，它则会用头、尾同时发起攻击。这就是蛇的智慧，灵活应对，善于变化。所以，善于布阵的将才，也要将军队摆成蛇一样的阵势，头尾能互相救援，全军形成整体才不会被敌人打败。"

那人听完，又提出新的疑问——他不确定士兵会不会像蛇一样，互相救

援照应。孙武告诉他说："战场是生死之地。面对共同的敌人，形势会迫使将士们紧密合作。比如，吴国和越国虽然互为敌国，两国人民互相敌视，但当他们同坐在一条船上过河，在遭遇大风大浪，生死存亡之际，他们会立刻放下仇恨，同心协力，以避免船翻人亡的危险。即便是仇人，在困境中也能同舟共济，何况是那些兄弟情深的将士们呢？因此，军队经过训练后便会如灵蛇一样，首尾相顾，紧密无间，形成一个强大的整体。"

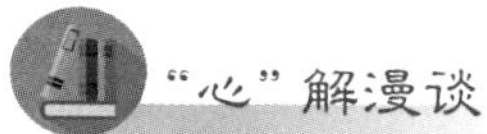

"心"解漫谈

合作，这个带有温暖气息的词语，它犹如阳光般洒满生活的每一个角落。那么，何为合作呢？简而言之，合作便是团队中不同成员为了共同的目标而携手并进、相互协作的社会行为。它象征着一种同舟共济的精神。

以翱翔天际的大雁为例，它们以 V 字形或一字形飞翔时，并非孤军奋战，而是相互依存，共同前行。科学研究证明，以 V 字形飞行的雁群，相比单打独斗的雁只，能飞得更远，多出高达 12% 的飞行距离。因为在以 V 字形飞行时，领头雁在前方开路，为两侧的伙伴减少飞行阻力，而雁群一侧的雁数量往往多于另一侧，同时定期更换领头雁以分担压力。这便是合作的典范，体现了同舟共济的智慧。人类社会亦是如此，合作往往源于追求个体力量无法企及的目标，渴望达成双方共同的利益，这正是合作的真谛所在。

合作的形式多种多样，其中一种是成员具有高度同质性的合作。在此类合作中，团队成员往往承担相似的任务，如同工厂生产线上的操作员，他们各司其职，共同维护着生产线的正常运转。而另一种则是成员多元性的合作，每个成员都拥有独特的技能，他们相互学习、相互支持，展现出无尽的创造力。

提及合作，我们自然而然地会联想到"木桶原理"。这一原理以木桶的盛水量为例，生动形象地阐述了团队效能与成员能力之间的关系。在团队项目中，每个成员都扮演着不可或缺的角色，而团队的整体效能往往受到能力最弱成员的限制。类似于木桶的盛水量受限于最短的那块木板。因此，我们应积极关注这些成员的能力，帮助他们更好地融入团队，发挥更大的作用。

此外，合作的过程并非仅仅是技能和任务的分配，情感连接也起着核心作用。用心去维系和同伴之间的情感纽带，不仅有助于增强团队的凝聚力，还能提高沟通效率，使团队成员在共同目标下更加紧密地协作。当我们赢得同伴的信任时，他们便会心甘情愿地为团队付出，在困难时刻相互扶持，共同应对挑战。反之，如果引发同伴的敌意，那么合作的基础便会岌岌可危，甚至可能导致团队的瓦解。

在团队中，每个成员都是不可或缺的，他们各自发挥独特的作用，形成互补，共同推动团队向前发展。我们应该以包容的心态接纳团队中的差异性，倾听他人的意见，表达自己的想法，直至找到最佳的解决方案。

成长锦囊

遇到不够默契的队友，你该怎么办？

与小伙伴合作时，你是否曾感到彼此间配合不够默契？或者在完成小组作业时，队友的“摸鱼行为”让你大失所望？别担心，培养团队协作精神有方法。

要想实现无缝合作，关键在于真诚沟通。就像与好友分享心事一样，团队中也需要大家敞开心扉。如果队友没听明白，可以换个表达方式，耐心地再解释一遍。认真倾听，真诚分享，才能建立起团队成员之间的信任。

在团队中，每个成员都很重要，正如篮球场上的每个位置都有其独特的价值一样。所有的人都应明确各自的角色和责任，发现队友的长处，用自己的热情带动队友一起为团队做贡献。

当队友表现不佳时，试着用轻松的玩笑来提醒他们，以幽默的方式代替严厉的指责。这样的氛围更能让大家愿意主动改进。面对团队中的问题，不要推卸责任，应该共同面对。毕竟，在成长的道路上，有伙伴的陪伴会更加暖心。

欲罢不能◆ 迷失在欲望的旋涡|成瘾倾向

典故探源

成语出自《论语·子罕》:“夫子循循然善诱人，博我以文，约我以礼，欲罢不能。”

成语“欲罢不能”的意思是指主观上想停止却无法停下来。泛指迫于形势，无法中止。也比喻已经形成某种局势而无法改变。罢:停，歇。

时光故事

颜回生活简朴，每天仅以一小竹筐饭、一瓢汤为食，住的是简陋的屋子。这种生活在别人看来是无法忍受的苦难，但颜回却乐在其中。颜回十分敬佩孔子，曾赞叹道:“我的老师孔子人格高尚，学问深奥。我越是努力向他学习，就越感到他的伟大;我越是深入研究他的学问，就越觉得深不可测。他总是有条不紊地引导我们，用丰富的知识来启迪我们，又用规章制度和礼节来约束我们的行为，让我对学习充满热情，想停止学习都不可能。”

颜回对孔子的赞美绝非虚言。孔子不仅学问博大精深，而且循循善诱，总是有条不紊地引导弟子们。他用丰富的知识来启迪他们，又用规章制度和礼节来约束他们的行为。对于颜回，孔子曾这样评价:“颜回非常好学，从不乱发脾气，同样的错误绝不会犯第二次。”可惜的是，颜回早逝。孔子曾惋惜地表示，自颜回之后，他再也没有遇到过如此孜孜不倦的弟子。

“心”解漫谈

欲罢不能，这四个字似乎总能勾起我们心中那些无法割舍、根本停不下来的瞬间。你是否也有过这样的体验：明知长时间玩手机游戏不好，却总是难以停手，一旦沉迷其中，就如同掉进了一个无法自拔的旋涡？其实，这一切的背后，正是成瘾倾向在暗中操控。

在医学上，“成瘾”被定义为一种即便知道会有不良后果，却依然反复难以自制的强迫行为。成瘾性物质不仅仅是指大麻这样的违禁物品，它还包括一些看似平常的物品，比如酒精、烟草、咖啡，甚至安眠药。值得注意的是，除了物质成瘾，还有一种叫作行为成瘾的现象，比如网络成瘾、赌博成瘾、购物成瘾等。它们在给人们带来短暂欢愉的同时，以一种隐蔽的方式将人们拖入欲望的泥潭，埋下无法自拔的隐患。

那么，为何我们会成瘾呢？难道真的是意志力薄弱所致？其实，成瘾背后隐藏着复杂的科学原理。人的大脑中存在一个报偿系统，当我们感到快乐时，它会释放出多巴胺这种化学物质。然而，当人们反复受到强烈的刺激，如经常过度饮酒或沉迷网络游戏时，这个报偿系统就会变得迟钝，对日常生活中的快乐感受变得麻木。于是，人们便会不断追求成瘾事物带来的强烈刺激，陷入成瘾的旋涡。

成瘾还具有另外两个显著特征：耐受性和戒断性。耐受性就像一个无底洞，让人们对成瘾事物越来越上瘾，需要不断增加使用量才能获得原本的满足感。例如，吸烟者随着时间的推移，需要吸更多的烟才能满足需求。而戒断性则是在突然减少或停止刺激后，我们会经历各种痛苦和不适，严重影响正常生活。比如，习惯每天喝咖啡提神的人，一旦某天不喝，可能会感到极度疲倦、昏昏欲睡，难以集中精力。

最新的调查报告显示，越来越多的年轻人正面临着网络成瘾、游戏成瘾等问题。这些成瘾倾向正在悄无声息地侵蚀着他们的生活。有的人沉迷于网络世界，觉得虚拟世界比真实世界更有趣；有的人则手机不离手，一刷就是几个小时。当然，追求快乐是每个人的权利，也是人之常情。然而，放任自流地追求快乐却可能使人陷入欲望的旋涡。因此，只有找到平衡，把握好尺度，才能享受快乐。

成瘾并非无法克服的恶魔。在这场与成瘾的战斗中，我们每个人都是战士，需要用智慧和决心对抗成瘾倾向。我们可以限制使用电子产品的时间，多参与真实的社团活动，投身户外运动，这些都有助于摆脱成瘾，最终找回那个真实、健康的自己。

成长锦囊

如何挣脱成瘾的枷锁，重启健康人生？

你是否曾经被某个事物深深吸引，仿佛被一股无形的力量牵引着，明知前方是无尽的黑暗，却仍旧难以挣脱？成瘾，就像一个黑暗的旋涡，让人们忽视生活的美好，忘记初心和梦想。

要挣脱成瘾的枷锁，关键在于为生活找到新的意义。可以尝试加入充满活力的社团活动，或与亲朋好友共度美好的时光。这些丰富多彩的经历将帮助我们远离成瘾行为，重新发现生活的快乐，领略生活的美好。

成瘾并非命中注定的枷锁，只是一项需要去勇敢战胜的挑战。有哲人曾说过："一个人之所以伟大，是因为他能够克服自己。"在这个诱惑无处不在的时代，我们更应成为自己命运的主宰，而非被欲望所驱使。

在这场与成瘾的较量中，你并不孤单。我们应该彼此理解，共同构筑一个温暖的支持网络，如果有需要，还可以寻求专业人士的帮助。手牵手，肩并肩，让我们共同走过这段曲折的旅程，迈向更加美好的未来！

举棋不定 ◆ 小天使向左，小恶魔向右 | 犹豫不决

典故探源

成语出自春秋末期左丘明所著《左传·襄公二十五年》："弈者举棋不定，不

胜其耦。”

成语“举棋不定”的原意是指拿着棋子，不知下哪一步才好。比喻做事情犹豫不决，拿不定主意。耦：对手。

时光故事

春秋时期，卫国大夫宁惠子策动政变，废黜卫献公，改立卫殇公为君。然而，在宁惠子临终之际，他深感驱逐国君的耻辱，嘱咐儿子宁悼子务必迎回卫献公。

不久之后，卫献公也开始积极策划复国。他向宁悼子许下重诺：若能复国，他将不再插手政务，只专心于宗庙祭祀等事务。宁悼子闻讯大喜，认为此举既能遵从父命，又能稳固自己的权势。于是，他召集众大臣商议迎回事宜。

然而，许多大夫对卫献公暴虐的性格仍记忆犹新，纷纷表示反对。大夫大叔仪更是严正警告宁悼子：“行事需有始有终。你们宁家先是驱逐国君，如今又要迎回，对待国君废立的问题上如此摇摆不定，犹如棋局中的犹豫不决，必将招致灭族之灾。”

可是宁悼子却置若罔闻。他以“遵从先父遗命”为由，执意迎回卫献公。可是，卫献公复位后并未信守承诺，反而逐步消灭宁氏势力。宁悼子最终身死族灭，付出惨痛的代价。

“心”解漫谈

古人云：“用兵之害，犹豫最大；三军之灾，生于狐疑。”这句话深刻地揭示了犹豫不决的危害。在决策关头，举棋不定往往暴露出性格中的优柔寡断。此时，仿佛小天使在耳边轻声细语：“选左边吧，那里的美景绝对会让你流连忘返！”小恶魔在右边扑扇着翅膀说：“右边才有你要的挑战，欢迎你来试一下！”导致人们反复权衡利弊，唯恐犯错，难以迅速决策。

在心理学上，这种犹豫不决的态度被称为“布里丹毛驴效应”，它来源于法国哲学家布里丹的故事：布里丹养了一头小毛驴，每天向附近的农民买草料来喂食。一天，农民多送了一堆草料，结果，毛驴站在两堆数量、质量、与它距离完全相等的干草之间，不知为什么突然感到左右为难，想了很久都无法决定要吃哪一堆。最后，这只毛驴在这种犹豫不决的心理下饿死了。

这个故事虽然有些夸张，却生动地揭示了犹豫不决带来的深远影响。人生旅途道路多多，而每个决定都可能导致截然不同的结果。深思熟虑必不可少，然而，过度的犹豫却可能让人徘徊不前，陷入困境，让宝贵的机会从指尖溜走，甚至可能造成灾难性的后果。

人们为什么会犹豫不决呢？主要有三个原因：一是害怕承担决策带来的不良后果；二是不清楚自己的真实需求，缺乏做出决策所需的信息；三是在复杂的信息环境中难以找到决策的依据。这些原因不同程度地反映了人们对未知的恐惧以及对失败的担忧。

为了摆脱犹豫不决的困境，我们可以尝试采用分类法。先把事情划分为“必须做”和“无须做”两大类，这有助于我们在众多选择中辨识出真正重要的事务。对于“必须做”的事项，我们应深入分析其利弊，并明确目标。一旦做出决定，就应不遗余力地付诸行动，勇于突破个人的舒适区。而对于那些“无须做”但又颇具诱惑的事项，我们需重新审视自身的实际需求，以免被无谓的欲望所牵绊。

在做决策时，要尽量避免在行动前就为自己设定难以实现的限制。那些常常犹豫不决的人，脑中总会冒出各种杂念，试图阻挠自己的行动。面对这些想法，我们不应选择忽视，而要勇敢正视它们。一个实用的方法是将这些杂念记录下来，并深入探索它们产生的原因，从而找到真正的困扰所在。这些杂念往往来自我们对困难的夸大想象，以及对未来的无谓忧虑。然而，一旦开始实际行动，这些困扰便会自然消散。因此，要果断地摒弃这些不必要的念头，坚定地向前迈进。

成长锦囊

为何总在选择的海洋里沉浮?

当你站在人生的十字路口，内心充满困惑：一方面想要追求某个目标，另一方面又害怕失去手中已有的东西，在希望与担忧之间摇摆不定。你渴望得到一个清晰的答案，但又担心抉择带来的重压，只能在选择的海洋里沉浮。

那么，如何在这片翻涌的海域中找到方向呢？试着为自己画一张决策的蓝图吧。剖析所有选项，详细列举它们的利弊，评估潜在的风险以及可能的长远影响，这就像是绘制一幅详尽的航海图。对每一个选择深思熟虑，透视其背后的真相，这将指引你明智地选定航向。

当然，做出决定并非轻而易举。你需要广泛收集信息，为自己储备充足的“航行物资”，用理性的罗盘导航，果断地扬帆出发。犹豫不决只会让机遇悄然溜走，而果断决策则是把握命运之舵的关键。

一旦确定航向，就要满怀信心地前行，不要在犹豫中错失时机。坚信自己的选择，勇敢地驶向未知的远方，你终会在广阔无垠的星海中找到属于自己的彼岸。

爱屋及乌 ◆ “一好百好”的假象 | 光环效应

典故探源

成语出自汉朝刘向编纂的《说苑·贵德》：“臣闻爱其人者，兼爱屋上之乌；憎其人者，恶其余胥。”

成语“爱屋及乌”的原意是指爱一个人而连带他屋上的乌鸦都一起爱。比喻由于深爱某人，从而连带喜爱与他有关的人或物。乌：乌鸦。

时光故事

商朝末年，商纣王穷奢极欲，残暴无道。周武王联合诸侯出兵伐纣。商朝都城朝歌很快被周军攻克。商纣王登鹿台自焚，殷商灭亡，西周建立。纣王死后，周武王招姜太公商议：“进了殷都，对旧王朝的士众应该怎么处置呢？”

姜太公说：“我听说，如果喜欢那个人，就连同他屋上的乌鸦也喜爱；如果不喜欢那个人，连带他所住地方的墙壁都令人厌恶。这意思很清楚：把全部敌对者杀绝，一个也不留。大王，你看这样如何？”周武王认为不能这样做。

这时，周公姬旦提出：“我认为，应当让各人都回到自己家里，继续耕种自己的田地。君王应该对天下人一视同仁，用仁政来感化他们。”

周武王听后豁然开朗，决定采纳周公姬旦的建议，对商朝的遗民采取宽容和仁爱的政策。这一政策很快取得积极的效果，社会秩序得到恢复，民心也逐渐归附于西周，天下果然很快安定下来。

“心”解漫谈

在中国传统文化中，乌鸦往往被视为不吉的象征。每当它落在某家的屋顶，人们便可能会将其视为不祥之兆。《诗经》中也有“瞻乌爰止，于谁之屋”的描述，意即乌鸦落在何处，何处便可能有灾祸。乌鸦因其乌黑的羽毛、刺耳的叫声以及好斗的性格而常遭人嫌弃，它有时还会欺负其他鸟，这使得它在人们眼中几乎一无是处。

然而，成语“爱屋及乌”生动地揭示，当深情厚爱降临时，人们会超越固有的看法，连带爱上与之相关的其他事物。即使是原本被视为不祥之兆的乌鸦，在这份深情的笼罩下，也变得可爱起来，被人们欣然接纳。这种爱既深沉又坚决，但也可能带有一定的盲目性，让人们陷入以偏概全的误区，忽视全面认识事物。

这一现象在心理学上称为“晕轮效应”，又称“光环效应”，由美国心理学家凯利教授提出。该理论指出，在人际交往中，人们常常会因为对一个人某方面特质的喜爱或厌恶而影响对其整体的客观评价，就像天空中的日晕，从一个中心点逐渐向外扩散，让人们的认知过程渐渐迷失方向。

为验证“晕轮效应”，凯利教授开展了一项实验，分别向两个班级的学生介绍了一位临时代课的研究生，但介绍信息中仅有一处不同：一个班级得知这位研究生具有热情、勤奋、务实、果断等品质，而另一个班级被告知的信息中，将“热情”换成了“冷漠”，其余各项都相同。结果，前一个班的学生与研究生一见如故，亲密攀谈；另一个班的学生对他却敬而远之，冷淡回避。实验结果揭示了“一词之别”竟会影响到整体的印象。

晕轮效应通常在两种情形下产生：一种情形是在对某人不甚了解时，可能因为他的某些特征而形成整体判断。例如，当我们初识一位朋友，看到他字迹娟秀，便认为他知识渊博；看到她英语口语流利，便觉得她头脑聪明。而另一种情形，则是在我们对某人有强烈情感倾向时产生，比如“偶像效应”。那些被娱乐媒体塑造出的偶像明星，他们的名声就像是一个巨大的光环，让人们难以看清他们的真实面貌。这个光环如此耀眼，连同他的吃穿用行一齐光亮起来，甚至当他们被曝出某些不当行为时，粉丝们也往往选择忽视，继续相信和支持他。

“晕轮效应”作为人们理解世界的一种方式，不仅展示了爱的扩展延伸，同时也体现了爱有可能会发生变化，甚至变得扭曲。它也从另一个角度告诫大家，在人与人的交流中，应维持客观的评价立场，谨防因个人的偏好而干扰到公正的判断。

成长锦囊

如何跳出"晕轮"的喜好陷阱？

你是否曾因一个人的光鲜外表、响亮名气而对其产生浓厚兴趣，甚至盲目崇拜？你在购物时，是否仅仅因为它是热门品牌或有名人代言，就不假思索地买单？假如如此，你可能已经身陷"晕轮效应"的误区。

想要挣脱"晕轮"的束缚，关键是学会用理性的眼光看待事物。人们常常倾向于认为长得好看的就是好人，长得丑的就是坏人，但这种以貌取人的推断其实是满满的偏见。《巴黎圣母院》里的钟楼怪人的内心其实无比美好，而那个道貌岸然的副主教才是邪恶的化身。追求美好是人的天性，但真正值得我们去珍爱和尊重的，是那些美丽的心灵。

要看清事物的本来面目，需要我们既发现那些闪光点，又不忽视其存在的不足。要培养多元的视角，不断修正脑海中那些先入为主的印象，倾听内心真实的声音，变得更加成熟、理智，这才是避免"晕轮效应"的良方。

人非圣贤，孰能无过 ◆ 小失误让人设更真实 | 出丑效应

典故探源

成语出自春秋末期左丘明所著《左传·宣公二年》："人谁无过，过而能改，善莫大焉。"

成语"人非圣贤，孰能无过"的意思是一般人不是圣人和贤人，谁能永远没有过失？

时光故事

晋灵公生性残暴，时常借故杀人。有一天，因为厨师送上来的熊掌炖得不透，他竟残忍地当场把厨师处死。赵盾和士季两位正直的大臣得知此事后，非常气愤，于是决定一起进宫去劝谏晋灵公。

士季前往朝见，晋灵公从他的神色中看出他是为厨师被杀一事而来，便假装没有看见他。直到士季径直向前走到屋檐下，晋灵公才勉强瞟了他一眼，轻描淡写地说："我已经知道自己所犯的错误了，今后一定改正。"士季听他这样说，就用温和的态度回应道："谁没有过错呢？有了过错能改正，那就最好了。如果您能接受大臣正确的劝谏，就是一个好的国君。"

然而，晋灵公并非真心认识自己的过错，其行径依旧残暴不仁。相国赵盾屡次苦心劝谏，可惜晋灵公充耳不闻，依然我行我素。晋灵公在盛怒之下，多次企图暗杀赵盾。然而，民众的忍耐终究有限，他们奋起反抗，终于将这个作恶多端的国君赶下了台。

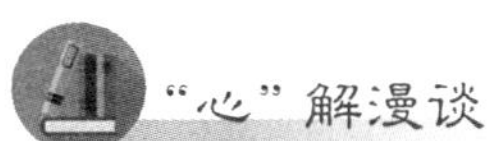

"心"解漫谈

世界上不存在十全十美的人，因为每个人都会犯错。正因如此，人们通常会对他人的一些小缺点持宽容态度，特别是对于那些成功人士。有时候，一些小失误不仅无法掩盖他们的优秀本质，反而会增添他们的魅力。心理学上有一个著名的"出丑效应"，便是对此现象的解释。

在一项心理学研究中，心理学家给被试播放了四段访谈录像：第一段录像中接受访谈的是个非常优秀的成功人士，他在接受采访时态度自然，非常自信，不时赢得观众的阵阵掌声；第二段录像也是访谈一位非常优秀的成功人士，不过他在台上的表现略羞涩，紧张得把桌上的咖啡杯碰倒了，咖啡还将主持人的裤子淋湿了；第三段录像中的访谈对象是个非常普通的人，他默默无闻，整个采访过程中，他虽然不太紧张，但一点也不出彩；第四段录像中的访谈对象也是个很普通的人，他非常紧张，也把咖啡杯碰倒了，淋湿了主持人的衣服。实验要求被试从这四个人中选出他们最喜欢的和最不喜欢的人士。

结果显示，被大家一致认为不喜欢的是第四段录像中的那位先生。可有趣的是，被试们最喜欢的不是第一段录像中的那位成功人士，而是第二段录像中打翻了咖啡杯的那位，有 95% 的被试表达了对他的喜欢。

从心理学的角度来看，人们更喜欢那些与自己相近的人。对于那些取得过突出成就的人来说，一些微小的失误不仅不会影响人们对他的好感，相反，还会让人们从内心感觉到他很真诚，值得信任。而如果一个人表现得过于完美，人们从外面看不到他的任何缺点，反而会觉得他不够真实，难以接近，从而降低对他的信任度，甚至产生忌妒和排斥心理。

苹果公司前 CEO 史蒂夫·乔布斯说过："每个人在创新的时候都会犯错。一旦犯错，不要犹豫，你最好赶快承认错误，并投入完善你的另一个创新当中。"这句话告诉我们，犯错并不可怕，关键是如何应对和处理错误。成功人士的小错误在人们看来是可以被接纳的，这些瑕疵反而成了他们的可爱真实之处。然而，对于那些才干平庸的人来说，他们的小错误往往难以被人们接受甚至会被放大。从这一点来说，所谓"出丑效应"，实际上可以被视为那些真正优秀者的"特权"。

如果想要运用"出丑效应"来打造更和谐的人际关系，就必须不断提升自己的才干。只有当自己足够优秀时，我们才能享受到更多"出丑"的"特权"，否则可能会产生相反的效果。

成长锦囊

说脏话是展现真实自我吗？

你是否曾在情绪激动时，一句脏话差点脱口而出？或者在与朋友交谈时，为了显得更“接地气”，故意使用粗俗语言？很多人觉得，这样能让自己的人设更加真实，但事实果真如此吗？

那些习惯于在人前维持完美形象的人，偶尔展露一些小瑕疵，或许能让他们看起来更真实、更可信。但是，这并不意味着我们应该故意去犯错、去出丑。脏话，确实能在某种程度上释放情绪，在某些情境下，它确实可以让我们觉得更直接、更有力量。但是，这并不意味着我们可以在任何场合都口无遮拦。

脏话的效果是双面的：它既能强化表达，也可能成为伤人的利刃。在多数情况下，使用不恰当的语言会伤害到他人，甚至损害自己的形象。真正的个性，并不是通过说脏话来体现的。真实的自我，源自日常生活中自然而然的言行举止；而真正的真实，则是对自己坦诚、对他人尊重以及对生活热爱的自然体现，这不是刻意去追求的。

前倨后恭 ◆　从冷淡到热情的变奏曲｜态度的转变

典故探源

成语出自西汉时期刘向编订的《战国策·秦策》：“苏秦曰：‘嫂何前倨而后卑也？’嫂曰：‘以季子之位尊而多金。’”

成语“前倨后恭”的意思是之前态度傲慢，后来态度变得恭敬，形容一个人的态度发生了巨大的转变。倨：傲慢。恭：恭敬。

时光故事

苏秦是战国时期著名的政治家。在未成名之前，他曾外出游说多年，却一无所获。当苏秦衣衫褴褛、面色憔悴地回到家中时，他的妻子忙于织布，无暇顾及他；他的父母默不作声，不与他交谈；他的嫂子更是连饭也不给他做，还狠狠地数落了他一番。苏秦感慨地说："妻子不把我当丈夫，父母不把我当儿子，嫂子不把我当一家人。这都是我苏秦之过啊！"

于是，苏秦发愤苦读，立志成才。经过不懈的努力，他终于成功说服六国合纵抗秦，并挂上了六国相印。当他荣归故里时，周围的人对他的态度有了翻天覆地的变化。父母拄着拐杖，在三十里外的大路口等候他的归来；回到家中，他的妻子不敢正视他，只是侧耳倾听他的言语；他的嫂子跪在地上向他请罪，连头也不敢抬。苏秦问道："为何嫂子之前那般傲慢，如今却如此卑躬屈膝呢？"嫂子回答道："因为现在您地位尊贵且有钱了。"

"心"解漫谈

态度是人们在自身道德观和价值观基础上对事物的评价和行为倾向。这种倾向对个体的行为产生深远影响，表现为对某些行为的喜爱与厌恶、接受与排斥等。然而，态度并不是一成不变的。它有时会随着情境的变化而发生显著转变，比如由亲近到疏远，甚至由热情洋溢变为冷漠无情，又或者出现前倨后恭的情况。

心理学家布莱姆曾进行过一项实验，旨在探究期望与态度之间的关系。他首先宣布孩子们可以在两种糖果中自行选择一种。然而，在实验过程中，他的助手并没有按照预设的程序让孩子们自行选择，而是随意地给每个孩子发放了糖果。实验结束后，布莱姆与孩子们进行访谈交流，结果发现，原本期待能自由选择糖果的孩子们，在期望被打破后，态度在不知不觉中发生变化。他们会改变自己原本喜欢某种糖果的看法，认为原本喜欢的糖果其实并不好看或不好吃。这表明，当实际情况与人们的预期不符时，人们可能会调整自己的态度以适应新的情境。

恐惧唤起与态度改变之间呈现比较复杂的关系。在一项关于破伤风预防注射的劝说活动中，研究者将大学生被试分为三组，分别将他们置于高、中、低三种不同程度的恐惧条件下。实验结果显示，随着恐惧感的增强，愿意并实际接受预防注射的人数也随之增加。然而，在另一项关于劝说大学生一天刷三次牙的实验中，无恐惧组被试的行为改变远远超过高、中两个恐惧组的被试。过强的恐惧感引发被试自发的防卫性反应，他们甚至拒绝相信这种“危险”的存在。这说明在适当的情境下，恐惧可以促使人们采取积极行动；但是恐惧过强，也可能引发防卫性反应，阻碍态度的改变。

除了上述因素之外，态度的改变还受到信息源、信息的性质等因素的影响。具体而言，威信较高的信息传递者相比威信较低的传递者更有可能促使接收者改变态度。对于普通公众，仅呈现一种观点的信息往往具有较好的说服效果；与此同时，对于文化水平较高的接收者，提供正反两种信息做对比，说服效果会更佳。此外，依赖性较强的接收者更容易被说服，而自尊心和自我评价较高的接收者则相对更为坚定，其态度不易发生转变。

态度转变是一个错综复杂的心理历程。面对问题的态度是解决问题的基础，转换态度就是转变看问题的视角。无论这种改变是由外部环境所驱动，还是内心成长的自然结果，都值得我们去正视。毕竟接受变化本就是生活的一部分。因此，我们理应怀着一颗开放与包容的心去拥抱这些变化。

成长锦囊

如何在信息轰炸中坚守自我？

在日常生活中，广告和社交媒体的重复性信息轰炸无处不在，人们的思维很容易受到外界信息的干扰。如何在这样的环境中稳住内心，坚守自己的态度呢？

人们总以为信息的大量传播会丰富自己的知识底蕴。然而，许多软件采用的是信息精准推送策略，也就是说用户经常浏览什么内容，就会被推荐更多同类的内容。长此以往，人们的感知视角窄化，思考变得浅薄，在遇到观点不同的人时，内心很容易产生本能的抗拒，产生激进情绪。

借鉴预防医学的智慧，我们可以提前为自己的观点注射"疫苗"。明确并精练地表达自身观点，这是我们的起点。在此基础之上，我们需要预见所有可能的反驳，并为每一种情况都准备好充足的理由。尝试站在多元化的视角来推敲自己的观点，反复审视可能存在的缺陷，不断调整，让自己的观点更加无懈可击。这样，我们的观点就如同接种了疫苗，可以对网络上的各种质疑声音产生更强的抵抗力，从而使我们的立场更加坚定不移。

第八章

用成语开启反思之门，促进自我成长

目不见睫 ◆ 唤醒内心的珍珠 | 自我意识

典故探源

成语出自战国时期思想家韩非的著作集《韩非子·喻老》："臣患智之如目也，能见百步之外而不能自见其睫。"

成语"目不见睫"的原意是指自己的眼睛看不到自己的睫毛。比喻目光短浅，没有自知之明。睫：睫毛。

时光故事

楚庄王准备攻打越国，他把这个想法告诉了谋臣杜子。杜子问："大王为什么要讨伐越国呢？"楚庄王说："越国目前政治腐败，兵力不足，正是攻打的好机会。"

看着楚庄王那自信满满的样子，杜子语重心长地说："大王，我对此深感担忧。越国情况的确很糟糕，但是我们楚国情况也不容乐观啊。人的眼睛能看得很远，却难以看到自己的睫毛。请您仔细想想，楚国曾被秦国和晋国打败，丢失了几百里的疆土，这说明我们的军队软弱；境内强盗横行，官吏却无能为力，这说明我们的政事混乱。大王看不到楚国的问题，却还想着要对越国用兵，这不就像眼睛看不见自己的睫毛一样缺乏自知之明吗？您有没有想过，别的国家可能正对楚国虎视眈眈？因此，大王您当务之急应该是先治理好楚国，使我们真正强大起来。"

杜子的一番话让楚庄王如梦方醒，打消了伐越的念头，开始认真治理楚国。

"心"解漫谈

成语"目不见睫"揭示了一种引人深思的现象：人类的双眼能够远望，领略壮丽的山川美景，然而却往往对近在眼前的事物视而不见。它反映了人们在自我认知上的局限性。很多时候，我们虽然能够洞察外界林林总总的事物，却不能及时觉察自己的内心世界，自我意识不够充分。

自我意识，这个词听起来可能有点抽象，但实际上，它就像是隐藏在内心深处的珍珠，等待着人们逐一去发现。比如，清楚自己眼睛的颜色，这便是生理自我的认识；了解自己在朋友圈中受欢迎的程度，这是社会自我的认识；而深知自己的性格特点，这便是对心理自我的认识。

如果将人的内心世界比作一间房间，那么，美国心理学家乔瑟夫与哈里所提出的"乔哈里视窗"模型，便好似四把开启内心世界之门的钥匙，帮助我们增强自我意识。

第一把钥匙为我们打开"开放区"的大门。这里存放着我们自己知道、周围人也知道的东西，比如姓名、兴趣爱好等。这些信息是平时轻松聊天的话题，构成与他人交往的基础。如果进入新的环境，这个区域就会自然而然地扩展，因为我们会分享更多关于自己的故事，同时也会更广泛地了解他人。

转动第二把钥匙，我们进入“盲目区”。在这里，隐藏着一些我们自己可能毫不知情，但旁人却一目了然的事物。它就像是背上的一个微小胎记，对自己而言是盲区，但别人却能一眼瞥见。那些爱听甜言蜜语的人，这个区域可能会很大，因为他们鲜少有机会听到真实的看法。建议这样的朋友多听取真诚的建议，缩小自己的盲目区。

第三把钥匙则引领我们进入“隐藏区”。在这片属于内心的圣地里，藏着我们的小秘密和深切愿望，这些都是我们自己清楚但他人不知的私密信息。尽管它对我们而言是神圣不可侵犯的，但有时候，在真诚的有效沟通中，适度地打开这片区域，能够有效地增进彼此的信任，让人与人之间的关系更加紧密。

最后一把钥匙带我们前往神秘莫测的“未知区”。这里藏着连我们自己都不曾知晓的信息，诸如潜藏的疾病、未知的潜能等。它就像一个等待发掘的深邃黑洞，充满无尽的可能性。或许在某个不经意的瞬间，我们能够更深刻地认识自我，从而唤醒那些从未被察觉到的惊人潜能。

“乔哈里视窗”模型，从“自己是否知道”与“他人是否知道”两个维度切入，引导人们更深入地认识自我，更好地理解他人。借助这一模型，我们能够探寻心灵深处的璀璨珍珠，成为自己人生的真正掌舵人。

为什么一个人越了解自己，烦恼也就越少？

你有没有想到，为什么紧随他人脚步，内心却越发迷茫，仿佛被一股看不见的力量牵引，却不知将去向何方？这背后的谜团关乎我们是否真正了解自己。

假如你即将踏上一段旅程，对目的地了如指掌，甚至认为自己规划的路线比导航软件推荐的还要合理，这种自信源于你对路况的熟悉。人生之路，亦是如此。

了解自己，意味着认清个人的喜好、优势和弱点。比如，一旦察觉自己在压力下容易焦虑，便可预先掌握一些放松技巧，从而从容面对困境。这种自我认知不仅能提升自信心，更能在挑战来临时，有底气对自己说：“我能行！”

深入探索自己的人际交往方式，可以减少因沟通不畅带来的困扰；把控自身情绪，有助于在各种场合下保持冷静；而明确的人生目标，则能让每一天都充满激情与活力。

认识自己不仅仅是知道自己是谁，更重要的是理解自己是如何成为现在的自己的，这一过程需要我们持续地自我反思，直到找到那把引领我们走向的金钥匙。

匹夫有责 ◆ 责任同行，掌舵人生 | 自我决定论

典故探源

成语出自明朝顾炎武所著《日知录·正始》：“保天下者，匹夫之贱，与有责焉耳矣。”

成语“匹夫有责”的意思是每个人都负有责任，常与“天下兴亡”连用。匹夫：原指普通男性，后来泛指百姓。

时光故事

顾炎武是明末清初著名的思想家和文学家。他从小受到忠义节气教育，胸

怀大志。六岁起，继母王氏教他读书，讲述许多忠臣义士的故事，让他认识到“保天下是每个人的责任”的道理。明朝末年局势动荡，昆山失守，四万多人遇难。这场变故深深触动了顾炎武。此后，他毅然踏上反清复明的征途，化身为商人，秘密联络沿海的抗清力量，建立秘密活动据点。

虽然顾炎武的生活历经艰辛，但他始终坚信他的信念。在长达二十多年的时间里，他遍历山东、河北、山西等地，行程数万里，读书数万卷，潜心治学，结识了许多志同道合的朋友。到了晚年，他将全部精力投入学术研究中，撰写了《日知录》这部著作。这部作品不仅是他一生治学的结晶，更是他思想观点的集中体现。顾炎武在书中提出的“天下兴亡，匹夫有责”的观点，成为他一生的信条。他坚持民族气节的精神成为一代传奇，永远铭刻在人们的心中。

“心”解漫谈

每个人的内心其实都住着一个“英雄”——那就是责任感。当面对困难产生逃避想法时，那句古老的成语“匹夫有责”就像是一盏明灯，照亮人们前行的道路。

每一个人都不是孤立的存在，而是构成社会大家庭的重要一员。当人们意识到自己的行为能够在周围环境中激起层层涟漪，这种力量就会激励他们积极地为集体贡献力量。例如，在篮球场上为班级投中关键的压哨球，或在学校的演讲比赛中为班级赢得荣誉。那种胜利的喜悦固然令人欢欣，但更深层次的动力，是深刻认识到自己肩负的责任。正是这种深植内心的责任感，成为推动人们勇往直前、创造精彩人生的原动力。

谈及原动力，我们不能不提及“自我决定理论”。这一理论由美国心理学家德西和瑞安提出，它指出只有当个体能够自主地掌控自身行为时，方能真正体会到满足与幸福。每个人都具备三大基本心理需求，即自主性、能力感和归属感，而这些需求的满足将极大地激发人们的自我驱动力。

其中，自主性让人们感受到自己是生活的主宰者，能够根据自己的意愿和目标做出决策。能力感则让人们相信自己有能力完成任务，感受到自身的力量和成就。而归属感则让人们能够与他人建立安全稳定的情感联结，感受到自己属于某个团体或社区。

心理学家曾做过一个有趣的实验。他们将学生分为三组，并给予不同的任务。第一组的学生完全按照指示行事，没有选择权；第二组的学生可以选择任务类型；第三组的学生不仅有选择权，还可以参与任务的规划。结果，第三组的学生表现出了更高的热情和动力。这是因为他们有了更多的自主性和控制权，更能感受到自己的决策对任务的影响，从而更加投入。

这就像是在一个自助餐厅里，如果你可以根据自己的口味选择食物，那么整个用餐过程都会变得愉悦。同样，在学习或工作中，如果你能够根据自己的兴趣和能力来制订计划，那么整个过程也会变得更加高效。

人们应该基于自身的价值观，根据自我导向做出决策。因此，匹夫有责并不只是一个道德口号，它更是一种内在的信仰。它鼓励我们听从内心的召唤，做出真正符合自己价值观的选择。当我们知道自己的每一个行动都能为社会带来影响时，我们就会更有动力去做出贡献；当我们拥有更多的自主性和控制权时，我们就会更有信心去创造自己的辉煌人生。

请好好珍惜你内心深处的那份责任感，并让它不断激励你奋勇前行。毕竟，唯有你自己，才能稳稳地掌舵你的人生之船，引领它顺利地驶向那片独属于你的精彩海域。

成长锦囊

为什么自己能干，也要给别人机会?

你是否发现，尽管有的人能力出众，但有时却与周围人格格不入，甚至有时被孤立？这可能因为他只关心自己成长，却忽视向他人求助的重要性。

我们的生活是与他人紧密相连的，无论是日常琐事还是学习进步，都离不开他人的支持与配合。每个人都渴望被认可，给予他人机会并非示弱，而是一种智慧。如果一个人总是单打独斗，可能会让他人感到自己无足轻重。

当遇到困扰时，试着向朋友倾诉，这不仅是求助，也是传递信任，能让对方感受到被重视。学会在困境中主动求助，不仅会让你更容易渡过难关，同时也能让他人体会到自己在你心中的位置，从而提升他们对你的好感。

在这个世界上，没有人是孤岛。即使你再有能力，也别忘记给予他人展现的机会。积极融入团队，与伙伴们分享共同的话题，一起为团队贡献自己的力量。你会发现，在给予与接受之间，你不仅没有任何损失，反而会赢得更多的敬意。

反求诸己 ◆ 做自己心灵的侦探 | 自我监控

成语出自战国时期孟轲及其弟子所著《孟子·公孙丑上》："仁者如射，射者正己而后发。发而不中，不怨胜己者，反求诸己而已矣。"

成语"反求诸己"的意思是反省自己的过失，加以改正，而不责怪别人。诸：之于。

相传四千多年前的夏朝时期，当时的君王就是赫赫有名的大禹。有一次，

有个叫有扈氏的诸侯起兵入侵夏国，大禹便派他的儿子伯启率兵抵抗。双方展开激战，结果，伯启战败。

伯启的部下很不甘心，要求继续作战，伯启却说："不用再战了。有扈氏扰乱老百姓的生活，我才奉命来围剿他。我的地盘也并不比他小，我率领的部队是最精良的，却被他击败，我一定有需要改进的地方，比如我没有以身作则带领属下，管教属下的方法也不如他。所以，如果我要让老百姓恢复安居乐业的生活，我必须先检讨自己，先纠正自己的错误。"

从此，伯启严格要求自己，与士兵们同甘共苦。他每天早起操练，生活简朴，只吃粗茶淡饭。同时，他还选拔有品德的能人共同商讨国家大事。经过一年努力的治理，伯启的领地发生了很大的改变，而有扈氏得知这一切之后，不仅不再侵犯，反而心甘情愿地归顺伯启。

"心"解漫谈

当你在参加一个集体活动时，你注意到自己的言行举止了吗？你会根据场合要求调整自己的表现吗？这就是自我监控在起作用。美国社会心理学家马克·施耐德提出"自我监控"的概念，用来描述人在日常生活中通过不断审视自我，并反思和调节自己的行为表现，来适应不同社交情景的能力。

大多数人都有自我监控的能力，但水平却各不相同。高自我监控者能够敏锐地感知社交环境，根据他人反馈和环境线索，灵活地调整自己的行为举止和情感态度，以达到最为得体的表现。而自我监控程度低的人，很少关心别人是怎么想的，容易"打直球"，他们的行为更多地受个人喜好的支配，甚至有时会因为缺乏社交技巧而成为尴尬中心。

从社会心理学的视角审视，自我监控指的是个体为了达到预定目标，主动对自身的心理和行为进行调整与控制。这一过程中包含自我检查、自我分析、纠正偏差以及信息反馈等基本内容。值得一提的是，我国古代的先贤曾子提出了"一日三省"的观点，其原话为："为人谋而不忠乎？与朋友交而不信乎？传不习乎？"这实际上是一个具体且实用的自我监控方法，它引导我们从三个方向进行日常反省：是否对他人尽心尽力，与朋友交往时是否守信，以及是否及时复习所学知识。通过每日自省，人们在忠诚、诚信和学习方面的表现得以提升，这正体现了“反求诸己”的精神内核。

形象地说，自我监控就好像是给自己安装一个摄像头，把自己身上发生的事情都尽收眼底，实现自我觉知。在训练演讲能力时，一个常见的方法就是录制自己的演讲视频，反复观看并找到需要改进的地方，精进演讲技巧。在当今的职业竞技领域，录像分析师已成为一个专门的职业。他们负责从不同角度拍摄比赛实况，为运动员提供自我分析的素材，以便制订针对性的策略。自我监控就像是心灵的侦探，在这个过程中，人们越能看见自己，就越能调整自己。

然而，想要实现有效的自我监控并非易事。我们可以采取多种方式：写日记或做记录以捕捉自己的日常感受，收集自己的行为痕迹来观察自己的行为习惯，还可以注意环境对自己的反馈，以了解外界的评价。值得一提的是，大多数人对于被管理或被说教都心存抵触，从这一点来说，自我监控就显得更为重要，同时也更符合我们自身的需求。

作为一个客观指标，自我监控水平并无好坏之分，只有适合与不适合之别。所以，我们需要逐渐从依赖外部控制转变为依靠内部控制，进而培养出强大的自我约束力。

如何通过内省实现自我蜕变？

在这个信息繁杂、生活节奏飞快的时代，我们常常身不由己，却忘了静下心来聆听内心的声音，去探寻：我的梦想是什么？我到底追求什么？其实答案就在你我内心深处等待发掘，那便是“内省”的奇妙力量。

为了培养自省的习惯，可以定期留出时间，比如晚间的某个固定时段，专门用于自我反思。而记录生活点滴的日记，无疑是极好的自省工具。通过书写，我们能清晰地跟踪自己的行为变化。

在自省的过程中，不妨向自己提问：“我今天最出色的表现是什么？这段经历教给了我哪些东西？我该如何进一步提升自己？"采用自问自答的形式，不断地探索内心，找到答案，制订行动计划，从而更深入地了解自己。

在不断的自省中，我们能够勇敢地面对真实的自我。即便每一步只是微小的进步，但积累起来也终将汇成巨大的变革，逐步实现自我蜕变，迎接一个更加出彩的自己。

自知之明◆　点亮心海的灯塔 | 自我评价

典故探源

成语出自春秋时期李耳所著《道德经》："知人者智，自知者明。"

成语"自知之明"的意思是了解自己的情况，对自己有正确的估计。

时光故事

战国时期，齐国的相国邹忌，身材高大，容貌端庄。有一天，他整好衣冠，照着镜子，问妻子："我和城北徐公比起来，谁长得更英俊？"妻子说："夫君英俊多了，徐公哪里比得上你呢。"

城北的徐公，是齐国有名的美男子，邹忌不太敢相信妻子说自己真的比徐公英俊。于是，他又去问他的爱妾：“我与徐公相比谁更英俊？”爱妾也说：“徐公怎么能赶得上夫君英俊呢。”第二天，有个朋友来访，两人谈话中间，邹忌又问朋友：“我和徐公相比，哪个长得更英俊？”朋友也说：“徐公哪里比得上阁下英俊！”

过了几天，正巧徐公到邹忌家来拜访，邹忌便反复打量徐公良久，他发现自己确实没有徐公英俊。邹忌从这件事上悟出一个道理：妻子偏爱他，故而夸他英俊；爱妾惧怕他，所以出言赞美；客人有求于他，因此百般讨好。幸亏邹忌有自知之明，能够洞悉其中的奥秘。

“心”解漫谈

你对自己的评价如何？是温文尔雅还是鲁莽冲动？是慷慨大方还是斤斤计较？要想精准地自我评价，可不是一件轻松的事儿，它需要我们内心的“自知之明”作为指引。

有心理学家邀请25个相互熟悉的被试参与了一项实验。被试被要求根据九个标准，如文雅、幽默、聪明、爱交际、讲卫生、美丽、自大、势利和粗鲁，对自己及所有人进行排名。例如，在文雅这一标准上，最文雅的人排第一，依次类推。这样，每个人在每个方面都会有一个自我评价，同时也会得到其他24人的评价。

结果令人惊讶，所有被试都倾向于夸大自己的优点并掩饰缺点。其中有一人，他将自己“讲卫生”的品质评价得比他人的平均评价高出五名，将自己“聪明”和“美丽”的程度评价得高出六名，然而对于“势利”“自大”和“粗鲁”这些不良品质，他的自我评价却远低于他人的评价，差距达到六名之多。

这个实验揭示了人们在自我评价时的普遍倾向：对优良品质的自我评价常常比别人的评价高，对不良品质的自我评价则常常比别人的评价低。看来，客观真实地认识自己，是一项困难而艰巨的挑战。

一个人的成长，实质上是自我评价不断升级的过程，从最初的不知道自己不知道，到知道自己不知道，再到知道自己知道，最终不断深化，达到不知道自己知道的境界。

起初，我们对自己的能力一无所知。随着学习的深入，我们开始逐渐意识到自己的不足，明确努力的方向，形成自我提升的动力，从“无知”迈向“知己不知”。在这个转折点，我们可能会经历挫败，感到困惑，但这也正是希望所在。

然而，如果缺乏改变的勇气，有些人可能会停滞不前，错过突破自我、实现更大发展的机会。而那些勇于面对自己不足、积极寻求改变的人，将会进入“知道自己知道”阶段，更加清晰地认识自我，更加自信从容地面对挑战。

最终，有些人可能会达到“不知道自己知道”的境界。这并不是说他们又回到无知的状态，而是说他们已经超越自我评价的局限，开始以更开放、更包容的心态面对自己和世界。这是一种高手的境界，是一种对生活的深刻洞察。

古人有云：“以铜为镜，可以正衣冠；以史为镜，可以知兴替；以人为镜，可以明得失。”这句话告诉我们，要时刻反思自己，不断地完善自己，才能在生活中找到属于自己的位置。而内心的“自知之明”就像茫茫大海中的一座灯塔，能照亮航程，指引我们前行。

成长锦囊

如何成为成熟稳重的人？

在社交场合中，你是否因举止幼稚而感到局促不安？你是否想要变得成熟稳重，却不知从何处入手？

自我反思是成熟稳重的第一步。通过自我反思，你会清晰地认识到自己在哪些方面需要改进，从而有针对性地提升自己。

情绪控制是成熟稳重的基石，它教导我们在面对问题时要三思而行，避免冲动的行为和言语。有很多简单易行的方法可以帮助我们培养情绪控制能力，比如深呼吸以平复激动的情绪、冷静思考以避免仓促决策、积极寻求支持以及努力理解他人的观点。

言语表达也是成熟的重要标志。成熟的人深知话语的影响力，因此他们会选择恰当的言辞，细心照顾他人的感受。要成为一个成熟稳重的人，需要在交流中融入尊重与理解，以此让沟通更为顺畅和谐。

成熟是一个循序渐进的过程。随着智慧的逐步增长和经验的日渐丰富，你会自然而然地流露出成熟稳重的气质。

山鸡舞镜 ◆ 自我欣赏的边界 | 自恋现象

典故探源

成语出自南朝宋时期刘敬叔所撰《异苑》："公子苍舒令置大镜其前，鸡鉴形而舞，不知止。"

成语"山鸡舞镜"的原意是指山鸡在镜子前看到自己的影子，便会翩翩起舞，不知停止。比喻自我欣赏，自鸣得意。

时光故事

山鸡拥有一身漂亮的羽毛，它常常在河边欣赏自己的倒影，情不自禁地翩翩起舞。有一次，南方有个人捕捉到一只美丽的山鸡，并将其献给曹操。曹操听闻山鸡有善舞的天赋，便命令手下人尝试逗引它跳舞。

然而，在场的人都是第一次见到山鸡，对其习性一无所知。他们尝试了各种方法，有的拍手，有的吟唱、弹琴，甚至还有人搔首弄姿地跳起舞来，但山鸡却依旧没有任何反应，一直一动不动地站在原地，更别说跳舞了。这让那个献山鸡的人急得直冒冷汗。

正当众人束手无策之际，聪明伶俐的曹冲想出一个绝妙的主意。他命人取来一面大镜子，并将山鸡放置在镜子前。看到镜子中的自己，山鸡仿佛又回到了水边，顿时精神焕发。它站立起来，抖了抖羽毛，然后忘情地对着镜子跳起了舞。它转着圈、跳跃着，五彩的羽毛在舞动中熠熠生辉，让人眼花缭乱。曹操等人看得目不转睛，连连称奇，这场表演无疑让他们大开眼界。

“心”解漫谈

山鸡对镜自舞，孤芳自赏，展现出一种极致的自我迷恋。这一画面恰如心理学中“自恋型人格障碍”的生动写照，提醒人们当自我欣赏越过边界，陷入病态执著时，必须深入审视其背后的心理机制。

自恋的英文单词是 narcissism，其起源可以追溯到希腊神话故事。纳西索斯是河神与水泽女神之子，拥有俊美无比的外貌。然而，预言指出他只要不看见自己的脸就能长生不死。待他长大后，他对任何女子都不屑一顾，直到一天他在清泉中看见自己的倒影，便深深地爱上了这个完美的幻象。他无法自拔地凝视着水面，最终化作一朵水仙花，永远守望着自己的影子。这个故事不仅成为自恋的象征，更提醒我们过度自我欣赏的潜在危害。

在现实社会中，自恋特质在每个人身上或多或少都有所体现。比如，现代人热衷于使用美颜相机自拍，通过特效看到更加美好的自己，享受被关注的愉悦。然而，健康的自恋应该是建立在稳定的自我评价基础上的，既要欣赏自己的优点，也要接纳并改进不足之处，例如，“我觉得自己还不错，但还有很多需要提升的地方”，这种平衡的自我认知有助于保持健康的心态。

为了更深入地理解自恋现象，让我们做一个有趣的类比：你手里有一小袋钱币，它们象征着你全部的爱。这些钱币，一部分你会留给自己，用于日常生活的开销、追逐个人梦想以及建立人际关系；而另一部分，你则会慷慨地分享给他人。然而，随着时间的推移，如果你发现留给自己的钱币越来越多，而愿意给予他人的却越来越少，那么自恋现象便悄然滋生。这时，你会觉得自己是独一无二的，对自己的喜爱超过了对他人的关心，甚至认为别人无法真正理解你的价值所在。显然，这种以自我为中心的倾向，如果持续发展，可能会对个人的社会交往能力产生一定的影响。

值得注意的是，自恋型人格障碍与暂时的自恋行为是有区别的。自恋型人格障碍呈现出一种持久且稳固的行为特征，其核心特征是以过度的自我为中心，常常夸大自我价值，缺乏对他人的理解，对他人的感受漠不关心。相反，有些人在取得成功后的一段时间内展现出自大骄傲，这通常只是一种短暂的情绪反应。比如，有一些暴发户可能会暂时地表现出自鸣得意，甚至自我吹嘘，但这只是一种暂时的自恋表现，一旦他们的成就感消退，这种自我夸大的态度也会随之消散。

正如山鸡舞镜的故事所揭示的那样，过度的自我陶醉可能会让人沉浸在完美的幻觉中，从而忽略真正的个人成长。因此，在欣赏自我的同时，我们也应该持有一种不断成长的心态，不忘关怀他人，这样才能获得真正的成就感。

成长锦囊

无论做什么，为什么总感到孤立无援？

在集体中生活，你是否有时会觉得自己像个孤岛，被冷漠环绕，内心无奈地呼唤："为什么没人能帮我？"

要打破这种孤独感，我们得走出自我，融入周围的人群。当我们开始关注他人，就会意识到每个人都有自己的不易，都蕴藏着独特的智慧。而我们有可能成为他们生活中的一道光，彼此照亮。

不要轻易把帮助你的人"推开"。有时候，身边的人已经看到我们的困境，只是不知道如何有效地伸出援手。又或者，我们对"帮助"的期望太高，导致别人的好意在我们看来无足轻重。其实，我们应该更加包容，允许别人以他们的方式帮助我们，因为“三个臭皮匠，赛过诸葛亮”，集体的智慧总是无穷的。

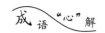

每次跌倒后重新站起，这才是真正的勇气。当我们真诚地敞开心扉，就会发现，有很多人愿意伸出温暖的双手。所以，别害怕展示真实的自己，因为在这个世界上，总有人愿意与你同行，共度风雨。

一钱不值 ◆ 与“胡思乱想”断舍离 | 非理性认知

典故探源

成语出自西汉时期司马迁所著《史记·魏其武安侯列传》：“生平毁程不识不直一钱，今日长者为寿，乃效女儿呫嗫耳语。”

成语“一钱不值”的原意是一个铜钱都不值。后来形容人毫无价值或地位极其低下。

时光故事

西汉时期，有一位名叫灌夫的将领，他性格豪放，酷爱饮酒，从不阿谀奉承朝廷权贵。有一天，丞相田蚡在家中办喜事。灌夫跟朝廷官员一起前往祝贺，大家觥筹交错，气氛十分热烈。灌夫举杯向田蚡祝酒，田蚡却傲慢地回应："我不能喝满杯。"灌夫面带微笑，劝道："今日乃丞相大喜之日，理应满饮一杯，以示庆贺。"然而田蚡仍然坚持不喝。灌夫自讨没趣，但又不便当场发作，只好走到临汝侯灌贤那边去敬酒。

此时，灌贤正在与将军程不识交谈，并未注意到灌夫的到来。灌夫本已心中不悦，见此情形更加怒火中烧，忍不住大声斥责："我一向认为程不识不值一提，今天你竟与他窃窃私语，这算什么英雄！"灌夫讲话声音很大，满屋子的人都听见了。他们明白灌夫是在借题发挥，指桑骂槐，故意让田蚡在众人面前难堪。灌夫刚直不阿的性格得罪了田蚡，两人之间的怨恨自此日益加深。

"心"解漫谈

你是否曾在遇到挫折时心情沮丧，甚至开始怀疑自己"一钱不值"？又或者，在看到别人犯错时，你是否曾愤怒地斥责他们是全无用处的废柴？这些强烈的负面情绪背后，都透露出我们的某些非理性认知。

所谓"非理性认知"，是指那些缺乏逻辑、理性基础或难以常理解释的观念。它们源于个人的主观臆断、过去的经验或对现实的片面理解，往往缺乏客观证据支持。但它们却如同顽皮的精灵，时常在我们的思维中捣乱，造成不必要的困扰。因此，要远离"胡思乱想"，需要学会识别非理性认知。

在日常生活中，非理性认知常常以三种面目出现：绝对化要求、过分概括化和糟糕至极。

其中，绝对化要求表现为我们对事物的期望过高，认为它们必须或必然发生，例如"我必须成功"或"别人必须对我友好"。这种思维模式往往忽略他人的实际情况，引发愤怒情绪。

过分概括化则是一种以偏概全的思维模式，即用一件小事来评价整体情况。比如，一次失败就认为自己一无是处，这种片面的自我否定会让人陷入自责。同样地，如果我们用这种方式去评价别人，就会一味地责备他们，并产生敌意。

糟糕至极则是将事情想象得非常糟糕，甚至是灾难性的。例如，一次考试成绩不佳就让我们恐慌“自己再也没机会考大学了”，一次失恋就让我们觉得“自己再没有幸福可言了”。这种思维模式让我们在面对挑战时感到无助。然而，事实上，没有一件事情可以被定义为100%的糟糕透顶，因为对任何一件事情来说，都可能有比之更坏的情况发生，也有可能发生转机。

当这些纷乱的思绪袭来时，我们可以借助逻辑思考和理性分析来戳穿它们的假象。要学会以平和的心态去接纳现实的不完美，摒弃对事物和他人抱有的绝对化期望。当面对挫折时，我们应该就事论事，避免因为一个小小的失误而完全否定自己，或者轻视他人。即使遭遇不幸，身陷困境，也要保持乐观的心态，深信阳光总在风雨后，每件事情都有其积极的一面。

与“胡思乱想”断舍离，这是一场持久战。培养理性思维的关键在于要勇敢承认“我不知道”，正视自己的局限性，学会从多个维度去证伪观点。深入的自我觉察是开启理性生活大门的钥匙，有助于摆脱那些仅停留在表面的偏见，削弱非理性认知对生活的消极影响，以更加清晰、理智的态度来面对现实，引领人们走向更加美好的生活。

成长锦囊

如何巧妙避开生活中的“毒鸡汤”？

在社交媒体上以及和朋友的交流中，我们常会碰到一些听起来很有道理但实际上让人越想越不对劲的“毒鸡汤”。说实话，有些“毒鸡汤”喝多了只会让人迷失方向，稍不留神就陷入消极情绪里。如何才能避开这些“毒鸡汤”呢？

面对铺天盖地的“鸡汤文”，要学会用逻辑和理性去辨识。比如，有人说“比你优秀的人还在努力，你努力有何用”，这时我们要明白，每个人的起点都不同，努力不是为了跟别人比，而是为了不断超越自己，实现自我价值。

“毒鸡汤”为了吸引眼球、赚取流量或推销产品，往往夹杂着一些似是而非、没有科学依据的内容，并以负面视角看待人生。所以，要尽量远离那些喜欢散布“毒鸡汤”的信息源。

听到“毒鸡汤”就当是个笑话，千万别太当真。对网络上的各种观点，我们要用批判的思维、审慎的态度对待，不要轻易相信未经证实的言论。

掩耳盗铃 ◆ “假装没事”的泡影 | 否定作用

典故探源

成语出自战国时期吕不韦主持编写的《吕氏春秋·自知》：“以锤毁之，钟况然有音。恐人闻之而夺己也，遽掩其耳。”

成语“掩耳盗铃”原意是指捂住耳朵去偷铃铛，以为自己听不见铃铛的声音，别人也就听不见。比喻自己欺骗自己，企图掩盖无法掩盖的事实。掩：捂住。铃：古时候的乐器，一般是由青铜铸造而成。

时光故事

春秋末期，一个小偷看到一户人家有口精美的大钟。这口钟由上等青铜铸成，其造型和图案无一不显露出匠人的精湛技艺。小偷心中暗喜，他决定将这宝物据为己有。无奈大钟体积庞大且十分沉重，怎么也挪不动。他想来想去，只有一个办法，那就是把钟敲碎，然后再分块搬回家。

于是，他找来一只铁锤，拼命朝钟砸去，“咣”地一声巨响，把他吓了一大跳。小偷心想，这下糟糕，这钟声不就等于告诉人们我在偷钟吗？他越听越害怕，不由得用双手捂住自己的耳朵。"咦，钟声变小了，把耳朵捂住不就听不见钟声了吗？"小偷高兴起来。他立刻找来两个布团，塞住耳朵，心想，这下谁也听不见钟声了。

于是，他放心大胆地砸起钟来，钟声越来越响，很快传遍整个村落。村民们纷纷赶来，将这个自以为是的小偷捉拿归案。

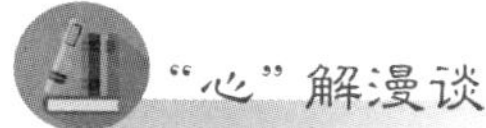

"心"解漫谈

成语"掩耳盗铃"生动地描绘了心理防御机制的工作原理。所谓心理防御机制是指人们遇到困难或面临挫折时常常采用的缓解内心焦虑的一种策略，用以加强自我保护。心理学家弗洛伊德总结归纳出常见的十种自我防御机制，其中否认是一种最简单、最原始的心理防御机制。

否认是彻底否定已发生而令人不快的事情，"假装没事"，仿佛这些事从未在我们的生活中发生过。这种心理防御机制的力量在于，它能使我们从那些难以忍受的情绪、行动或事故中暂时逃离，从而暂时缓解内心焦虑。否认行为在日常生活中并不鲜见。例如，当儿童不慎打碎花瓶时，他们可能会用手蒙住眼睛，不敢再看那个破碎的物体。这种行为与沙漠中的鸵鸟颇为相似——当鸵鸟被敌人追赶而无法逃脱时，它们会选择将头埋入沙中，仿佛这样危险就会消失。这种"眼不见为净"的做法，正是否认作用的一种生动表现。

否认有多种表现形式。它可以是本质性否认，也就是尽管有大量证据证明某事物的存在，仍然坚持否认现实，比如"鸵鸟政策"；它也可以是行为性否认，通过特定的行为来表达对事实的不承认，比如"掩耳盗铃"；幻想性否认则是通过坚持错误的信念来避免面对事实，比如赌徒输钱时认为"这次只是运气不好，下次一定能翻盘"；而言辞否认则是使用特殊的言辞来否认当前的现状，比如失恋时告诉别人"我们只是暂时分开，她没有离开我"。这些不同形式的否认都在一定程度上展现了心理防御机制是如何运作的。

在某些情况下，否认确实像一剂心理缓冲剂，给我们留出时间和空间去逐步适应压力。比如，小勇突然被公司裁员，这个消息对他来说如同晴天霹雳。

一开始，他选择否认这个事实，觉得自己只是在做一场噩梦。这种短暂的否认，给了他一些时间去慢慢接受这个残酷的现实，也让他有机会调整自己的情绪，不至于一下子就崩溃。

然而，我们必须认识到，否认并不能真正地让问题消失。就像小勇，他虽然一开始选择不去面对失业的现实，但这个问题并没有因此而解决。失业的压力只是被他暂时搁置在了心底，并没有真正消失。如果小勇长时间地否认失业的问题，不积极寻找新的工作机会，那么他可能会陷入更深的困境。否认只会让问题在内心深处不断积累，最终可能会爆发出来，造成更大的困扰。因此，适度使用否认机制是可以的，但更重要的是要勇敢面对问题，积极寻求解决方案。

需要注意的是，否认这种心理机制，在极端情况下，有可能会演变成一种病态心理。在这种情况下，个体不仅会拒绝接受现实，甚至可能坚信自己的否认是正确的。这种错觉可能导致严重的精神健康问题。因此，我们应当警惕对否认机制的过度依赖，并且在必要时寻求专业的心理咨询。

如何解救自我否定型人格?

你是否常常在尝试新事物前就打退堂鼓，总觉得自己肯定做不好，直接选择放弃？那种习惯性的悲观，仿佛成为面对挑战时的默认模式。

那么，如何打破这个恶性循环呢？找个安静的时间，深入剖析自己为何会自我否定，比如说是不是过去的某些经历让你害怕失败？把这些想法记录下来，你会发现，面对它们其实没那么可怕。

尝试去发现自己的闪光点。每当你觉得自己一无是处时，就翻出那些记录优点的小本子看看。你会发现，原来自己也有这么多值得骄傲的才华。还有一个小秘诀，那就是走出去，学会关心他人。在帮助他人的过程中，你不仅能找到自己的价值，还能收获满满的成就感。

最坏的结果也不会比直接放弃更糟。所以，先行动起来，再慢慢调整心态和方法。相信你一定能走出自我否定的阴影，迎接更加阳光的生活。

文过饰非 ◆ 滤镜下的美丽谎言 | 合理化作用

典故探源

成语出自《论语·子张》："小人之过也必文。"

成语"文过饰非"的意思是用漂亮的言辞掩饰自己的过失和错误。文、饰：掩饰。过、非：错误。

时光故事

一位客人来拜见子夏。他满面愁容地向子夏坦言："先生，我无意中犯下错误，心里很清楚，但就是没有勇气承认。我在想，如果能默默地改正错误，是否可以避免那份尴尬呢？这样的想法对吗？"

子夏沉思片刻后开导道："犯错误并不可怕，因为人生在世，每个人都会犯错。关键在于我们如何对待这些错误。即使是圣人也会多次失误。所以，你并不需要因为一个错误就对自己过于苛责。"

子夏停顿了一下接着说："然而，有一种人对自己的错误视而不见，总是找各种借口来掩饰。这样的人才是真正的过错者。因为他们没有勇气去面对自己的过失，也就无法真正地改正它。”

听完子夏的一席话，客人站起身来，腰杆挺得笔直，眼中闪烁着坚定的光芒：“先生，我懂了。逃避不是办法，只有勇敢地正视自己的错误，才能真正地改正它。我不能再躲躲藏藏了，而是要勇敢地面对错误，改正错误。”

“心”解漫谈

当你在考试时碰到难题，你可能会轻声嘟囔：“这题目出得也太偏了！”又或者，在足球场上，当你罚失了点球后向队友辩解：“今天的场地情况太糟糕，影响我的发挥。”在这些情况下，你其实正在无意识地采用“合理化”的心理策略，也就是俗称的“文过饰非”——为自己找理由，以解释或掩饰一些不太理想的结果。

“合理化”宛如内心的一枚精巧滤镜，当人们身陷困境时，它能微妙地调整看问题的视角，展现出更加温和的世界。尤其是遇到阻碍，无法实现既定目标时，这枚心理滤镜便会启动，为人们制造出各种自我辩解的理由。这些理由常常能够遮掩人们内心不愿正视的事实，精妙地避免心理伤害，使心态重回平稳。这便是“合理化”的神奇功效。

举个例子吧，小华是个篮球爱好者，他每天都梦想着能在球场上大放异彩。然而有一天，他在一场重要的比赛中发挥失常，错失关键的投篮。面对这样的挫折，他可能会这样告诉自己：“今天的场地不太对劲，影响了我的手感，而且对方防守也确实严密。”通过这样一番自我开解，小华能够稍微平复心情，减轻失落感，坦然面对失败，并怀揣着信心准备下一场比赛。试想，如果没有“合理化”这一心理机制，小华可能会因为这次失误而深受打击，甚至可能一蹶不振，再也不敢踏上球场。

《伊索寓言》中有关狐狸的故事，更加生动有趣地说明了酸葡萄心理和甜柠檬心理如何起到“合理化”的作用。

狐狸想吃高处的葡萄却够不着，为了减轻挫败感，它自我安慰说：“这葡萄是酸的。"既然葡萄是酸的，那也就没那么吸引人了。所以，酸葡萄心理描述的是，当一个人需求得不到满足时，为了消除挫败感，编造各种理由来贬低那些得不到的东西，以减轻压力，摆脱不满的消极情绪。

而在另一个情境中，狐狸找寻食物无果，最终只找到一只酸柠檬。无奈之下，它告诉自己："这柠檬是甜的，正合我口味。"虽然并不满意，但总比什么都没有好。因此，甜柠檬心理是指，当一个人无法实现所追求的目标时，为了减少内心的失落感，会美化已有东西，刻意强调自己选择的是好的，以此来自我安慰。

"合理化"作用在一定程度上确实能够帮助我们调整心态、缓解压力，然而，如果过度依赖这一策略，人们就容易陷入自欺欺人的误区。因此，在运用合理化这种心理策略时，我们应保持对生活的真实感受，不逃避问题，以更加理性的态度来寻求解决方案。

成长锦囊

为何有些人明明做错了，却拒绝认错？

你有没有遇到过这样的人：他们明明做错了，却打死也不肯承认，反而找各种理由来搪塞。你是不是觉得既困惑又气愤？其实，他们并不是顽固，而是从心底里害怕被人数落、怕被人瞧不起，更怕自己的"高大形象"因此崩塌。特别是那些事事都求完美的朋友，他们视错误为洪水猛兽，认为一旦犯错，整个人生都会失去光彩，因此对他们来说承认错误尤为困难。

然而，真正的勇气，是敢于直面自身的不完美，是敢于坦然说出"我错了"。这绝非软弱的体现，而是一种坚毅的抉择。唯有坦诚面对错误，我们方能汲取教训，进而变得更强大。反观那些始终在逃避错误的人，他们或许能短暂地躲过尴尬，但长远来看，只会使自己陷入更深的泥潭，难以自拔。

事实上，错误是位极佳的导师，它指导我们如何成长，如何一步步向前。因此，当你遇到那些不愿承认错误的人时，就试着耐心引导他们正视错误，一起从错误中学习和进步吧！

投鼠忌器 ◆ 别让“输不起”困住你 | 损失厌恶

成语出自东汉时期班固等编撰的《汉书·贾谊传》：“里谚曰：‘欲投鼠而忌器’。此善谕也。”

成语“投鼠忌器”的原意是指想用东西打老鼠，却担心打坏老鼠身旁的器物。比喻做事有所顾忌，不敢下手。忌：害怕，有所顾虑。

有个富人收藏的一件玉盂价值连城。一天晚上，熄灯之后，老鼠们开始出来闹腾，其中一只胆大的老鼠竟然跳进玉盂中，这一幕正巧被富人看到。富人怒不可遏，立刻抄起一根木棍，蹑手蹑脚地走到玉盂跟前，准备一棍下去击毙那只惹祸的老鼠。

这时，他的妻子急切的声音在他耳畔响起：“你难道没看到那是我们家的宝贝古董吗？万一失手打碎，损失可就大了！为了一只微不足道的老鼠，你真的愿意冒这样的风险吗？”富人举着木棍，不甘心地说：“可是这些可恶的老鼠给我带来了多少麻烦！我绝不能轻易放过它！”

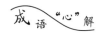

愤怒最终还是占据上风，他猛地挥起木棍砸了下去。结果可想而知，老鼠一命呜呼，珍贵的玉盂也瞬间破碎。富人目瞪口呆地看着地上的碎片，心中的悔意如潮水般涌来：如果当初能冷静下来，考虑清楚后果再行动，或许这一切都不会发生。

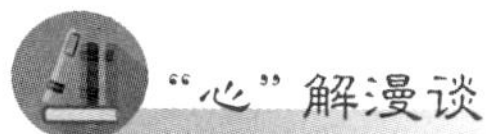

“心”解漫谈

在面对风险决策时，人们的选择往往受到一种深层的心理影响——损失厌恶。经济学家卡尼曼和特沃斯基采用心理学及行为科学的最新研究成果深入研究损失厌恶现象，提出了“前景理论”。

通过一系列实验，他们发现一些有趣的结论。

第一个实验有两个选择：A 是肯定赢 1000 元；B 是有 50% 可能性赢 2000 元，有 50% 可能性什么也得不到。结果大部分被试选择 A，这说明大多数人在面临获利时是风险规避，以获得利益的。

第二个实验同样有两个选择：A 是肯定损失 1000 元；B 是有 50% 可能性损失 2000 元，有 50% 可能性什么都不损失。结果，大部分被试选择 B，这说明大多数人面临损失的时候是风险偏好，以避免损失的。

可是仔细分析就会发现，这两个实验只是玩了个文字游戏而已，其本质是一样的。第一个实验中假设被试刚刚赢了 2000 元，那么如果选了 A 就相当于肯定损失 1000 元；选 B 时，50% 可能性赢 2000 元就相当于 50% 可能性不损失钱，50% 可能性什么也得不到就相当于 50% 可能性损失 2000 元。

这个实验结果说明，当人们在面对可能的获利时，通常会变得谨慎小心，不愿轻易冒险；然而，一旦面临损失，人们似乎都变成大胆的冒险家，宁愿承受更大的风险来避免损失。这就是“前景理论”的两大“定律”。

该理论还进一步指出，人们对损失和获利的敏感度存在差异，损失所带来的痛苦远大于获利所带来的快乐。那么，为何人们对损失如此厌恶呢？进化心理学家认为，这是因为在漫长的进化历程中，人类面临的死亡威胁远超过生存机会。这种长期的选择压力形成了人类对损失的普遍厌恶心理。因此，人们往往对已失去之物更为敏感，而对即将获得之物可能相对迟钝。

受到损失厌恶心理的影响，人们在日常生活中常常会落入各种消费陷阱。例如，当购物时遇到免费试用的产品，很容易因为“现在不买就失去试用机会”而产生购买冲动。同样地，限时优惠券和会员卡打折优惠活动也会让我们觉得“不用就吃亏了”，反而在不知不觉中花费更多。

损失厌恶心理常常会拖慢人们的决策步伐，就如同投鼠忌器一般，人们因为过度担忧潜在的损失可能超过收益而显得迟疑不决，在决策效率上非常保守。要想摆脱这种决策困境，以免因过分谨慎而错失良机，理性地平衡当前利益与可能的损失就显得尤为重要。同时，寻求可信赖的专业人士的建议也是很有益的，他们能从客观且全面的角度为我们提供指导，帮助摆脱那种“输不起”的心理包袱。

成长锦囊

如何摆正“输不起”的心态？

输了一局游戏就心情郁闷，为自己的不足感到气愤，想想就心塞，甚至一整天都是坏心情。这种“输不起”的心态其实很常见。

生活中，失败是难以避免的。冷静想想，为什么会如此惧怕失败？是担心他人的嘲笑，还是难以接受自身的不完美？是对自己不满意，还是无法忍受别人的超越？抗挫力并非仅指从失败走向成功，更在于如何面对和接受失败。

“胜败乃兵家常事”，每个人都有输的时刻，这很正常。在不如意面前，我们不能一味陷入固定思维，认为一次失败就代表了整体的无能。要学会接受自己可能会输，同时还要告诉自己：“我只是暂时没赢，继续努力就好。”

换个角度看，失败中孕育着成功的可能性。一次比赛的失利，并不意味着是终点，反而可能是锻炼意志品质的起点。要知道，“输不起”的人往往“赢不了”。从失利中找到努力的方向，下次就能用更加积极的心态去应对。这样，你会发现自己比想象中更加强大！

覆水难收◆　挥别昨日，启程新旅 | 沉没成本

典故探源

成语出自宋朝王楙所著《野客丛书》："太公取一壶水倾于地，令妻收之。乃语之曰：'若言离更合，覆水定难收。'"

成语"覆水难收"原意是指泼到地上的水，很难再收回。比喻事成定局，难以挽回；也用来比喻夫妻离异后难以复合。覆水：倒在地上的水。

时光故事

姜子牙是商朝末期人，足智多谋，精通兵法，但大半生贫困。据传他曾在朝歌杀过牛，在孟津卖过饭，还从事过其他行业。他的妻子马氏见他一直未能发迹，不愿继续与他过贫苦生活，于是离他而去。

最终，周文王发现姜子牙的才华，并拜他为太师。在姜子牙的辅佐下，武王成功灭商，建立西周王朝。由于姜子牙功勋卓著，被周武王封于齐地，建立齐国。

他以前的妻子马氏看到这一切后感到非常后悔，于是找到姜子牙请求恢复夫妻关系。然而姜子牙并不愿意原谅她，更不想与她重续前缘。他泼出一盆水，说："如果你能将这水收回盆中，我就答应你的请求。"马氏听后立刻蹲下取水，但水已与泥土混为一体，根本无法回收。姜子牙对她说："当初你离我而去时就已决定我们无法再在一起，就像这倒在地上的水一样再也无法收回。”最后马氏只好惭愧地离开。

沉没成本，说白了就是那些已经付出且无法收回的东西，比如时间、金钱、精力等。举个例子，你花费重金买了一张心仪已久的歌星演唱会门票，但突然有事去不了，那钱就算是打了水漂，成了你的沉没成本。

心理学家用实验揭示了人们在面对沉没成本时的决策过程。实验中，心理学家让被试假设自己先购买了票价 100 美元的密歇根滑雪之旅，接下来又发现了一个仅需 50 美元就可成行的更有趣的威斯康星滑雪之旅，于是也买了票。后来发现这两次旅行时间互相冲突，而两张票都不能退或者转让。实验结果真是出人意料：竟然有一半的人选择参加价格更高，但乐趣可能并不多的密歇根滑雪之旅。他们舍不得已经付出的成本，不愿意尝试新的选择。

沉没成本的影响程度可以分为三个等级。最轻微的是那种日常生活中的小纠结，就比如你在网红餐厅外排了四十分钟的队，结果却被告知还得再等一个小时，这时候你会纠结到底要不要继续等待。往上一个等级呢，就是一些稍微大点的损失了，比如你在电视购物平台上买了一件衣服，收到后却发现不太满意，但退货又太麻烦，所以只能偶尔穿穿来安慰自己。而最严重的等级，可能会关系到人生的大决策。比如一个大二的学生想要转系，但又会犹豫，毕竟已经在现在的专业上付出了不少努力，轻易放弃实在心有不甘啊。

人们总是会顾虑沉没成本，这出于两种主要的心理原因。一方面是希望避免浪费，尤其是避免心理上的浪费。就拿在餐厅吃饭来说吧，点了道菜，尝了一口却觉得味道不对。按理说，这时候停下来不吃了才是最明智的，免得吃坏了肚子。但想想已经付了钱，有些人就会硬着头皮继续吃下去。另一方面是维护自尊，试图自我辩解。每个人都希望给他人留下言行一致的印象，因此有时候就算原定的计划已经明显行不通了，人们还是会选择继续执行。毕竟，改变原计划就好像是在承认自己犯了错一样，坚持认知一致性，保住面子很重要。

比如说，好不容易抢到了一张热门电影的票，看的时候却发现电影并不怎么吸引人。虽然电影无聊得让人想睡觉，但一想到已经花了钱和时间，有些人还是会选择继续看下去，不愿轻易退场。

生活总是充满了未知。当你站在人生的十字路口时，不妨停下来问问自己：是选择挥别过去，勇敢地踏上新的旅程？还是继续原地踏步，被过去的包袱所拖累？面对沉没成本的牵绊，我们应该采取理性态度，该放手时就放手，忽略其存在。明智的决策者会专注于当前的选择，而不受沉没成本的影响。所以，在决策时，学会放下过去、摆脱沉没成本的束缚，我们才能做出更明智的选择，才能走得更远。

成长锦囊

为何做完决定后常感到后悔？

你是否常常在做出抉择后，心头涌上莫名的后悔？那种"如果……该多好"的思绪长时期萦绕心头，难以释怀。

后悔从本质上说是用现在的内心需要去看待过去的行为。时间的推移会改变看问题的角度，也会带来反思后的成长。当我们用更成熟的视角去评价以前的决定时，只是在和一个美化的"假设"进行比较，难免让人有心理落差。

决策后有懊悔情绪，往往源于当初信息的不完整。在做出决定的那一刻，我们只能依据当时所知所感做出判断，尽量做出最佳选择。当新的信息和更多的可能性逐渐浮现时，仍然一味执著于后悔，无异于用以前的错误惩罚现在的自己。

要想减少后悔，需要坦然接受已经发生的结果，认识到每个决定都是在当时情境下的最优解。同时，从过往的经历中汲取智慧，增加自己的学识，尽量全面收集信息，培养前瞻性思维，及时地处理各种情况，方为明智之举。

弄巧成拙 ◆ 多此一举的尴尬 | 过度理由效应

典故探源

成语出自宋朝黄庭坚的诗作《拙轩颂》：“弄巧成拙，为蛇画足。何况头上安头，屋下盖屋。毕竟巧者有余，拙者不足。”

成语“弄巧成拙”形容本想卖弄聪明，做得好些，结果做了蠢事，把事情弄得不可收拾。弄：卖弄，耍弄。拙：愚笨，糟糕。

时光故事

北宋时期，成都寿宁寺请画家孙知微为寺庙作画。孙知微画了一幅《九曜星君图》，画中人物衣带飘飘，栩栩如生。进入到最后一道着色工序时，孙知微不巧遇到急事外出。于是，他把弟子们找来并嘱咐他们：“这幅画的主体我已经画好了，只剩下着色。我要外出一段时间，你们务必认真涂好颜色。”

于是，弟子们便开始为画上色。有位叫童仁益的弟子看到画中的童子神态可爱，但是童子手中的瓶子却是空的。他自作聪明地对其他人说：“老师平时画瓶子时总会加上一枝花，这次应该是忘了。我们给他添上吧！”大家想了想，觉得似乎有道理，于是纷纷表示赞同。

孙知微回来后，一眼就发现画中的瓶子里多了一枝花，他顿时皱起了眉头。于是，他把弟子们召集起来，教训道：“童子手中的瓶子是用来镇妖的法器，并不是用来插花的。现在你们添上一枝花，这个瓶子就成了一个普通的瓶子。你们这样做，真是弄巧成拙啊！”

“心”解漫谈

人们常说“弄巧成拙”，意思是说本想聪明地做些好事，结果却适得其反，做了蠢事。这种情况在日常生活中并不少见，尤其是在尝试激励他人时更为明显。比如说，为了鼓励别人做事情，我们可能会给予金钱、物质奖励或者表扬等外部激励。但有时候，这些原本打算激发积极性的奖励，却产生意外的负面效果，削弱了对方的内在动力。心理学上把这种现象称为“过度理由效应”。

心理学家德西在实验中发现上述现象。他以大学生为实验对象，请被试分别单独解决智力测验问题。实验分为三个阶段：第一阶段，每个被试自己解题，不给他们奖励；第二阶段，被试分为两组，奖励组的被试每解决一个问题就会得到一美元的报酬，无奖励组的被试则没有报酬；第三阶段，自由休息时间，被试想做什么就做什么。该实验的目的在于考察在不同情况下被试能否维持对解题的兴趣。结果显示，当奖励停止后，那些之前得到过奖励的被试，对解题的兴趣明显降低，而无奖励组的被试依然保持着高涨的解题热情。

经仔细分析可知，造成奖励组被试失去解题动力的原因，正是第二阶段提供的金钱奖励引发了较为明显的“过度理由效应”。这种效应使得奖励组被试倾向于将获得奖励作为自己解题的主要动机，从而导致他们对解题本身的兴趣发生了改变。当实验进入第三阶段时，对于那些态度已经发生改变的被试来说，一旦奖励取消，他们便失去了继续解题的动力。相比之下，无奖励组的被试由于没有受到“过度理由效应”的影响，他们对解题的兴趣得以保持，使得他们在第三阶段仍然保持着对解题的热情。

这个实验提醒我们，在激励他人时要特别小心，不要好心办坏事，避免“多此一举”的尴尬。当外部奖励成为行为的过度理由时，个体可能会忽视自己内心的兴趣和动力，从而导致行为的可持续性降低。以孩子画画为例，他因为喜欢画画而每天自发地练习，这本身是一件值得鼓励的事情。然而，如果家长为了鼓励孩子画画，每次都给予额外奖励，那么孩子会慢慢产生怀疑：“我究竟是为了喜欢画画而画，还是为了得到奖励而画？”长此以往，孩子的内在兴趣可能会被外部奖励所取代。一旦奖励停止，孩子可能就不再愿意画画了，因为他们的初心已发生变化。

为了减少因外部激励过度而导致的反效果，我们需要更明智地选择激励方式，应当考虑如何适当地结合内在动机和外部奖励，以保持长期的热情，真正激发个体的积极性。

为何解释太多反而让人不信?

怎样让自己的话不仅被听见，还要被相信？你是否遇到过你越努力解释，对方的疑虑反而越深的情况？

解释过多有时会适得其反。当解释变得冗长和复杂时，对方可能会因为注意力的有限而失去兴趣，这不仅无法让别人理解我们的想法，反而可能引起他人的反感。更为严重的是，过度解释有时会让人感觉你在试图掩盖真相，进而产生更多的疑虑和不信任。有时候，无论你怎么费尽口舌去解释，都难以改变别人对你的初步印象，这时再怎么解释都会显得徒劳无功。

如何有效地解释，以避免误会呢？关键是使用简洁明了的语言，要走心。避免使用过多的细节，这样别人可以更容易理解，更轻松地跟上你的思路。在解释时，要注意提供支持观点的实质性证据，这不仅能增强说服力，还能提升别人对你的信任感。最后，避免过度承诺，用简单而真诚的语言表达，不仅让他们理解，更让他们相信。

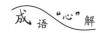

不入虎穴，焉得虎子◆　一跃而入的勇气|满灌疗法

典故探源

成语出自南朝宋时期范晔编撰的《后汉书·班超传》："不入虎穴，不得虎子。当今之计，独有因夜以火攻虏使，彼不知我多少，必大震怖，可殄尽也。"

成语"不入虎穴，焉得虎子"原意是指不敢进入虎穴，就不能捉到小老虎。比喻不亲临险境，不历经艰险，就不能获得成功。

时光故事

班超是东汉有名的大将，被汉明帝委以重任，出使西域的鄯善国，商议建立友好的外交关系。起初，鄯善王对班超的到访表现出极高的敬意，把汉朝使者当作座上宾。但没过几天，鄯善王的态度突然冷淡下来，谈判时总是闪烁其词。经过一番调查，班超得知匈奴也派来使者，威胁鄯善国不要与汉朝接触，这对双方缔结邦交造成阻碍。

夜晚，班超召集部下商议对策："匈奴使团正在暗中破坏，我们的处境非常危险。现在唯一的办法就是利用夜色掩护，攻入匈奴使团的营地，消灭他们。不入虎穴，焉得虎子！只有这样，鄯善王才会诚心归服我们！"大家被班超的勇气和智慧所折服，纷纷表示支持。于是，班超带领部下，手持刀枪弓箭，悄悄摸进匈奴使团的营地，经过一番激战，成功地将匈奴使者全部消灭。

鄯善王见班超如此有勇有谋，充满敬佩之情，马上表示愿意跟汉朝签订友好盟约。班超终于顺利地完成使命，胜利回国。

“心”解漫谈

“不入虎穴，焉得虎子”，这古老的哲理告诉我们，成功并非易事，需要勇气、决心，甚至冒险。有时候，恐惧和焦虑可能会拖累追求梦想的脚步，但是，直面这些难点，我们才能真正超越自我，实现梦想。这个过程与心理治疗的满灌疗法有着异曲同工之妙。

满灌疗法，听起来让人生畏，但实际上，它的原理很容易理解。它基于情绪加工理论，通过实景暴露或想象暴露等方式，让来访者直接面对他们最恐惧、最焦虑的情境。只要让来访者持久地暴露在惊恐因子面前，惊恐反应终究会自行耗尽。它不是一种放松的训练，而是一种认知的挑战，旨在帮助来访者在短时间内迅速调整他们对恐惧、焦虑等刺激的错误认识，消除焦虑不安的反应。

众所周知，恐惧是一种条件反射。有时候，人们害怕某些事物或情境，并不是因为它们真的构成威胁，而更多是因为过去的不良经历导致人们产生逃避行为。与此同时，这种逃避行为又加剧了恐惧感，进而形成恶性循环。因此，满灌疗法的核心理念是鼓励来访者直接面对恐惧的刺激，通过暴露于恐惧源来逐渐克服恐惧，从而打破这个恶性循环。

以治疗怕蛇为例，在实施满灌疗法时，治疗师首先会告知来访者，这里各种急救设备俱全，医护人员都在身旁，他的生命安全是绝对有保障的。接下来，向来访者详细解释治疗的过程，确保来访者对治疗充分信任。然后，治疗师会带领来访者进入一个模拟自然环境的治疗室，如草地、树丛等，这个环境看起来十分逼真，但并没有真正的蛇。治疗师会让来访者想象自己正在这个环境中，然后逐渐暴露于与蛇有关的刺激，例如，逐步展示蛇的图片，播放包含蛇的影片或音频。在这个过程中，来访者可能会因为害怕、紧张或焦虑，感到心跳加剧、呼吸困难等。但治疗师会在一旁提供支持和鼓励。随着时间的推移，来访者发现最担心的可怕灾难并没有发生，会逐渐适应这种刺激，恐惧感也会逐渐减轻。这个过程可能会反复进行多次，直到来访者能够在没有恐惧反应的情况下暴露于与蛇有关的刺激。这意味着来访者已经成功地克服了对蛇的恐惧。

实施满灌疗法并非易事，它涉及一系列复杂的心理和生理反应，需要专业的心理医生来指导。当然，来访者自身也得拿出点勇气来，勇敢地面对那些深藏在心底的恐惧。就像那句老话说的"真金不怕火炼"！只有经历过这些，我们才能锤炼出更坚韧的意志，塑造出更强大的自信心，取得更多的成就。

成长锦囊

如何炼就一颗"大心脏"？

在课堂讨论或演讲比赛中，你是否因胆怯而错失展示自我的机会？是否常因退缩而感到遗憾？

要变得勇敢自信，先要善于自我反思：你究竟在害怕什么？是担心失败的后果，害怕他人的评价，还是对未知的恐惧？深入挖掘内心的真实感受，并向那些胆大的朋友学习，有助于积累勇气。

积极思考是塑造强大内心的基石。在面对挑战时，不仅要关注所谓输赢的结果，更要注重学习过程。用积极的心态去迎接每一个机遇，告诉自己："我能行！"保持一颗平常心，你将会发现，自己的潜力远比你想象得要大，你能够走得更远。

此外，模拟练习也是提升自信的一个有效手段。为了应对不确定的演讲要求，你可以邀请朋友一起进行模拟练习，并认真改进演讲技巧。毕竟，打铁还需自身硬，水平提高了，自信才会随之而来。不要让那些虚构的障碍困扰你，你会惊喜地发现，当你勇敢地挺身而出时，很多想象中的困难就会消失得无影无踪。

渐入佳境 ◆　稳扎稳打，自在前行 | 系统脱敏法

成语出自唐朝房玄龄等撰《晋书·顾恺之传》：“恺之每食甘蔗，恒自尾至本，人或怪之。云：‘渐入佳境。’”

成语“渐入佳境”原指吃甘蔗时，从甘蔗梢开始吃，越吃越甜，后用来比喻境况逐渐好转或兴趣逐渐浓厚。

东晋的顾恺之多才多艺，不但诗赋写得好，而且字也写得很漂亮，尤其是擅长绘画，时人称其为“三绝”（才绝、画绝、痴绝）。

有一次，顾恺之随船到江陵视察部队。当地官员前来拜见，并送来当地特产的甘蔗以示敬意。众人在品尝后，都称赞甘蔗的甜美。当时，顾恺之正沉醉于欣赏江景。同伴见状便开起玩笑，特意挑了一根长长的甘蔗，恶作剧般地把甘蔗末梢一端递到顾恺之手里。顾恺之未加留意便啃食起来。同伴笑着问他甘蔗味道如何。顾恺之这时才发现自己正在啃甘蔗的末梢，他灵机一动，微笑回应道：“你们笑什么？吃甘蔗，就应该从末梢吃起，这样才能越吃越甜，此之

谓‘渐入佳境’！”

其实，顾恺之因为醉心于江景，未曾留意甘蔗的吃法。然而，他机智应对，仿佛真的体验到了越吃越甜的美妙滋味。话音刚落，大家便会心一笑，轻松欢乐的气息在空气中飘散开来。

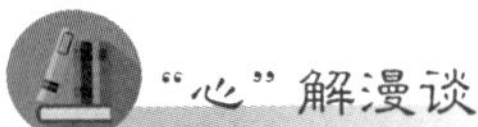

“心”解漫谈

成语“渐入佳境”描述的是事态一步步趋于好转，踏入更加美好人生的变化过程。这与系统脱敏法的核心理念有着异曲同工之妙。它就像一位贴心的向导，引导人们逐步摆脱焦虑和恐惧的束缚，重新找回自信和勇气。

系统脱敏疗法是由美国心理学家沃尔普提出的，也被称为交互抑制法。在临床心理学中，系统脱敏法被广泛用于帮助患者克服各种恐惧和焦虑。其原理就是让当事人慢慢接触那些让他们感到焦虑或恐惧的事物，同时通过放松的方式来对抗这种焦虑情绪，就像是踏上逐渐上升的阶梯，每一步都代表着逐渐适应和克服恐惧的过程。

实施系统脱敏法一般分成三个步骤：首先，建立一个焦虑的等级层次；其次，学习一些放松技巧或其他应对策略；最后，运用这些策略逐步克服每个焦虑等级。举个例子，比如有些人害怕社交，并伴有恐惧、焦虑、头晕等症状。在实施系统脱敏法时，第一步是建立一个社交恐惧表，列出不同程度的社交场合以及对应的焦虑程度。比如与亲朋好友社交焦虑程度最低，与不太熟的人交流时焦虑值中等，与一群陌生人交流时焦虑值偏高，最害怕在公共场合讲话。接下来，选择一种放松方法来对抗焦虑，比如深呼吸。深呼吸能够刺激副交感神经系统，有助于降低心率和缓解紧张情绪。然后，试着从低焦虑等级的社交场合开始逐渐暴露，每次运用放松方法来对抗焦虑。通过反复的训练，患者就能逐渐适应并克服社交恐惧，最终在任何场合都能表现自如。

除了实际暴露于焦虑刺激的脱敏训练外，还有一种叫作想象脱敏训练的方法。这种方法特别适合那些害怕考试、有怯场心理的人。具体的做法是，按照时间顺序，详细记录每次考试各阶段的真实感受，如开始复习时、复习期间、考试前一天、进入考场时等各个阶段的体验。然后，在充分的自我放松后，从第一条记录开始回顾，并尽量详细逼真地想象当时的情景。当感到紧张时，就用言语暗示自己放松下来，同时运用深呼吸、肌肉放松等方法来缓解紧张情绪，直到镇定自若。这样逐条进行训练，即使在回想最紧张的情景时，也能保持轻松自如的心态。

冰冻三尺非一日之寒，生活中困扰人们的难题往往经历了长期的积累，因此，不能奢望这些问题能够迅速得到一劳永逸的解决。系统脱敏法是磨砺心理韧性、提升逆境应对能力的有效工具。然而，真正的转变需要时间，需要深入理解问题的本质，循序渐进地培养内心的强大。只有这样，才能逐步克服困难，实现真正的突破。

如何调整急躁冒进的心态？

面对难题时，你是否心里急得如热锅上的蚂蚁，越急躁思路越乱，最后反而束手无策？在制订学习计划时，是否总想一步到位，然而开头热情高涨，最后却草草收场？这些都是急躁冒进的心态在捣乱。

要克服这种心态，你需要冷静地审视自己的内心需求。需求未被满足就像没有吃饱饭一样，容易被急躁牵着鼻子走，甚至被愤怒冲昏头脑。当情绪急躁时，给自己一个“暂停”的信号，让自己恢复平静。问问自己，是追求满分，还是期待高分？试着调整态度，专注自己能做好的部分，努力接受不完美。

同时，把握行事的节奏也很关键。大事制订书面计划，小事做到心中有数，避免因为忙乱引发急躁。明确做事情的步骤，就像拥有一张通往未来的详尽地图，每前进一步都在上面标记下来，清晰地看到自己的进步轨迹，即使计划有变，也能泰然处之。

从生活的点滴中培养稳定的心态。经常做一些需要耐心的活动，如拼图、练字、刺绣或静心阅读，养成深思熟虑、稳扎稳打的习惯，方能行稳致远。

第五部分

交往之道，成语导行

第九章

用成语剖析社会影响，增进互动智慧

管鲍之交 ◆ 老铁之间的情感纽带 | 友谊

典故探源

成语出自战国时期列御寇所著《列子·力命》："生我者父母，知我者鲍叔也。"

成语"管鲍之交"原意指管仲和鲍叔牙之间的深厚友情。比喻朋友之间交情深厚、彼此信任的关系。

时光故事

齐国的时候，管仲和鲍叔牙是一对友情深厚的好朋友。管仲家境贫寒，还要奉养母亲。鲍叔牙得知后，便与管仲一同投资做生意。由于管仲没有钱，所以本金几乎全由鲍叔牙出资。然而，赚钱后，管仲拿的钱却比鲍叔牙多。旁人对此感到奇怪，但鲍叔牙认为管仲多拿一点没有关系。还有一次，管仲和鲍叔牙共同参战，每次进攻时，管仲总躲在最后面，众人都骂管仲是贪生怕死之辈，鲍叔牙却主动为管仲辩解，称管仲并非怕死，只是因家中有老母需要他回去侍奉。

鲍叔牙始终深信管仲是位胸怀大略、不拘小节的人才。齐桓公即位后，鲍叔牙毫不犹豫地推荐管仲担任齐国宰相，而自己甘愿居于下属之位。在管仲的辅佐下，齐国迅速强大起来，实力远超其他诸侯国，齐桓公成为一代霸主，管仲也因此名垂青史。对于鲍叔牙的知遇之恩，管仲感慨地说：“生我的是父母，了解我的人可是鲍叔牙呀！”

“心”解漫谈

管仲与鲍叔牙之间的故事，深刻地诠释了真挚友谊的根基——信任与支持。友谊就像是一条隐形的精神纽带，将心灵相通的朋友牢牢地连接在一起。无论世界变迁，岁月流转，这样的朋友始终会坚守在彼此身边，相互扶持，共同面对人生的风风雨雨。

友谊在人们生活的不同阶段，会以不同的形态呈现。英国一位社会学家根据调查得出一个数据：人的一生中平均拥有 64 个朋友。从儿时的嬉戏打闹，到学生时代的青葱岁月，再到职场生涯的携手并进，我们的人生旅程中总会有那么一些朋友，陪伴我们走过各个阶段，与我们分享欢笑与泪水。随着时间推移，当心灵交流逐渐深化到“你中有我，我中有你”的境地时，那份深厚的情谊已然超越普通朋友的界限。

心理学家告诉我们，友谊不仅仅是一种亲密的关系，更是一种互惠的情感。人们在友谊中寻求的不仅仅是物质的帮助，更重要的是情感的依托和精神的慰藉。这种深层次的交流，让人们在行为方面表现出热情、喜爱和亲密，使得友谊的纽带更加牢固。因此，友谊并非只有表面的友好，它更是一种责任，要求双方深切地关怀对方，真诚相待、互相尊重。此外，友谊也存在性别差异，有着各自的韵味。女性间的“闺蜜之情”更注重情感的分享和交流，而男性间的“兄弟之谊”更侧重共同的兴趣和责任。这也反映了社会文化赋予男性和女性不同的期待。

当然，友谊的道路并非总是平坦无阻。“友谊的小船”能不能稳稳当当地航行，取决于友谊的质量。它不光体现在朋友间的默契，更要看他们在碰到矛盾时能不能互相包容。人们往往有一种误解，认为友谊就是天天乐呵呵的，一起分享快乐、互相支持，却把那些小争执、小分歧给忘了。要知道，友谊并非尽善尽美。每个人都有自己的个性和需求，我们不能期待一个朋友满足我们的所有期望。正如一幅拼图，不同的朋友就像不同的拼图组块，放在一起才能拼出五彩斑斓的生活全貌。只有我们都愿意打开心扉，一起努力解决问题的时候，这艘“友谊的小船”才能乘风破浪，稳健前行。

正如人生旅途中，总会有一些人上船，也会有一些人下船。生活中，我们也不得不面对友谊的结束，这是成长的必然。有一首诗这样写道：“两棵在夏天喧哗着聊了很久的树，彼此看见对方的黄叶飘落于秋风，它们沉静了片刻，互相道别说明年夏天见！”让我们珍惜每一个与朋友相识、相知的机会，怀着理解与期待的心情，去迎接人生旅途中每一段新的友谊吧！

如何区分“哥们义气”和真友谊？

你是不是也有过这样的困惑：身边的“哥们”很多，但真正的朋友几乎没几个？“哥们义气”和真正的友谊，究竟有什么不同呢？

少年时期交友总是真挚而热烈。有时候，只要在某一方面一拍即合，找到共同语言，就迅速结下“铁哥们”之缘。这种被接纳、被认同的温暖，如同冬日暖阳。然而，当“哥们义气”被误读为无原则的相处，只讲友谊，不讲是非，甚至成为盲目跟随的挡箭牌时，它便失去了原有的美好。

真正的友谊，如同参天大树，深深扎根于理想、兴趣、爱好的肥沃土壤中。它让我们在成长的旅途中不再孤单，有朋友分享欢笑与泪水，携手共进。真友谊也不会沉迷于小群体，而隔断与班集体的紧密联系。

“哥们义气”和友谊并不是一回事。前者只能带来短暂的欢愉，后者更值得我们珍视。因为看重品质、价值观，寻求共同成长之道，才是结交友谊的真谛。

摩肩接踵 ◆ 人潮汹涌，我自从容 | 拥挤

典故探源

成语出自《晏子春秋·内篇·杂下》：“临淄三百闾，张袂成阴，挥汗成雨，比肩接踵而在。”

成语“摩肩接踵”的意思是肩擦着肩，脚跟碰着脚跟。形容来往的人很多，很拥挤。摩：擦。踵：脚后跟。

时光故事

晏婴是齐国有名的外交家。有一次，晏婴出使楚国。楚王知道他身材矮

小，就故意在城门旁边开了个狗洞，打算让晏婴从狗洞进城，想以此羞辱他。但晏婴回应说：“只有出使狗国的人，才会从狗洞进去。我出使的是楚国，请问楚国是个狗国吗？如果楚国是个人国，就应当请我从城门出入。”负责接待的官员听了这番话，只得灰溜溜地引导晏婴从城门进城。

晏婴抵达楚国王宫，楚王站在高处，故作姿态地问道：“齐国难道没人可选了吗？怎么会派你这样的人出使楚国呢？”

晏婴听后，立刻反驳道：“齐国的都城拥有三百条街道，人口多到展开衣袖便能遮住太阳，人们挥洒的汗水如同下雨，行走在路上的人们肩并肩，脚碰脚，怎么会说没人呢？不过我们有个规矩：贤明的使臣会被派到贤明的国君那里，而无能的使臣则去见无能的国王。在齐国，我是最无能的，因此就被派到楚国。”面对晏婴的机智回应，楚王只得改变态度，以隆重的礼仪接待晏婴。

“心”解漫谈

当你登上顶峰，一览众山小，心境顿觉开阔；当漫步海边，听涛声，观海景，心旷神怡，内心变得宁静。然而，身处摩肩接踵、熙熙攘攘的街头，或置身于局促狭小的房间内，那种压抑和焦虑感便油然而生。这种天壤之别说明拥挤的环境对人们的心理有着微妙的影响。

拥挤的感觉并非仅仅因为人数的多少。在某些场合，如球迷看球、元宵观灯时，人们反而非常享受人多带来的热闹氛围。所谓的拥挤感最重要的是当个人空间被侵犯时，会产生强烈的不适感。20 世纪 60 年代，心理学家沙姆在刚刚开门的阅览室里进行心理学实验。当阅览室里只有一个人时，沙姆便坐在那个人的身边。实验结果显示，在只有沙姆和对方两人在阅览室的情况下，没有一个被试能够忍受陌生的沙姆紧挨着自己坐下。当沙姆坐在他们身边后，大多数人会选择默默地走到别处坐下，甚至有人直接发出抗议。因此，沙姆提出每个人都存在着一个像“神秘气泡”一样的势力范围，外人对这一范围的侵犯将会引起个体的焦虑不安。这个“气泡”并非物理性的存在，而是心理上的需求，也就是个人需要的最小空间范围。

美国人类学家爱德华·霍尔在此基础上进一步提出四种人与人之间的距离：亲密距离为15厘米之内的距离，是夫妻、恋人或亲密朋友之间的交往距离。个人距离则适用于朋友之间的日常交往，大约在46厘米至1.2米之间。而社交距离，大约在1.2米至2.1米之间，是人们在正式场合或一般社交活动中所保持的距离。公众距离则适用于大型公众活动，如演讲、集会等，距离超过3.7米。

很显然，当环境太拥挤的时候，人们本来应该保持的社交距离或公众距离就被压缩得没影了，甚至被硬挤到亲密距离去了。这种不合适的距离感会破坏人们对空间的需求，引发心理上的烦躁不安。研究表明，当人们处于在高密度的环境中时，焦虑感会明显上升，对陌生人会变得更加敌视，尤其是男性的攻击性会显著增加。生活中因拥挤而引发的争吵及打架事件屡见不鲜，就是有力的证明。

人们对拥挤的感知，并不仅仅取决于人口密度，还受到诸多其他因素的影响。比如，当人数过多导致行动受限或资源紧张时，人们会更加强烈地感受到拥挤。再比如，高峰时段的地铁，空间狭小到人都要被挤扁，但有趣的是，对于那些已经习惯了拥挤的上班族来说，哪怕地铁里稍微空一点，他们都会觉得相当宽敞。这是因为他们已经在拥挤中磨炼出了一种从容的心态，深知拥挤本身就是生活的一部分。他们甚至会在乘车期间听听音乐或者翻阅一本书，分散自己的注意力，减少视觉上的刺激，从而达到“眼不见，心不烦”的平和状态。

如何营造良好的心理空间？

你是否曾有过这样的体验，当你觉得心情压抑，好像四周筑起了高墙，透不过气来？那种感觉，就像是被困在一个狭小的盒子内，急需找到出口，让心灵得以舒展。

在现实生活中，我们或许会受到狭小居住空间与快节奏生活的限制，但我们有能力调整心态，为自己营造一个更宽广的心理空间。它的大小其实与人的经历紧密相连。遇到同样一件棘手的事，最初我们可能会惊慌失措，但随着问题的解决，它在我们心中占据的空间会逐渐缩小。人们常说，心态是可以逐步扩展的。经历得越多，心理空间也会变得越发宽广。

无论外界环境如何喧嚣，我们都应为自己守护一片心灵的净土。当你站在山顶，群山连绵，美景尽收眼底；或漫步于海边，倾听海浪声，远眺海天一色。这是自然空间的心灵治愈力量，让你开阔心境，乐而忘忧。当你感到疲惫，不妨闭上眼，深呼吸，想象那些你向往的静谧之地。这个小妙招能助你迅速平复情绪，重焕活力。

三人成虎 ◆　人云亦云，何以明智？ | 从众行为

成语出自西汉时期刘向编订的《战国策·魏策二》："夫市之无虎明矣，然而三人言而成虎。"

成语"三人成虎"原意是指三个人说集市上有老虎，这种荒诞的说法竟成了事实。比喻谣言经过多人扩散，别人就会信以为真。

魏国大臣庞恭将要陪同魏太子前往赵国作为人质。临行前，他特地前往王

宫，向魏王表达自己的担忧。庞恭对魏王说："如果有一个人告诉您，在熙熙攘攘的闹市中，他看见了一只老虎，您会相信吗？"魏王毫不犹豫地回答："我当然不信。"庞恭接着问："如果是两个人都对您这样说呢？"魏王仍然坚定地表示："那我也不信。"庞恭紧追不舍地问："如果三个人都声称亲眼看见了闹市中的老虎，您会信吗？"魏王稍作犹豫后答道："这么多人都说看见过老虎，我当然会相信。"

庞恭分析道："街市上显然不会有老虎出现，然而，当三个人都声称看见老虎时，人们便容易相信那里真的有老虎。如今，我将陪同太子前往赵国，要是有人说我坏话，希望您不要轻易相信！"魏王听后，勉强地点了点头，表示理解。

庞恭走后，一些平时对他心怀不满的人开始说他的坏话。时间一长，果然魏王听信这些谗言，再也不愿意召见庞恭。

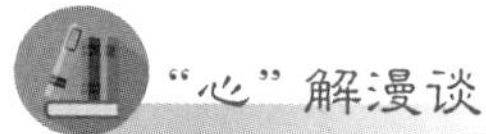

"心"解漫谈

"闹市中有老虎"的谣言之所以能够掩盖真相，恰恰暴露了人们易受从众心理的影响。在这个信息时代，你耳边充斥着各种声音，"随大流"的现象愈发普遍，让人不禁思考：这样的从众行为真的明智吗？我们该相信谁？

走在熙熙攘攘的大街上，要是所有人都仰头看向楼顶，你也会不自觉地加入这个行列，尽管你并不知道他们究竟在看什么。网购的时候，看到某个商品销量特别高，好评如潮，你可能就更容易下单。在社交媒体上，看到一堆人都在转发某个帖子，可能你也会觉得，这么多人都转了，那我也转一个吧。这些看似平常的行为背后，其实隐藏着从众心理的影响。

为什么人们会有这样的从众行为呢？答案或许并没那么复杂。从进化心理学的角度来看，人作为社会性动物，渴望被接纳、被认同。在面对不确定性的情境下，人们倾向于在做决策时与大多数人保持一致，因为与大多数人背道而驰可能会让人感到不安、孤独甚至会受到排斥。因此，人们通常选择相信大多数人的决策，并倾向于采取与众人相同的行动。

然而，这种从众行为并非总是可靠的。美国心理学家所罗门·阿希曾进行过一项著名的线条长短比较实验。实验中，每组只有 1 个人是真正的被试，另外 6 个人是假被试。阿希拿出一张画有一条竖线的卡片，然后让大家比较另一张卡片上的 3 条线中的哪一条线和这条线等长。判断共进行 18 次，真正的被试总是被安排最后一个发表意见。这些线条的长短差异非常明显，正常情况下人们很容易做出正确判断。然而，实验结果显示，当 6 个假被试故意异口同声地说出完全错误的答案时，平均约有 37% 的真正的被试选择了与多数人意见一致的错误答案，表现出明显的从众倾向。

那么，究竟哪些因素会影响人们的从众行为呢？研究显示，情境的不确定性、群体的凝聚力以及个体对压力的承受能力都是关键因素。当人对某个情境缺乏了解或把握时，会更容易受到他人意见的影响；而当群体成员间相互信任、凝聚力强时，个体更可能采纳与群体一致的观点。此外，那些担心因与众不同而遭受社会排斥或失去社会认同的个体，更容易选择从众。

从众行为并不是一个简单的现象，而是由多种复杂因素共同作用的结果。当面对从众压力时，我们既要慎重考虑多数人的意见，也要坚持独立思考，像故事《皇帝的新衣》里的小孩那样，敢于发表独到见解，保持批判性思维，不被谣言所蒙蔽，才能提高自己明辨是非的能力。

成长锦囊

如何拒绝“随大流”，做到与众不同？

你是否曾在选择中迷茫，尽管心里有点儿犹豫，但一看大家都这么做，你也就迷迷糊糊地跟着走了？在做决定的时候，纠结得要命，不知道是该听自己的还是听大家的？

“随大流”并非全然无益，它有时能帮我们迅速做出决定，避免一些风险，还能让我们从别人身上学到智慧和经验。但是，老跟着大家走，也容易让我们忘了自己是谁，不知道该往哪儿去。

想要做一个“独立思考者”，那就得勇敢地跟潮流说“不”。当大伙儿都一个劲儿往前冲的时候，你不妨来个急刹车，放慢生活的节奏，静下心来问问自己：这真的是我想要的吗？这样做的意义在哪里？

独立思考并非只是简单地与众人背道而驰，而是需要我们有坚定的决心来做出选择，并有勇气去承担由此带来的后果。手握独立思考这把钥匙，我们可以释放内心的潜能，让每个决策都闪耀着智慧的光芒。

东施效颦 ◆ 当心成为"复制品"| 模仿行为

典故探源

成语出自《庄子·天运》："故西施病心而颦其里，其里之丑人见而美之，归亦捧心而颦其里。"

成语"东施效颦"原意是指丑女东施模仿美女西施皱眉的故事。现用以形容盲目模仿别人而失去自己优势的行为。效：模仿、仿效。颦：皱眉。

时光故事

春秋时期，越国有个美女名叫西施。西施患有心口痛的病，每次病痛发作时，她都会双手捂住胸口，疼得紧皱眉头。村里人看到她这副模样，都会怜爱地说："看这姑娘的样子，肯定是疼得难受了，真是可怜！"

村里有个女孩叫东施，她觉得自己长相平平，所以总是刻意模仿西施。无论西施穿什么款式的衣服、梳什么样的发型，还是走路的姿态，她都会效仿。当她听到村民们都夸赞西施手扶胸口的样子很美丽时，便也学着西施的样子扶住胸口，皱着眉头，在人们面前慢慢地走动。

然而，村民们看到东施装腔作势地模仿西施的怪样子后，有钱人家紧紧关闭大门，不想看见她；穷人家则带着妻儿远远躲开。实际上，西施的美是天然的，即使她捧着心口、皱着眉头，人们仍然觉得她美；而东施本来就长得丑，身体也没病，再捧心口、皱眉头就显得更丑了。这也难怪人们都被她吓跑了。

"心"解漫谈

东施看到西施皱眉的样子十分美丽，便也模仿她皱眉，结果却成了旁人的笑谈。这引出了一个重要的心理现象——模仿。模仿，是在无外界强制干预的情况下，个体受到他人行为的影响而自觉仿效，试图使自己的言行举止与他人趋于一致。

模仿似乎是人的天性，每当观察到他人的行为，大脑仿佛被触发了"复制"功能，驱使人们进行模仿。但值得注意的是，模仿并非单纯的"复制、粘贴"，否则东施效颦的尴尬就会再次上演。

美国心理学家班杜拉曾深入研究过模仿行为，并提出了社会学习理论。他将参与实验的儿童分为甲、乙两组。在实验的第一阶段，他让两组儿童分别观看一段录像片。甲组儿童看到的录像片中，一个大孩子在打一个玩具娃娃，随后一个成人出现，并奖励大孩子一些糖果。而乙组儿童观看的录像片开头与甲组相同，但随后出现的成人却打了那个大孩子一顿，作为对他不良行为的惩罚。

观看录像片之后，两组儿童被分别带入了一个放有玩具娃娃的小屋。实验结果显示，甲组的儿童们纷纷模仿录像片中的大孩子，对玩具娃娃进行击打。相反，乙组的儿童则显得较为犹豫，很少有人敢于尝试击打玩具娃娃。这一实验结果表明，对榜样的奖励能够促使儿童模仿榜样的行为，而对榜样的惩罚则会使儿童避免重复该行为。

在实验的第二阶段，班杜拉鼓励孩子们模仿录像中的大孩子击打玩具娃娃，并承诺模仿得最像的孩子将获得糖果奖励。结果，两组儿童都表现得异常积极，纷纷用力击打玩具娃娃。这一现象充分表明，通过观看录像，两组儿童都已习得了攻击行为。在第一阶段实验中，乙组儿童未展现攻击行为，并非因为他们没有学会，而是出于对录像中所展示惩罚的恐惧。然而，在糖果奖励的激励下，他们终于克服这种恐惧，与甲组儿童一样，展现出所学的攻击行为。

如何看待模仿行为呢？模仿，作为人类学习的一种重要机制，能够帮助我们迅速适应环境，掌握新技能。然而，我们也需要认识到，模仿并非都是积极的。不假思索地模仿，可能会使我们丧失创造力。在这个信息泛滥的时代，教师需要特别引导学生正确看待模仿，教导他们明辨是非，有选择地进行模仿，以免沦为缺乏主见的"复制品"。

当你想模仿别人的时候，不妨先停下来思考一下：这样的模仿真的对我有好处吗？我会不会因此丢了自己的个性呀？别忘了，模仿可不是咱们的最终目标，真正的目标是在模仿中发现自己的闪光点，成为更加出色的自己。

成长锦囊

如何效仿"学霸"，提升学习成效？

你是否羡慕"学霸"的辉煌成绩，然后试着模仿他们的学习方式，期待自己也能一飞冲天？不过啊，模仿这事儿，真得动点儿脑筋才行！

选择正面积极的榜样，这点儿很关键。这个榜样应该在你关注的领域内大放异彩，他的学习态度能够触动你的内心，其成功经验具有可操作性，让你真心觉得："哇，这家伙真厉害，我得学学他！"这样，你才有动力去追随他的学习脚步。

设定清晰具体的学习目标是模仿学习的核心。别说那些类似"我要变得跟他一样牛"的空话，要具体点儿——"我要学会某项技能，达到这个水平"。这样的目标，才能让你更有方向感，也更容易衡量自己的学习成果。

如今信息渠道这么多，你完全可以通过观看视频、聆听线上讲座、加入学习社群等各种方式来学习。选一种你最喜欢的学习方式，然后一头扎进去好好学。要是能邀请到“学霸”一起互相督促，那就更棒了。这样，你就能在及时的反馈中持续学习，不断进步啦！

身轻言微 ◆　让你的言语更有分量 | 权威效应

典故探源

成语出自南朝宋时期范晔编撰的《后汉书·孟尝传》：“臣前后七表言故合浦太守孟尝，而身轻言微，终不蒙察。区区破心，徒然而已。”

成语“身轻言微”形容地位低下，说话即使正确也不为人所重视。

时光故事

东汉时期，有一位名叫孟尝的小吏。他凭借正义和智慧，成功为一桩人命冤案平反昭雪，赢得民众的广泛赞誉，使得他的名声大振。后来，孟尝被任命为合浦太守，他有针对性地制定保护珍珠母贝的法令，有效提升珍珠产量，使得原本贫困的合浦地区逐渐繁荣起来。当地采珠人和老百姓对他的政绩赞不绝口。

尽管如此，孟尝却未得到朝廷的赏赐和提升。尚书杨乔非常了解孟尝的人品和才干，曾先后七次向汉桓帝上书推荐，但都没有反响。于是，杨乔又第八次给皇帝上书，他写道："我前后七次向陛下举荐孟尝，但因为我职位低下，言语也就微不足道，始终没有得到采纳。"他很恳切地向桓帝表示：孟尝确实是一个品德高尚的人，为百姓做了很多善事。如果能任用这样难得的清廉之士，定能成就大业，为天下造福。

然而，汉桓帝仍然没有采纳杨乔的建议。最终，孟尝以生病为由，辞官归隐。

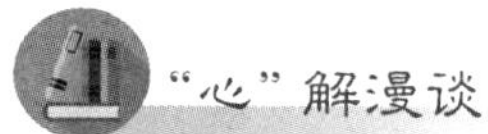

"心"解漫谈

人们常说"人微言轻、人贵言重"。这句话意味着，一个人要是地位高，有威信，受人敬重，那么他所说的话和所做的事就更容易引起别人的重视，并使人坚信其正确性。在心理学上，这种现象被称为"权威效应"。它描述了人们倾向于信任那些具有较高社会地位或专业知识的人。

美国心理学家托瑞做过一个实验，他让飞机场空勤人员（其中有驾驶员、领航员、机枪手）一起讨论解决某个问题，每个成员必须首先提出自己的解决办法，最后把全组同意的办法记录下来。结果发现，绝大多数成员同意领航员的办法而很少同意机枪手的。当领航员有正确办法时，群体会 100% 同意；而当机枪手有正确办法时，群体中只有 40% 的人同意。

"权威效应"之所以存在，源于人们的崇拜心理，即人们通常认为经验丰富、地位显赫的人更可能发表真知灼见。同时，人们的安全心理也在起作用，他们希望通过遵循权威的指引来获得安全感，进而提升自己选择的准确性。另外，遵循权威的建议行事，有时还能赢得更多的赞许，包括奖励。

在现实生活中，"权威效应"的应用实例俯拾皆是。比如，广告商会邀请著名专家来代言某产品，以此提升消费者的信任度；在辩论中，人们会引用权威人士的话语作为有力论据；而在看病治疗时会倾向于选择专家号，毕竟在大多数人眼中，专家的意见总是更为可靠。相传，南朝的刘勰写出《文心雕龙》后无人重视，他想请当时的大文学家沈约审阅，但沈约不以为意。后来他装扮成卖书人，将作品送到沈约手中，沈约在阅读后给予极高的评价。这一权威人士的赞许，使得《文心雕龙》迅速受到了追捧，最终成为中国文学评论的经典之作。这个故事生动地展示了权威效应的力量。

然而，权威并非永远正确。古希腊哲学家亚里士多德曾认为物体自由下落的速度与其重量成正比。这一观点在当时被广泛接受，成为权威理论。但伽利略却对此质疑，并通过著名的比萨斜塔实验证明自由落体运动的真实规律，从而打破了这一权威观点。这说明权威效应虽然强大，但也有可能导致我们盲目跟从，失去独立思考的能力。

要让自己的言语更有分量，可以巧妙利用“权威效应”。当然啦，光靠权威可不够，自己也得努力提升威信，多学习，提高自己的专业技能，这样才能在人际交往中更加从容不迫，影响他人于无形之中。

如何最大化地提升个人影响力？

在茫茫人海中，你是否觉得自己渺小？其实每个人都蕴藏着影响他人的巨大能量，关键在于我们如何发挥。

从古至今，个人影响力的核心始终围绕着“信任”二字。这份信任植根于你的品格、才能以及言行的一致性。在当下社会，信用更成了信任的延伸，它赋予影响力更持久的生命力。

沟通能力是提升影响力的基础。如果你无法清晰、有效地传达自己的想法，又怎能说服他人，赢得他们的支持呢？所以，倾听是沟通的第一步。简练走心的口头表达，自信开放的肢体语言，无疑都可以为沟通效果加分。

生活中的点点滴滴，无论多小，都有可能像水面上的涟漪，一圈圈扩散出去，触动周围的人。你每一次的善意和援手，都是对这个世界的温暖贡献。多参与社交，加入兴趣相投的社团，与志同道合的伙伴携手，你的影响力将会像雪球一样，越滚越大。

滥竽充数 ◆ 拒绝"摸鱼大师"| 社会惰化

典故探源

成语出自战国时期思想家韩非的著作集《韩非子·内储说上》："南郭处士请为王吹竽，宣王说之，廪食以数百人。宣王死，湣王立，好一一听之，处士逃。"

成语"滥竽充数"比喻没有真才实学的人混在行家队伍中充数。也比喻以次充好或者表示自谦。滥：与真实的不符，引申为蒙混的意思。充数：凑数。

时光故事

战国时期，齐宣王喜好音乐，尤其对竽的合奏情有独钟，他组建一支三百人的吹竽乐队进行表演。有个叫南郭的人听说齐宣王钟爱合奏，便跑到齐宣王那里，吹嘘自己擅长吹竽，博得齐宣王的赏识，被编入吹竽的乐师班里。

实际上，南郭先生对吹竽一窍不通。每当乐队演奏时，他便混在队伍里装腔作势，尽力模仿他人的动作，甚至看起来比任何乐师都要卖力演奏。由于南郭先生学得惟妙惟肖，而且几百个人一起吹奏，齐宣王并未察觉到任何异常。

就这样，南郭先生靠装样子在乐队里混日子，享受着优厚的待遇。

但世事难料，几年后，齐宣王驾崩，他的儿子齐湣王继位。齐湣王同样喜欢音乐，但与父亲不同，他更喜欢听竽的独奏。他要求乐师们一一上前，单独为他演奏。南郭先生意识到再也无法蒙混过关，连夜收拾行李赶紧逃走。

“心”解漫谈

南郭先生为何能长期滥竽充数却未被发现？其背后的缘由究竟是什么呢？或许，“社会惰化”这一心理效应正是南郭先生能够蒙混过关的“秘诀”。所谓社会惰化，就是当一群人共同承担某项任务时，每个成员付出的努力往往会比他们独自完成时少得多。

心理学家瑞格曼设计过一个简单而经典的拔河比赛实验。他分别用仪器来测量被试在单独情境下拔河的拉力，以及在群体情境下拔河的拉力。结果发现随着被试人数的增加，每个被试平均使出的力量在逐渐减少。一个人拔河时平均出力 63 公斤；三个人的群体拔河时，平均出力是 53.5 公斤；八个人时是 31 公斤。这个实验揭示了当共同完成一项任务时，群体人数越多，个人出力越少的现象。

为何在人数众多的群体中，总会出现有人出工不出力，甚至浑水摸鱼的现象呢？

其实，社会惰化并非源于人们内在的懒惰，而是受某些心理因素的影响。在团队合作项目中，假如有人看到自己的努力被其他成员的“摆烂”所掩盖，内心难免会感受到不公，很容易产生“凭什么他可以坐享其成？”的不满心理。这种情境下，当个人的贡献在群体中难以被单独彰显时，一些人便可能选择搭便车，减少自己的工作量。

而且，人们普遍具有从众心理，即倾向于模仿周围人的行为，以融入群体。在团队中，假如观察到其他成员并未全力以赴，你可能会认为“既然大家都这样，那我也没必要太努力”。这种心态导致大家都降低投入程度，最终影响团队的整体效率。

另外，随着群体规模的扩大，每个成员所受的外界影响逐渐减弱。这时，个体在群体中的责任感可能会降低，会想“反正赖不到我头上”，从而放松了对自己的要求。就像在上述拔河比赛中，个人可能会觉得自己的力量对整个团队的影响微乎其微，因此更容易成为“摸鱼大师”。

为了降低社会惰化的影响，我们应该及时公布整个群体及每位成员的工作绩效。在展示团队整体成果的同时，也要公开赞扬每位成员的独特贡献。这样，每位成员都能清晰地感受到自己的努力得到肯定，从而更加投入地工作。当成员们意识到团队中其他伙伴也在不懈努力，并取得显著成绩时，这无疑会增进团队成员间的默契与信任。

另外，在面临需要团队合作的任务时，为了保证紧密的协作，我们应合理控制团队规模，当团队整体成功时再进行额外奖励。这样的措施能够最大限度地提升团队效能，有效避免“三个和尚没水喝”的窘境。

成长锦囊

人多为何力量反而小？

在小组讨论中，积极的成员讨论得热火朝天，但总有少数成员心不在焉，低头玩手机，导致合作效果不尽如人意。这是为什么呢？其实，“人多力量大”并非绝对，因为在某些情况下，“我不做也有人做”的心态会导致群体中的个别人放松自我要求，“总会有人负责”的心理也会进一步削弱群体的力量，降低每个人的贡献度。

为了避免这种状况，可以尝试将任务细化并明确分配给每个人，让每个成员都知道要做什么以及怎么做才算完成。这样做不仅能体现集体的最终成果，而且能让每个人的贡献都被看见。当个人知道自己的懈怠会被众人发现，并可能招致众人的不满，自然会拼尽全力，增加投入。

集体力量的大小并非简单地取决于人数，要看参与者目标是否明确，是否同心协力，“人”与“事”能否恰好匹配。这需要智慧地激发每一个成员。只有这样，才能将人多的潜在优势转化为实实在在的强大力量。

寸草春晖◆　母爱，不只是呵护 | 亲子关系

成语出自唐朝孟郊的诗作《游子吟》：“谁言寸草心，报得三春晖。”

成语“寸草春晖”原意是指小草微薄的心意报答不了春日阳光的深情。比喻父母恩情深重，子女即使竭尽心意也难以报答。

唐代诗人孟郊自幼家境贫寒，生活艰辛。他经历重重困难，终于在五十岁时获得溧阳县尉的职位。生活稍有稳定，他便急不可待地将母亲接来与自己同住。孟郊在历经世间冷暖后，更加感到亲情的珍贵，于是他挥笔写下这首广为人知的母爱名篇《游子吟》：“慈母手中线，游子身上衣。临行密密缝，意恐迟迟归。谁言寸草心，报得三春晖。”

此诗描绘了贫困之家的儿子即将远行，母亲亲手为他缝制衣物的情景。诗中，母亲在儿子临行前用细密的针脚为他缝制衣物，希望这件衣服能更耐穿，因为担心儿子会迟迟不归。

诗人感慨地写道：“母爱的温暖如同春日的阳光，而子女则如同春天的小草。阳光无私地照耀着小草，给予其生命与活力。然而，小草又怎能完全回报

太阳的滋养之恩呢？"

孟郊通过描绘母亲为即将远行的孩子缝制衣物的场景，传神地展现人世间最平凡却又最伟大的母爱，使得这首诗成为不朽的经典之作。

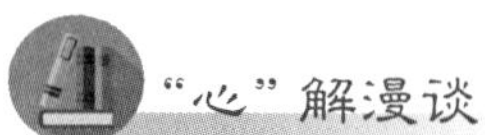

"心"解漫谈

从自然界的动物到万物之灵的人类，尽管母爱的展现形式不同，但那份深沉的情感和无私的奉献却是如出一辙。母爱如和煦春风、冬日暖阳，无声无息地洒落在我们的生活中，带来生命的温暖。

你知道吗？雌性动物在孕育新生命时，体内会自然而然地激发出一种母性本能。一只刚刚产下幼崽的猫妈妈，尽管疲惫不堪，却依然细心地用舌头轻轻舔舐着小猫，帮助它们清洁身体。这份本能，不是靠后天学习得来的，而是刻在基因里的。母性本能的力量驱使它们无微不至地照料、护卫自己的小宝贝。它跨越了物种的鸿沟，让我们感受到生命的奇迹。

而在人类社会中，母爱更是被赋予了更深的意义。从孕育生命的那一刻起，母亲与孩子之间便缔结了一种难以言喻的纽带——母婴联结。这种联结，既是生理上的相依相偎，更是情感上的交融相通。通过拥抱、微笑等亲密的互动方式，母亲和孩子建立起深厚的信任和安全感。这种联结对于孩子的身心发展有着深远的影响，甚至能够增强孩子的免疫力、减少疾病的发生。

各种文化背景下，母亲的形象总是备受赞誉。她们是孩子生命旅程中的第一位引路人，更是他们成长道路上不可或缺的陪伴者。这份特殊的地位，让母亲这个角色承载极高的期望，带来沉甸甸的压力。不难想象，当一个新手妈妈在抱着她那柔软的小宝贝时，内心涌上的除了满满的爱，可能还有一连串的困惑：我能做好吗？我能满足所有人的期望吗？这种角色转换带来的挑战，加上生活中突然多出来的大量琐事，足以让新手妈妈手忙脚乱。

大多数时候，母亲们需要勇敢地面对各种压力。她们可能会因为身份的转变、生活节奏的紊乱而感到焦虑不安。这些情绪上的波动，或许只是短暂的"产后沮丧"，但也有可能演变为更棘手的"产后抑郁"，这时就需要及时的专业治疗与心理支持。在这个关键时刻，她们最需要的是理解与支持，而不是被指责为“不够坚强”或“不够称职”。

随着生活的不断磨砺，我们会愈发深切地体会到母亲的辛勤努力和默默奉献。理解母亲这一角色是一个持续不断的学习过程，它就像一幅缓缓展开的画卷，让人们逐步领悟。学会心怀感恩吧，珍视与母亲共度的每一刻温馨时光，并通过实际行动为她营造出一个充满温馨的环境。只有这样，我们才能真正体会到母爱的伟大，并真诚地回报她们的无私付出。

如何应对父母的唠叨？

你有没有这样的烦恼，每当父母开始唠叨，你就感觉头皮发麻，想要逃离现场？这份“甜蜜的负担”让人感受到压力。

父母的唠叨往往源于对我们的关心，不能简单地将其视为打扰，反复叮咛恰恰说明他们觉得这份提醒很重要。每当你不耐烦时，提醒自己：这是爱的表现，他们希望我更好。试着换位思考，从他们的角度理解那份担忧。同时，主动分享你的生活，让他们看到你的成长，减少他们不必要的担忧。如果觉得父母的唠叨过于频繁，你可以选择一个适当的时机与他们深入交流，例如说：“我知道你们关心我，我也有自己的打算，我们可以一起讨论吗？”

当你真正理解这份深厚的爱，就会体会到他们的陪伴是何等珍贵。请珍视这份绝无仅有的爱，通过你的实际行动展现责任心。当你能够独立自主地完成任务，妥善安排自己的生活，父母会自然而然地对你感到放心，唠叨也会随之减少。

见贤思齐 ◆　伙伴同行，智慧相伴 | 同辈压力

成语出自《论语·里仁》：“见贤思齐焉，见不贤而内自省也。”

成语"见贤思齐"的意思是看到品德高尚的人，就一心向他学习，希望自己能和他一样。贤：美好，这里指品德高尚的人。齐：看齐，学习。

时光故事

孔子是春秋后期的鲁国人，他不仅是博大的思想家、政治家，更是伟大的教育家。据传，他的弟子多达三千人，其中贤能者七十二人。这些学生中，才能出众者众多，例如能言善辩的子贡、知书达理的颜回、英勇善战的子路等，可以说是"桃李满天下"。

孔子的教育箴言句句深邃。他常常告诫学生："三人行，必有我师焉。"这句话教导弟子们，无论置身何处，与人交往时总能从他人身上学到些什么。他时常强调，遇到品德高尚、才华横溢的人，我们应该怀着谦卑的心，虚心向他们学习，努力提升自己以达到他们的境界。而当我们遇到行为不端、思想偏颇的人时，更要时刻保持警惕，反省自己是否也存在类似的过失，不应轻率地嘲笑他人，更不能沾沾自喜，忘乎所以。

这番话语既是孔子言传身教，对学生的殷殷教诲，也是他一生为人处世的真实写照。正因如此，他赢得世人的广泛尊重。

“心”解漫谈

当家长在我们耳边反复提及那些“别人家的孩子”时，你是否感受到一种难以言说的压力？这种压力来自“同辈压力”。正如古人所说，“见贤思齐焉，见不贤而内自省也”，我们总是不经意间受到周围环境的影响。那些与我们年纪相仿、经历相似的同辈，他们的突出成绩、一言一行，甚至穿着打扮，都会在无形中对我们产生影响。

同辈压力的存在，折射出人们对归属感和认同感的渴望。每个人都期盼着能被接纳、被认可，与周遭的人产生共鸣。这种需求在青少年时期显得尤为迫切。举例来说，当班级中许多同学都崇拜某位足球偶像时，即便自己平时对足球并无太多兴趣，也可能在潜移默化中受到大多数同学选择的影响，进而“被迫”转变自己的兴趣，成为一名球迷。青少年往往非常在意同龄人的观点，为了符合群体的期待，他们有可能会调整自己的言行举止，甚至改变原有的价值观。

除了归属感，比较心理和竞争心理也是同辈压力的来源。人们倾向于模仿他们羡慕的同辈，以期获得类似的成功。这种压力甚至从小就能感受得到。一项有趣的研究指出，当比较个别抚养与集体抚养的婴儿的差异时，发现集体抚养的婴儿们平均学会爬行的时间比较短——当其他婴儿看到有人已经开始爬行时，每一个都想急起直追开始练习爬行。现实生活中，在学业、职业、外貌、社交能力等各个方面，人们总会不自觉地拿自己和别人比较，从而产生一种想要超越的动力。

同辈压力随处可见，它像是一股看不见的力量，悄悄影响着我们的选择。广告商用“和你一样”的成功人士来暗示你购买产品，公司老板通过团建活动来增强员工的团队意识，从而间接提高工作效率。这些都是同辈压力在现实生活中的具体应用。对中学生来说，同辈压力有时候会像一把双刃剑，既能推动他们不断前进，也会造成伤害。例如，一个原本对读书没兴趣的学生，在加入读书社团后，受到同伴的影响，激励自己努力进步，开始喜欢阅读。

“见贤思齐”是一种积极向上的生活态度，鼓舞人们不断追求进步。每当遇到杰出的同龄人时，我们无须因为他人的耀眼成就而压力重重。他们闪亮，我们也可以借光。从他们身上学几招，将那份压力转化为奋发向前的动力，塑造出更加坚定、健康的自我形象，追寻属于自己的光芒。

成长锦囊

活成别人的影子，缺少主见怎么办？

你是否曾感受到，自己的情绪总是随着他人的喜怒哀乐而波动？当他人心情沉重，你也仿佛被阴霾笼罩；他人的一句随口之言，却让你陷入无尽的纠结。更甚者，你原本坚定的决心，只因他人的一句质疑而开始动摇。

面对未知，人们往往习惯于依赖他人的判断来指引自己。然而，真正的成长意味着在关键的时刻我们能坚守自己的信念，做出符合自己心意的选择。我们不必在每件事情上都显得与众不同，但在关乎我们内心价值观的问题上，我们必须发出自己的声音。

要改变这种现状，关键在于提升自我意识。不要盲目地崇拜他人，也不必刻意模仿他人。你应该根据自己的条件和能力，去规划自己的目标。当下次遇到分歧时，试着勇敢地坚持自己的立场，看看会带来怎样的结果。当你发现自己的见解多次被事实证明是正确的时候，那份由内而外的自信，将让你真正地活出自己的风采，而不再是他人的影子。

洛阳纸贵 ◆ 抢购风潮中看不见的手 | 消费心理

典故探源

成语出自唐朝房玄龄等撰《晋书·左思传》：“于是豪贵之家竞相传写，洛阳为之纸贵。”

成语“洛阳纸贵”原意是指洛阳的纸价因为抄写文章的人变多而大涨。形容著作享有盛誉，广为流传。

时光故事

左思是西晋时期的作家，他写文章非常认真，从不追求多产速成。为了撰写《三都赋》，左思付出巨大的努力。他整天苦思冥想，时刻都在思考如何巧妙地构思。他四处搜集资料，不断锤炼文字，将全部心血都倾注在创作上。为了方便随时记录灵感，他在书房外的走廊、庭院甚至厕所里都挂上纸笔。每当想到佳句，不论是一句还是半句，他都会立刻记录下来。

经过长达十年的艰苦努力，左思终于完成这篇著名的《三都赋》。他将文章呈送给当时的文学家张华品评。张华对这篇文章爱不释手，又将其推荐给学者皇甫谧。皇甫谧读后赞不绝口，并亲自为文章作序。

《三都赋》一经问世，立刻在洛阳引起轰动。人们争相传阅抄写，赞不绝口。由于抄书的需求过于旺盛，洛阳的纸张一度供不应求，价格飞涨。左思的名字和他的杰作《三都赋》一起传遍大街小巷，成为人们茶余饭后的美谈。

“心”解漫谈

左思的《三都赋》一经问世，便赢得文人雅士的广泛赞誉，迅速成为“爆款文章”。当时更有社会名流亲自为其推荐并作序，使得人们争相抄阅，洛阳的纸张因此供不应求，价格飙升。这一现象反映了社会传播与消费心理的相互作用。

消费心理学致力于研究人们的消费行为。它深入剖析购物过程中消费者的心理动态与需求变化，更为透彻地理解消费者行为的本质。从心理学的视角出发，我们不难发现，消费行为是一个错综复杂的过程，其中牵扯到多个层面和诸多因素。它不仅受到消费者个人心理特性的影响，还与社会文化、群体心理以及企业的营销策略等息息相关。

你是否曾纳闷，为何每次逛购物网站或看直播时，总是情不自禁地想要付款下单？这背后其实蕴藏着消费心理学的深层奥秘。企业和商家对消费者的内心需求、购物动机以及预算分配进行深入研究，精妙地运用消费心理学原理，恰到好处地设计每一个销售环节。特别值得一提的是，网络直播购物频道已然成为一个精彩纷呈的大舞台。这里不仅有琳琅满目的商品供你挑选，更有无数营销高手在幕后操控着这场大戏，点燃顾客的购买热情，推动销售业绩节节攀升。

当屏幕前出现一位美丽动人的主持人，她的翩翩风度和迷人气质是否立刻抓住你的眼球？这就是外貌魅力偏见的神奇魔力在起作用。而当这位主持人开始介绍某款由当红明星代言的炫酷产品时，你是否感到心潮澎湃，更容易被其打动？这正是名人效应的非凡之处，悄然影响着消费选择。

不仅如此，网络直播中还会经常对比多款产品，让你一眼就能看出哪款更具性价比、哪款功能更出众。这就是对比效应的妙用，让你在不知不觉中感受到产品的独特魅力。屏幕上那些不断滚动的购买记录和好评如潮的反馈，仿佛在告诉大家："这么多人都选择了这款产品，你还在等什么？"这正是在利用从众心理激发你跟随大众的脚步，毫不犹豫地做出购买决策。

学习消费心理学，不仅有助于炼就识别真伪的火眼金睛，还能帮助个体在购物时做出更为明智的抉择，避免受到华而不实的商品的诱惑。更重要的是，它还可以揭示商家如何利用心理学原理来影响消费者的购买欲望。掌握这些知识后，我们将不再轻易受"限量版""跳楼价"等营销词汇的影响。在未来，这些宝贵的知识甚至可能会成为创业路上的坚实后盾，助力我们游刃有余地进行营销策划。

如何理性消费，告别“剁手”行为？

你是否在观看网络直播时，不知不觉就被吸引，买了一堆东西？或是因为听到大家都在夸某个产品，于是你也跟风下单，结果却发现它并不适合你？为避免这些不必要的花费，我们应学会理性消费。

当看到主播展示漂亮的产品包装时，我们当然可以欣赏，但更重要的是要看产品的实际质量如何。在决定跟风购买之前，先问问自己：这件东西真的适合我吗？我是不是真的需要它？

购物时，多比较是一个好主意。在决定购买前，不妨货比三家，找到性价比更高的商品。同时，别被商家的促销手段给迷惑了，面对那些紧张的倒计时和“仅剩几件”的提示要保持清醒，别买些自己并不真正需要的东西。

如果你总是担心自己会冲动购物，那就试试等待策略吧。给自己多十分钟时间思考，看看这到底是不是你真正想要的东西。还有一个小妙招是分批购物，这样不仅能避免一次性花太多钱，还能让你在每次购物时都更加理性。

越俎代庖 ◆　多彩的人生剧本 | 社会角色

成语出自《庄子·逍遥游》：“庖人虽不治庖，尸祝不越樽俎而代之矣。”

成语“越俎代庖”的意思是主持祭祀的人跨过礼器去代替厨师准备饭菜。比喻超出自己职责范围去干别人的事或包办代替。俎：古代祭祀时盛祭品的礼器。庖：厨师。

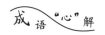

时光故事

相传远古时候，有一位贤人名叫许由。他上知天文，下晓地理，而且为人正直，深受百姓的爱戴。当时，尧帝在位七十年，日渐衰老。他深知必须从民间选取一位有足够才能和德行的人来继承他的帝位。尧帝找到许由，坦诚地表示想把天下禅让给他，希望许由能接替自己成为新的君主。

许由听完尧帝的话，坚决地拒绝了尧帝的提议，他恭敬地回答道："您已经把天下治理得很好了，我再来代替你，那岂不是借用了您的名声？鹪鹩在森林里筑巢，占一根树枝的地方就行了；鼹鼠在河边饮水，顶多喝满一肚子也就够了。对我而言，天下何用之有呢？就像厨师在祭祀的时候，又做菜，又备酒，忙得不可开交，但掌管祭祀的人并不会因此放下手中的祭祀用具，忘记自己的本职工作，去代替厨师完成他的工作。同样的道理，天下的事是你掌管的，我不能因为你年事已高，精力不济，就代替你的职务。"

这之后，许由连夜逃到箕山，继续过起隐居生活。

“心”解漫谈

人生如同一出引人入胜的戏剧，我们每个人都是其中的主演，流转在各个角色之间。正如莎士比亚在《皆大欢喜》中所描绘的那样："全世界是一个舞台，所有的男男女女都是演员；他们都有下场的时候，当然，他们也都是从上场开始。人这一生扮演着好几个角色。”在社会生活中，人们需要根据外界对自己角色的期待来调整行为。小张在单位是恪尽职守的模范员工，但当他踏入家门，便摇身一变成为孝顺贴心的儿子；在与朋友欢聚的时刻，他又成为可以倾诉心声的知心挚友。

社会角色对人的行为有着巨大的塑造作用。“斯坦福监狱实验”是由美国著名心理学家菲利普·津巴多在1971年精心设计的一项实验。参与此项实验的志愿者，都是遵纪守法、情绪稳定且身体健康的大学生。他们被随机分配为看守和囚犯两种角色，按照真实要求模拟监狱里的日常生活。于是，“囚犯”分别被警车押送至监狱，经过搜身，穿上囚服，右脚戴上脚镣，拥有编号。扮演“看守”的学生们可以自由行使看守的各种权力。

令人震惊的是，实验开始后不到一周时间，那些原本温文尔雅、担任看守角色的大学生变得盛气凌人，甚至有些时候表现出暴力倾向。而那些被指定为“囚犯”的大学生，则普遍情绪激动、思维混乱，甚至陷入严重的抑郁状态。由于局面逐渐失控，原计划两周的实验在第六天提前终止。“斯坦福监狱实验”生动地揭示了社会角色对个体行为的影响，其结论令人深思。

当一个人的社会角色发生变化时，他的性格、态度甚至价值观都可能随之改变。比如一个原本和蔼的人，在升任管理岗位后可能会变得严厉。这并不是他本性变了，而是他在努力适应新的社会角色。当我们根据新的社会角色要求，有意识地调整自己的心理状态和行为方式时，有时还会产生矛盾、障碍，甚至是失败，这被称为“角色失调”。比如，一个老师既需要保持权威，又想成为学生的朋友，如果处理不当，就会产生角色冲突。又或者一个员工升职为总监后，仍然沿用过去的单打独斗方式，就会导致角色定位不清，无法满足新角色的社会期待。

社会角色在日常生活中占据着重要的地位，它不仅体现每个人的适应能力，还能帮助个体更好地融入社交环境。在自如地转换不同角色时，我们应避免越俎代庖，时刻提醒自己不越权、不逾矩。就像演员不应干涉导演的工作一样，我们应专注于自己的角色，用心演绎自己的精彩篇章，确保自己的社会角色符合社会的期待，行为得体适宜。

成长锦囊

如何摆脱"老好人"角色，展现真我？

在平时生活中，我们常常被迫扮演各种角色，其中之一就是"老好人"。这个角色看似无害，实则过度迎合他人，习惯性地把他人的需求放在首位，而忽略了自己的声音，甚至失去真实的自我。

然而，压抑自己的感受并不能赢得真正的尊重。想要摘下"老好人"的标签，要学会表达真实的自我。这并不意味着要故意制造矛盾，忽视他人的感受，而是在尊重自己的基础上，用恰当的方式和时机传达自己的观点。这才是真正的智慧。

与人交流时，别再畏首畏尾，要勇敢地直视对方的眼睛，自信地表达自己的想法。你的每一次付出都是珍贵的，所以当别人向你求助时，你可以伸出援手，但也请让他们知道，你的帮助并非理所当然。

真诚面对自己，是建立健康人际关系的基础。这样，你不仅能更好地满足自己的需求，还能促进与他人的和谐交往。所以，从现在开始，让我们一起找回那个真实的自己吧！

防微杜渐 ◆ 莫让小问题滚成大雪球 | 破窗效应

典故探源

成语出自南朝宋时期范晔编撰的《后汉书·丁鸿传》："若敕政责躬，杜渐防萌，则凶妖销灭，害除福凑矣。"

成语"防微杜渐"形容隐患或错误刚露头的时候，就要加以防止，不让它发展。杜：堵住。渐：指事物的开端。

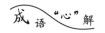

时光故事

东汉时期，汉和帝即位之初，窦太后亲自掌握朝政，而她的兄长窦宪则握有实权。官员们纷纷争先恐后地逢迎巴结，导致政局混乱不堪。窦氏家族倚仗权势，在乡里横行霸道，鱼肉百姓，无人敢揭露他们的暴行。

大臣丁鸿，博学多识，深知大义。他意识到不能让这种危险状况继续恶化，于是趁着日食出现之际向皇帝上书，控诉窦宪凭借太后的权势，独揽朝政，独断专行："日食的出现，是上天对我们的警示，要我们警惕国家灾难的发生。穿破岩石的水，最初不过是涓涓细流；高耸天空的大树，也是从刚露芽的小树苗开始的。人们常因忽视微小之事而酿成大祸。如果陛下能亲自处理朝政，从小事做起，在祸患尚在萌芽之时就加以消除，便能确保汉室王朝的安定，实现国泰民安。"

汉和帝采纳丁鸿的建议，罢免窦宪的官职，并削弱窦氏家族的势力。朝廷因此消除隐患，国势开始逐渐好转。

"心"解漫谈

当你漫步在街头，若发现一辆共享单车倒在地上，你会有何举动呢？假如那辆车看起来完好无损，你或许会毫不犹豫地将其扶起。然而，若那辆车明显地破烂不堪，你是否还会伸出援手呢？这个问题涉及我们对“破窗效应”的感知。

“破窗效应”的起源可以追溯到美国斯坦福大学的心理学家菲利普·津巴多的实验。他将两辆一模一样的汽车分别停放在不同的社区，一个是高档社区，另一个是相对杂乱的区域。结果，停放在杂乱区域的那辆车很快就被偷走，而停放在高档社区的那辆车则安然无恙。但是，当津巴多故意把停放在高档社区的那辆车的玻璃敲破后，它也在短短几个小时内就不见了。

当一幢建筑的窗户玻璃被打破，而且窗户迟迟没有得到修复，你会发现，越来越多的窗户很快也会遭到破坏。类似地，如果一面墙壁开始出现涂鸦但未被及时清除，它上面很快就会遍布各种杂乱刺眼的标语。在一个干净整洁的环境中，人们通常会自觉地维护这份整洁，不忍心破坏它。但是，一旦地面上出现垃圾，情况就会急转直下。其他人会不假思索地随地丢弃垃圾，仿佛这种行为再正常不过，毫无愧疚感。心理学家称这种现象为“破窗效应”。

那么，“破窗效应”为何会发生呢？这与人们所受到的环境影响、心理认同及客观条件紧密相关。不良环境会对人们形成某些暗示性的纵容，造成一种混乱无序的感觉。当观察到环境中的不良现象时，人们内心可能会产生一种错误的认同感，将这些不良现象视为合理。另外，人们往往容易选择“随大流”，会不自觉地模仿他人的不良行为，这些被忽视的小问题可能会逐渐演变为不符合道德规范的行为。

但是，“破窗效应”并非不可避免。首要之务是，我们需要对于那些看似偶然、个别或轻微的不良现象保持高度警觉，及时纠正，以防事态进一步恶化，这正是防微杜渐的智慧。同时，应积极营造正面的环境，让每个人都能感受到优良的氛围，自觉约束随性行为，坚守个人的道德底线和行为准则。

回到最初的问题，当你看到一辆损坏的共享单车时，你会怎么做？现在你应该知道，扶起它不仅仅是一种善举，更是对“破窗效应”的有力抵制。“勿以善小而不为，勿以恶小而为之”。因为你的每一个小小举动，都在向世界传递着一种信息：我们不愿意容忍任何形式的不良现象。而这种信息，正是阻止

“破窗效应”蔓延的关键。

成长锦囊

为什么要知错就改?

你是否曾因为一个小小的过错而耿耿于怀，甚至为了遮掩这个错误而错失了成长的良机，最后满是遗憾?

面对犯错，很多人第一反应是感到羞愧，试图掩盖。然而，错误若不及时被纠正，便会如滚雪球般越滚越大，最终成为前进道路上的巨大阻碍。有时候，为了掩饰一次小失误，我们可能会用更多的谎言去弥补，造成一步错步步错的局面。因此，及时认识并改正错误，对我们来说十分重要。

某种意义上，知错即改是成本最低、路径最短的成长方式。因此，我们要学会虚心接受别人的指正，因为别人的指正能帮我们快速定位问题。对此，我们不仅不应气恼，反而应该闻过则喜，感谢他们。对问题视而不见，只会让问题变得更加严重。只有迅速采取行动，亡羊补牢，才能避免更大的损失。

古人云，“君子坦荡荡，小人长戚戚”。真正有智慧的人，会全面地看待每一个问题，对待错误既坦诚又理性，会把错误当作成功的垫脚石，这也体现了谦逊的美德。

以小人之心，度君子之腹 ◆ 镜子里的我，镜子外的你 | 投射效应

典故探源

成语出自春秋末期左丘明所著《左传·昭公二十八年》：“及馈之毕，愿以小人之腹为君子之心，属厌而已。”

成语“以小人之心，度君子之腹”的意思是道德品质恶劣的人用自己惯有的卑劣的想法，去推测正派人的心思。小人：指道德品质不好的人。度：表示

推测。君子：指品行高尚的人。

时光故事

有一次，晋国大臣魏舒审理一个案件，其中一方为打赢官司，准备贿赂魏舒。大臣阎没和女宽决定借用餐的机会，劝魏舒推掉贿赂。他俩看着桌上的饭菜，接连叹了三口气。魏舒莫名其妙，便问他们说：“老人们常说‘吃饭时要忘掉忧愁’，你们二位为啥吃饭时长吁短叹？”

阎没和女宽异口同声地回答道：“因为昨晚没有吃好，肚子觉得饿了，担心饭不够吃，所以才叹气。菜上了一半的时候，看到饭菜很丰盛，我们责备自己：‘难道将军请我们吃饭会不够吃？’因此又自悔自叹。”

他们接着说：“现在酒足饭饱了，觉得君子的心也和小人的肚子一样容易满足就行了，应该把小人之腹的感受告诉将军。我俩觉得饭够吃的，酒够喝的就可以了，其他再好的东西也不想要了。这才有了第三次叹气！”

魏舒听到最后，才明白阎没和女宽是借吃饭来劝谏他，劝自己不要受贿。他非常羞愧，顿然醒悟，谢绝了贿赂。

“心”解漫谈

生活中，人们常常以自己拥有的特性去推测别人，觉得既然自己是这样，别人大概也会如此。比如，当心情愉快时，看周围的人都显得特别友善；而当心情低落时，却感觉每个人都对自己冷若冰霜。心理学家称这种现象为“投射效应”。

这种心理机制就像一面镜子，我们内心世界的反映——喜怒哀乐、自信与自卑都在这面“镜子”中得以显现。同样地，在与他人交往中，我们所看到的他人，往往也映射出我们内心的某些特质和情绪。

心理学家曾经做过一个实验。他把一些大学生分成两组，给一组大学生看喜剧电影，使他们很高兴；而给另一组大学生放映的是非常恐怖的电影，使他们产生害怕的情绪。接着给两组大学生看同样的一组照片，让他们对照片上人的面部表情进行判断，结果大学生往往把照片上的脸部表情看成自己的情绪体验，即因看了喜剧电影而心情愉快的那组大学生，判断照片上也是快乐的表情；而因看了恐怖电影而心情紧张的那组大学生判断照片上也是紧张害怕的表情。这个实验有力地说明了“投射效应”的本质。

正如心理学家荣格说过：“你眼中的世界，正是你内心的世界所映照出来的。”我们看待他人的方式，往往受到自己内心世界的影响。有时候，我们会把自己的好恶、情感和个性投射到他人身上，认为他人也跟自己有着相同的看法。

在日常生活中，“投射效应”有两种主要表现。一种是感情投射，认为别人的好恶与自己相同，按照自己的思维方式加以理解。比如喜欢某个事物，就滔滔不绝地与他人谈论，却忽略了别人可能并不感兴趣。另一种是认知缺乏客观性，比如看待自己喜欢的人时，总是觉得他们越来越完美；而看待不喜欢的人时，越来越觉得他们满身缺点。

为了摆脱因“投射效应”而产生的心理误判，我们应当对自己的投射倾向有所认识。每当评价他人时，我们可以先问问自己：我现在的看法是源于个人的主观感受，还是基于客观存在的事实？尝试站在他人的立场审视问题，可以帮助我们拓宽视野，去理解更多元化的观点。此外，如果想要避免陷入投射的误区，还要深入理解自己的个性，以便接纳并欣赏他人与众不同的地方。

下次当你站在镜子前时，不妨多留意一下自己的内心世界。镜子里不仅仅有你的容貌，还有你的心灵。透过外在的镜子，可以认识真正的自己；透过内心的镜子，接纳真实的自己。

成长锦囊

情商高的人如何化解冲突？

你是否在一气之下，脱口而出的话语像尖锐的刀片，既伤害别人也刺痛自己？生气是人之常情，但情商高的人，却总能在愤怒时依然保持一丝清醒。

情商高的人深知，愤怒并不能成为解决问题的钥匙，反而可能让事情变得更加棘手。所以，即使在怒火攻心之时，他们也绝不会让愤怒蒙蔽自己的双眼，始终确保在冷静状态下做出回应。

他们总是积极地探寻双方的共同点，并尝试以此为基础搭建起理解与信任的桥梁。在合适的时机，他们用平和友善的语气私下沟通，用自嘲幽默的方式表达自己的想法。这种方式既尊重对方，又有效地传达自己的立场，提出建设性的解决方案，让沟通成本尽量降低。

在必要的时候，情商高的人也会发火，以坚定的态度表明自己的底线。但即使在盛怒之中，他们也始终保持着理性，避免使用过于激烈的言辞，既不让对方感到尴尬，也不会让自己感到受委屈，这正是情商高手在化解冲突时所采用的高明策略。

道听途说 ◆ 开启大脑中的真相探测器 | 流言的传播

典故探源

成语出自《论语·阳货》："道听而涂说，德之弃也。"

成语"道听途说"形容随便听来的，没有事实根据的传闻。涂：同"途"。

时光故事

艾子从楚国回到齐国，遇到爱说空话的毛空。毛空神秘地对艾子说：“有一户人家，他家的一只鸭子一次生了一百个蛋。”艾子不信，道：“不会有这样的事吧！”毛空就改口说：“那可能是两只鸭子，也有可能是三只鸭子。”

过了一会儿，毛空又对艾子说：“上个月，天上掉下来一块肉，得有三十丈长、十丈宽。”看艾子不信，毛空急忙改口说：“那么是二十丈长。”艾子摇摇头，还是不信。毛空说：“那就算十丈吧！”

艾子实在忍不住了，再也不想听毛空瞎说了，便反问道：“世界上哪儿有十丈长、十丈宽的肉，而且还是从天上掉下来的？你亲眼所见的吗？那大肉掉在什么地方了？还有，刚才你说的鸭子生一百个蛋那事又是哪一家发生的？”

毛空被逼问得答不出话来，后来支支吾吾地说：“我是在路上听到人家说的。”

艾子听后，笑了。他转身对站在身后的学生们说：“你们可不要像他那样‘道听途说’啊！”

“心”解漫谈

课间的闲聊中，总有些所谓的“内幕消息”在同学们之间如风般传播。那些不经意间传入耳中的流言，虽并非出于恶意，却常常在道听途说中悄然变形。对于这些披着真相外衣的小道消息，我们该如何分辨其真伪？它们又是如何被传播开的呢？

流言通常产生于一个事件受到广泛关注、激起人们浓厚兴趣，但人们对具体信息不够了解的时候。在这种情况下，人们往往会根据自己的经验解读消息，加工信息，从而催生出流言。心理学家奥尔波特对流言的传播机制进行了深入研究，他发现流言的传播过程呈现一种独特的S型曲线：最初，流言在小范围内缓慢传播，随后逐渐加速，直至达到备受瞩目的高潮；然而，当大多数人都知晓这个流言后，其传播速度又会逐渐减缓。

与恶意的谣言不同，流言往往源于一种无根据的误传。通过人们口口相传，流言内容会在传播过程中不断演变，这主要有两个原因：

第一，记忆本身造成误差。心理学家巴特利特发现，在传播过程中，人们的记忆会产生误差，导致流言内容在每个人口中都可能发生微妙的变化，经过多人传播后变得面目全非。他在一项实验研究中，要求被试观看古代埃及一种模型后进行复原，再交给第二个被试观看并进行复原，依次类推，结果第十个人复原的模型与真实的模型迥然不同。这个实验证明记忆痕迹的变化会造成流言在传播过程中发生变形。

第二，流言传播者在传播过程中会加入个人评价，使流言内容变得非常夸张。传播者会根据流言内容和传播对象的关系，强调某些方面的重要性，并添油加醋突出那些能够引起人们兴趣的部分，而忽略那些不容易引人注目的部分。每个传播者都这样做，流言内容就会变得很片面，越来越偏离原有面貌。

社会心理学把流言对个人心理与行为造成的消极影响称为“流言效应”。研究表明，在一些特定情况下，流言最容易产生和传播。这些情况包括信息缺乏可靠来源，人们情绪处于不安与忧虑状态，以及社会处于危急状态时。在这些情境下，人们往往因为对事实真相的不了解、心理上的不踏实感或恐惧感而更容易相信流言，并且主动传播流言。

流言虽然具有强大的传播力，影响力巨大，但它只是一种短暂的社会现象。随着时间的推移，人们对流言的信任度会逐渐降低，最终流言慢慢消散。而我们每个人都可以通过保持理性来加速流言消散的过程。

如何冷静应对流言风波？

不知何时起，校园里悄然传开了关于你的不实传闻，你突然间被推到了风口浪尖。这样的困境，确实让人头疼。如何妥善应对这种情况呢？

稳住心神，让自己冷静下来，保持理智是击溃流言的第一步。坚信自己清者自清，那些无端的流言，终究只是过眼云烟，无法改变事实真相。保持你的自信与从容，不因他人的猜疑而紧张。你的镇定自若是对流言最有效的反击。

同时，不要冲动地去找传播流言的人争执，这会适得其反，让别人误以为你心中有鬼。适当的沉默与有力的证据才有助于澄清事实，控制好自己的情绪，不要给别有用心的人以可乘之机。

这场风波也是检验友情的试金石。日久见人心，当你陷入低谷时，这些成长过程中的小插曲才能让你看到谁是真正支持你的朋友，谁是在背后传播流言的伪朋友。当你成功战胜流言，内心也必将因此变得更加坚韧。

满城风雨 ◆　一石投水，浪涌千层 | 社会舆论

成语出自宋朝潘大临《题壁》：“满城风雨近重阳。”

成语“满城风雨”原意是描写重阳节前的天气情况。比喻事情一经发生，传播得很快，到处都在议论。

时光故事

北宋时期，江西临川的谢逸和湖北黄州的潘大临是意气相投的好友。两个人虽然住处相隔很远，却情投意合，经常鱼雁往来，在书信中互相切磋诗艺。

有一次，谢逸惦念潘大临，就去信问候，并问他近来又作了什么新诗可让他一饱眼福。对于好友的慰问，潘大临十分感激，立即给他写了回信，信中说："近来秋高气爽，景物宜人，很能引发作诗的雅兴，每一件都能写成好诗，可恨的是常有庸俗不堪的事情搅乱心绪，败坏诗兴。昨天听着窗外风涛阵阵，雨打秋林，顿觉诗兴大发，连忙起身，写下'满城风雨近重阳'的佳句。谁知刚写了这一句，一个催收田租的官吏忽然闯了进来，勃发的诗兴顿时全被打消，再也写不下去。所以，现在只能将这一句诗奉寄给你。"

由于这句诗准确生动地描绘了秋天风雨萧索、景物易色的景象，所以它虽未成篇，却同样脍炙人口，备受称颂。

"心"解漫谈

社会舆论一旦形成，其威力之大，既能像天使般给人带来希望与救赎，又可能化身恶魔，引发灾难甚至毁灭。这种无形却强大的力量，影响之深远，不可小觑。它的根源，在于广大民众对某一议题的共同观点和态度。这种力量，以某种方式集结了民众的心声，通过明确的支持或者严厉的谴责，对公共议题进行直接的评价。

社会舆论的形成大致可以分为三个阶段：问题发生、引起议论以及意见的归纳与综合。社会舆论不同于个人意见，它经过一定时间的酝酿与讨论，获得社会上绝大多数人的认同，从而产生强烈的心理共鸣。虽然社会舆论有时表现为合理的判断，但也可能受到情感的驱动而偏离理性。但不论其性质如何，社会舆论如巨石投水，激起千层浪花，深刻地影响着人们的行为。

心理学家谢里夫的经典实验揭示了社会舆论形成的微妙过程。在实验中，被试坐在黑暗的屋子里，面对 4.5 米外一个似乎在不规则移动的光点，需要猜测光点移动的距离。当只有一名被试时，他判断光点移动了“20 厘米”。但当增加两名其他被试，且他们都判断光点移动距离在“5 厘米”以下时，原先的被试会不由自主地将自己的答案修改为低于 20 厘米。随着反复实验，三名被试的答案最终稳定在同一数值。然而，实验中的光点并未移动，实验情境只是一种视错觉。

这个实验说明，当个体面对群体的不同意见时，会受到其他人的显著影响，往往顺从群体的看法。表现为“我”逐渐融入“大家”的行列，越来越多的“我”最终形成庞大的群体，“大家”的观点趋向一致。

毋庸置疑，在互联网时代，新媒体的发展带来传播方式的大变革，也改变了舆论的形成与扩散机制。网络为人们提供抒发个人观点的舆论场，让每个人都可以成为社会舆论的制造者与传播者。然而，这种高度的自由开放性也带来挑战。由于信息传播的快速与广泛，人们往往在接收信息时心不在焉，没有时间仔细推敲信息的意义，因此极易受到外界的影响。在这种情况下，一则热点新闻下的评论一旦和人们的情感相联系，就很容易引发共鸣，甚至形成一边倒的舆论态势。

网络世界的记录尽管良莠不齐，但却能够真实地反映社会面貌。在这个信息化的社会里，我们获取到的信息不再是原先已经定性的“结果”，而是具有从事件发生，到信息传播，再到形成舆论的全过程特点。这需要我们具备批判性思维，从而更加理性地处理社会舆论。

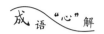

成长锦囊

如何避免被网络热点带节奏？

在拥有海量信息的网络世界，我们是否曾感到自己像一叶扁舟，在信息的海洋中摇摆，轻易被热点话题或网络节奏带偏方向？

网络热点反转的背后可能隐藏着不为人知的真相。每当新闻热点爆发，如果我们急于表态，为心中的“正义”助威，就很有可能因为匆忙的代入感而成为被别人利用的棋子。

面对层出不穷的信息，我们要学会放慢脚步，保持冷静，给自己留出时间深思。不要急于下结论，避免被一时的情绪左右。就像子弹需要时间飞行才能击中目标，在真相揭晓前，应给予自己更多的观察时间。

换位思考和多方求证是避免被带节奏的两大法宝。面对问题时，尝试换个角度去思考，才能透过表象发现事物的复杂性。在信息爆炸的时代，各种声音层出不穷，不能轻信一家之言。要从多个渠道获取信息，相互印证，才能准确辨别谁在客观地描述事实，而谁又在故意编造谎言。只有经过这样的多方求证过程，我们才能更加接近事实的真相。

第十章

用成语指引和谐交往，构建健康社群

近水楼台 ◆ 靠近你，温暖我 | 人际距离

典故探源

成语源自宋朝俞文豹著《清夜录》：“近水楼台先得月，向阳花木易为春。”

成语“近水楼台”原意是指在水边的楼台上可以最先欣赏到美丽的景色。比喻因接近某人或某事物而处于优先获得好处的地位。

时光故事

范仲淹是宋朝著名的政治家和文学家，他为人正直，待人谦和，尤其善于选拔人才。在杭州任知府的时候，他按才推荐，城中的文武官员大多得到了能发挥自己才干的职位。有一位名叫苏麟的巡检官，负责掌管训练兵卒和维护治

安，因为常常在杭州所属的外县工作，接近范仲淹的机会比较少，所以一直没有得到推荐。

有一天，苏麟趁着与范仲淹谈公事的机会，写了一首诗给范仲淹，其中的两句写道："近水楼台先得月，向阳花木易为春。"意思是说：靠近水边的楼台，因为没有树木的遮挡，能先看到月亮的投影；而朝向阳光的花木，也因为先受到春光的滋润而欣欣向荣。

苏麟借此诗表达自己"英雄无用武之地"的感慨，巧妙地指出那些接近范仲淹的人都得到了升迁，而自己却始终未见提携。范仲淹读后心领神会，哈哈大笑。不久，范仲淹根据苏麟的意愿，将他调任到一个适合他能力的理想职位。

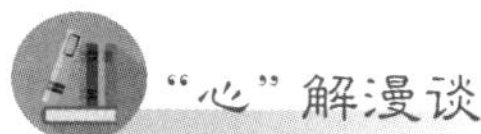

"心"解漫谈

在人际交往中，空间距离构成了一种举足轻重的交际环境。实际上，人们只需调整与他人的空间距离，就能微妙地改变对方的态度。靠近点儿，心理上就觉得更亲了，聊天的机会也就多了；离得远了，那就像是有堵墙，心理距离也跟着疏远，聊天的次数自然就少了。这不就是我们日常生活中的规律吗？

"近水楼台先得月"，人与人在活动空间上靠近了，建立关系的基础可就更坚实了，这是自然而然的现象。以学校环境为例，跟自己最要好的朋友常常是室友或同桌；在地铁上，跟自己聊天的往往是邻座乘客。这都归功于空间距离的缩短，它带动心理距离的拉近，戒备心在无形中消解，亲密感情便油然而生。如此，"近水楼台"的优势在人际交往中显露无遗。

为了进一步验证这一现象，心理学家们进行了一系列研究。20 世纪 50 年代，美国社会心理学家费斯廷格针对麻省理工学院 17 栋已婚学生居住的住宅楼进行调查。结果表明，居住距离越近的人交往次数越多，关系越密切。在同一楼层中，和隔壁邻居交往的概率是 41%，和隔一户的邻居交往的概率是 22%，和隔三户的邻居交往的概率只有 10%。事实上，多隔几户，距离上并没有显著增加，但亲密程度却天壤之别。这个实验印证了居住距离对人际交往频率和亲密程度的影响。

此外，研究表明，被随机安排在同一宿舍或邻近座位上的人，更容易成为朋友；同一楼内住得最近的人也更容易建立起友谊。这可能与邻近性和交往频率密切相关。因为住得近，所以他们有更多的机会彼此见面、了解，也有更多的机会相互关心。这种频繁的互动不仅促进相互了解，还使得人们在每次见面时都会感到安全和愉快，这就推动着友谊的小船扬帆起航了。

进一步来说，人们之所以倾向于和邻近的人打更多交道，是因为与邻近者交往的代价相对较小。一方面，空间距离的接近使得双方更容易了解对方，预测对方的行为，从而增强交往过程中的安全感；另一方面，与邻近者打交道也更加便捷，例如借用东西时可以少走几步路。这些因素共同促使人们更倾向于与邻近的人建立友好关系。

俗话说“远亲不如近邻”。这种亲近的邻里关系不仅提供生活上的便利，更在心灵深处营造一种友好、善意的氛围。谁不想生活在一个和谐的环境里呢？为此，我们需要提升自身魅力，自然而然地吸引身边的人。同时，我们也要格外珍视邻里间真挚的关心和互助，一起努力，把社区打造成充满温馨的家园。

如何把普通朋友变成亲密无间的挚友？

你是不是觉得身边朋友虽不少，但那种能掏心掏肺的挚友却难觅踪影？别急，让普通友情升级到挚友情，并没你想得那么难。

真正的挚友是与你分享欢笑的知心人，是共渡难关的坚实后盾。他们与你的交往，不带任何功利色彩，只为那份纯真的感情。但现实中，“塑料姐妹花”“假哥们儿义气”也确实不少。他们表面对你笑脸相迎，当你遇到困难时，他们却总是消失得无影无踪。

要让友情升华，相处之道十分关键。彼此尊重，保持适当距离，不越界干涉；同时，坦诚交流，及时化解误会，防止隔阂产生。这样，你们的关系才能更亲更近。

理解与包容是维系友情的纽带。即使是亲密无间的挚友之间，也难免会有不同的立场。当遇到分歧时，双方怀揣友善之心，用和而不同的诚意沟通，共同寻找彼此都能接受的解决办法，那么这样的经历会让友谊经受共度风雨的考验。

沆瀣一气◆ 同类相吸的朋友圈 | 人际吸引

典故探源

成语出自宋朝钱易撰写的《南部新书》：“乾符二年，崔沆放崔瀣榜，谈者称‘座主门生，沆瀣一气。’”

成语“沆瀣一气”原意指雾霭和水汽相互融合。现比喻臭味相投的人勾结在一起。沆：雾露。瀣：水汽。

时光故事

崔沆是唐僖宗年间的官员，官至中书侍郎。有一年，崔沆作为主考官，主持朝廷考试。在众多考生中，有个叫崔瀣的考生很有才华。主考官崔沆对他的考卷大加赞赏，并录取了崔瀣。虽然他们都姓崔，但是之前并不认识。

按当时规矩，科举考试及第的人都算是主考官的门生。发榜后，崔瀣便以门生的身份，郑重其事地前去拜谒恩师崔沆。崔沆也为有一位与自己同姓的门生，觉得格外高兴。也真是巧合，“沆”“瀣”二字合起来是一个词，表示水汽和雾露的意思。有人凑趣编了一句话：“座主门生，沆瀣一气。”意思是说老师崔沆和学生崔瀣的关系就像夜间的水汽、雾露连在一起。

崔瀣上任后仕途顺利。这不免引起一些人对他们之间关系的猜测。毕竟，他们的名字都如此相似。随着质疑声越来越多，大家开始戏谑地说，这对师生真是“沆瀣一气”啊！渐渐地，这句玩笑话演变成含贬义的成语。

“心”解漫谈

人际吸引这一日常社会现象，总是让我们充满好奇。在纷繁复杂的生活中，有人似乎总扮演着隐形侠，总是处于被忽略的状态，而有人却仿佛自带光环，很容易吸引别人的注意力。这悄然无声的吸引力从何而来呢？答案蕴藏在“物以类聚，人以群分”这一简单却深远的道理之中。

感知相似性是影响人际吸引的重要因素。这种相似性体现在多个方面，包括外在特征和内在的价值观，诸如道德观念、受教育程度等方面。此外，兴趣爱好、生活习惯，甚至姓名的相似，也会影响人与人之间的吸引力。

相似性产生吸引力的现象在心理学领域备受关注，并得到各种解释。一方面，共同的特点意味着更多的相互理解，使得人们更容易获得彼此的信任。俗语“老乡见老乡，两眼泪汪汪”“酒逢知己千杯少”，都一语道破遇见知己时的那份温情与感动。另一方面，当人们的观点得到他人的验证时，满足了其对世界观一致性的追求，自然会产生那种“你懂我”的默契。比如，在竞选过程中，候选人会刻意展现与选民的相似性，以此来增加吸引力，赢得广泛的支持。

美国心理学家纽科姆的实验有力印证了这一点。他在密西根大学对 17 名大学生进行研究，为他们免费提供住宿。在实验者进入宿舍前，测定他们关于政治、经济、审美、社会福利等方面的价值观以及人格特征，然后将特征相似和不相似的学生混合安排在几个房间里，一起生活四个月。研究者定期测定他们对上述价值观的看法，同时让他们相互评定室友，看谁喜欢谁，不喜欢谁。实验结果表明，在相处的初期，空间距离的邻近性决定人际的吸引。但到了后期，彼此间价值观越相似的人，吸引力越强。虽然第一印象很重要，但随着交往的深入，信念、价值观等内在品质的相似性逐渐成为人际吸引中的决定因素。

要想有效地提升自己的人际吸引力，还需要考虑能力和意愿两个因素。如果一个人有能力帮助别人实现他们的需求，再加上一颗真心愿意行动的心，那他的人际吸引力在别人眼里会嗖嗖上涨。坦率地说，比起那些只能表面感知到的吸引力，用具体行动展现出来的人际吸引力，往往更能打动人心，产生更大的影响力！

然而，我们也要清醒地认识到，虽然相似性会吸引人们靠近彼此，但有时也可能导致“沆瀣一气”的现象——也就是过于看重共同点和一致性，却忽略了不同观点和个体差异的价值。因此，在追求相似性带来亲近感的同时，我们更要保持独立思考，尊重多元化，以避免陷入狭隘的小圈子。

成长锦囊

如何做一个大家都喜欢的“开心果”？

你是不是也羡慕那些总能逗乐大家的小伙伴，想成为圈子里的开心源泉呢？学会一些小窍门，你也可以做到！

让自己浑身散发正能量是关键。对生活中的点点滴滴心怀感激。这样，你的笑容就会如同名片，无论是浅浅地微笑还是爽朗地放声大笑，都能让朋友们感受到你的热忱。当笑容自然而然地洋溢在脸上时，你就会如阳光般温暖身边的每个人。

别忘了培养自己的幽默感哦！把笑点设得低一些，这样就能更容易地找到生活中的乐趣。多积累些笑料，让自己的思考方式也变得风趣幽默。以后遇到困难时，你就能用一句俏皮话轻松化解尴尬，引得大家捧腹大笑，让烦恼烟消云散。

有好玩的故事或者搞笑的经历，就大方地分享出来吧。快乐是需要传播的，而分享的过程本身就是一种愉悦。只要你用心体验生活，用爱去温暖他人，快乐就会如磁石般围绕着你，吸引更多人向你靠近。

对牛弹琴 ◆ 巧手调音，人际更动听 | PAC 人际理论

成语出自汉朝牟融撰写的《理惑论》：“公明仪为牛弹清角之操，伏食如故。非牛不闻，不合其耳矣。”

成语“对牛弹琴”原意指对着牛弹琴给它听。比喻向愚蠢的人讲高深的道理。现在也用来讥笑人说话不看对象。

大音乐家公明仪精通音律，擅长弹奏古琴。一个春光明媚的日子，公明仪漫步郊野，欣赏大自然的美景。在一片绿油油的草地上，他看见一头牛正在悠闲地低头吃草。牛儿与田野的景色交相辉映，构成一幅和谐的画面。这清静怡人的氛围激发了公明仪的创作灵感，他决定为这头牛弹奏一曲。

于是，他席地而坐，定下心神，然后全神贯注地弹奏起高雅的《清角之操》。然而，当公明仪弹奏完毕后，却发现那头牛依然只顾低头吃草，根本不理睬悠扬的琴声。

公明仪感到一丝困惑，但稍加思索后恍然大悟：牛并不是听不见他的琴声，而是因为它无法领略那高雅曲调的深意。于是，公明仪重新弹奏一曲通俗易懂的乐曲，乐曲中隐隐传来的蚊子"嗡嗡"、牛蝇飞舞、小牛"哞哞"，仿佛构成乡村田园的画卷。这下，牛儿似乎被那琴声牢牢吸引，时而竖起耳朵聆听，时而摇摇头、甩甩尾巴，仿佛随着轻快的音乐节拍自由摇摆。

"心"解漫谈

在日常交往中，我们时常会遇到"对牛弹琴"的困境，满腔热情换来对方的一头雾水。如何在人际交往的交响乐中，让这曲高和寡的演奏转变为和谐共鸣？这需要我们掌握"巧手调音"的技巧。

加拿大心理学家伯恩博士提出的 PAC 理论，恰似一本精妙的调音指南，教会我们在人际舞台上演奏出和谐乐章。PAC 是"Parent（父母）、Adult（成人）、Child（儿童）"的英文缩写，代表了人在沟通中可能扮演的三种角色。通过及时切换角色，我们可以让对话从"对牛弹琴"变为"高山流水遇知音"。

在父母状态（Parent）下，人们倾向于在沟通中扮演权威、保护和照顾他人的角色，表现为给他人提供建议、规定和指导，讲话的语气是"你必须……""你不能……"体现权威感与优越感，确保对方按照他们的意愿行事。

在成人状态（Adult）下，人们在沟通中表现出理性、公正和客观的特点，表现为根据事实和逻辑来解决问题，而不是依赖权威或情感，讲话的语气是"我个人的想法是……"

在儿童状态（Child）下，人们在沟通中表现出依赖、任性或顽皮的特点，表现为寻求他人的关注和照顾，通过撒娇、哭闹等行为来达到目的，讲话的语气是"我认为……""我不知道……"

根据 PAC 理论，当人与人的交往模式出现交叉时，沟通往往被堵塞。比如，小明以成人对待成人的模式（AA 型）来对待小刚：“小刚，我觉得我们应尽快讨论一下如何完成黑板报，因为马上要评比检查了。”小刚则以孩童对家长的模式（CP 型）回答说：“那不关我的事。你是组长，应该由你来负责。”这种“鸡同鸭讲”的情形常常导致冲突不断产生，无法达到良好的沟通效果。

最有效的沟通模式出现在双方都处于成人状态时。这种状态下，双方采用 AA 对 AA 型的对等式沟通方式，即将对方视为与自己同样具有理性的个体。这种沟通方式以事实和逻辑为依据，拒绝权威与情感的干扰，客观公正地解决问题，沟通将变得高效且富有成果。当我们遇到沟通障碍时，可以通过分析自己和对方的心理状态，及时采取措施将交叉式的沟通恢复为非交叉式的沟通。这种巧妙的调整，就像一位调音师在细致地调试音响设备，确保每一种乐器都能呈现出最完美的音效。

PAC 理论的魅力在于它提供了一种灵活的沟通模式转换机制。它不仅是一套理论框架，更是实践中的智慧锦囊，无论是在学校、家庭还是社交场合，PAC 理论都能助你一臂之力，让人际互动成为心灵与智慧的美妙合奏，让人际关系的旋律更加悠扬动听。

和朋友闹翻后，如何重新和好？

你是否经历过与好友因小误会而疏远，突然间两个人就像两根平行的线，再也没有交集？那种感受，仿佛心中有块石头，沉闷又难以消解。

遇到此情况，首先要让自己冷静下来，慢慢平复那颗躁动的心。多想想对方曾经对你的好，再想一想，是不是自己也有不对的地方？你会觉察到，大多数时候，我们都存在误解对方，忽略对方的美好的情形。

当你认识到自己的错误，不妨主动迈出一步，给朋友发送信息或写一封信，倾诉你的想法，表达歉意。若条件允许，面对面沟通更为有效，比如一起喝杯奶茶，坦诚交流，解开彼此心结。若双方都觉得难开口，找个共同的朋友来当个和事佬，这也是个不错的选择。

真诚是打开心扉的钥匙，你的诚意能够打动对方。不要轻易放弃，只要你愿意付出努力，就一定能够化解矛盾，重拾那份纯真的友情。

一饭千金 ◆ 你来我往中的人情世故 | 人际互惠

典故探源

成语出自西汉时期司马迁所著《史记·淮阴侯列传》："信钓于城下，诸母漂，有一母见信饥，饭信，竟漂数十日……信至国，召所从食漂母，赐千金。"

成语"一饭千金"原意是指受人一顿饭的恩惠，要用千金来回报。比喻厚厚地报答对自己有恩的人。

时光故事

汉朝名将韩信，年轻时家境贫寒，家徒四壁，经常过着有一顿没一顿的生活。他常常在河边垂钓，期待着能钓上几条鱼来充饥，但多数时候，他只能空手而归。

在河边，有一群勤劳的妇女在清洗衣物，其中有一位慈祥的老婆婆。她看到韩信的困境，心生怜悯，便常常从自己的饭菜中分出一些给他。这样的善举让韩信深受感动，他向老婆婆发誓："有朝一日，我定会重重报答您！"听到这话，老婆婆却生气了，她说：“你是个堂堂男子汉，应该自力更生，而不是依赖别人的施舍。我帮你，并不是为了你的报答。”

这番话激励了韩信，他下定决心改变自己的生活。后来，他加入刘邦的起义军，凭借自己的才能和勇气立下赫赫战功，最终被封为齐王。

当韩信坐在宫殿中，享受着荣华富贵时，他没有忘记那位老婆婆的恩惠，赠予她黄金一千两，答谢她之前的一饭之恩。

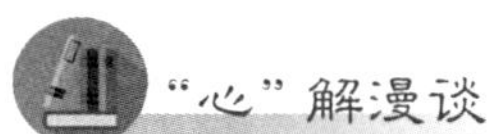

“心”解漫谈

韩信落魄时曾受漂母一饭之恩，后来他功成名就，以千金回报，这不仅仅是一个关于知恩图报的感人故事，更揭示人际交往中的一个心理现象——人际互惠。当你遇到困难时，有人伸出援手，你的心中是否会涌起一股暖流？而当你有机会回报这份恩情时，你是否会感到一种由衷的满足？这就是人际互惠的魔力所在，它像一种无形的纽带，将我们紧紧相连。

社会心理学家霍曼斯曾提出一个有趣的理论——社会交换论。他认为，人际交互作用就像一场经济交易，人们都希望在交换中获得最大的收益。但这里的“收益”并不仅仅指物质上的回报，更包括精神上的愉悦。比如，你送我一个礼物，我会为你做一件事；你送给我一个微笑，我也回你一个微笑，这样的交换让双方都感到快乐。

为了验证互惠原则的影响，心理学家雷根教授还做过一项有趣的实验。在这个实验中，研究者邀请两个人一起完成任务。实验分为两种情况。在第一种情况中，假被试在评分的间隙出去买了两瓶可口可乐，一瓶给自己，另一瓶则递给了真被试，以此让真被试感受到一个小小的人情。而在另一种情况下，假被试在中间休息后两手空空地从外面进来，并未给予真被试任何小恩小惠。其他方面则完全相同。评分结束之后，假被试请求真被试帮忙购买一些彩票。结果显示，受过恩惠的真被试所购买的彩票数目是未受恩惠情况下的两倍。可见，由于人际互惠原则的影响，当人们受到恩惠后，会感到自己有义务将来予以回报。

感恩是人际互惠的润滑剂。在日常生活中，这样的互动并不少见。比如，当同学小明慷慨地分享他的零食给小玲时，小玲感受到小明的善意，内心也会产生回赠小礼物或者为对方提供帮忙，进行回报的冲动。心理学研究还表明，在和谐的人际关系里，人们偏爱“增值回报”，受恩者往往会以更大的善意来回馈，以此来维护关系的平衡。当人们对别人的帮助心怀感激时，不仅能让自己感到满足，还能激发对方更多的助人行为。这种正向的循环就像一种魔力，让人际关系变得更加美好。

施恩不图报，受恩不忘报，这是深植于中华民族的传统美德。无论是慷慨施予的一方，还是接受善意的一方，心中都应常怀感恩之情。正是这样的心态，才能帮助我们建立起健康和谐的人际交往模式，使我们的生活更加明媚，充满暖意。

成长锦囊

难以回报的恩情，如何释怀?

当他人给予我们无私的帮助，而我们却难以立刻回报时，内心的负担就像一块沉重的石头。那么，我们该如何解开这个心结，释放内心的重压呢?

怀抱感恩之心是第一步。虽然暂时无法在物质上给予回馈，但我们可以传递自己的感激之情。一个深情的微笑，一句真诚的感谢，都能让对方感受到你内心的温暖。

试着将这份善意播撒得更远，去帮助那些需要帮助的人，用行动去书写爱与关怀。敞开心扉，讲述自己受助的经历，也是一种传递恩情的方式。这或许能点燃更多人内心的善良之火，激励他们伸出援手，促成更多善行的发生，让这份美好在世间流转，汇聚成强大的正能量。

感恩是一种美好的品德，不仅见证友情，而且能开启心灵的窗扉。虽然现在的你可能觉得力量有限，但山高水长，前路漫漫，珍惜每一份善意，相信未来你会以更出色的方式回报这份深厚的恩情。

疑人偷斧 ◆ 跳出人设框框 | 标签效应

成语出自战国时期列御寇所著《列子·说符》：“人有亡斧者，意其邻之子。”

成语“疑人偷斧”原意是指一个人怀疑别人偷了自己的斧头，因此觉得对方所有举动都像是偷斧的贼。比喻先入为主，毫无根据地胡乱猜疑。

古时候的一个小村庄，有个村民弄丢了一把斧头。他疑心重重，目光转向邻居家的孩子，怀疑是孩子偷了他的斧头。他看着那孩子走路的动作，觉得他步履蹒跚，鬼鬼祟祟，像是偷窃斧头后的心虚表现；他紧盯着那孩子脸上的表情，只见孩子的表情时而慌张，时而紧张，仿佛背负着重大的秘密，生怕被人识破；他听那孩子说话的口气，吞吞吐吐，支支吾吾，又似心中有愧，不敢与人正视。总之，那个小孩的一言一行都非常像偷窃斧头的贼，所有的一切都证实着自己的怀疑：斧头就是邻居家的孩子偷的。

后来有一天，这位村民在山沟中挖地时意外地发现那把丢失已久的斧头，原来是自己粗心，一时疏忽，把它遗忘在土坑里。从那一刻起，他再看邻居家的孩子时，觉得小孩的一举一动恢复了往日的自然，再也不带有半点偷斧的嫌疑。

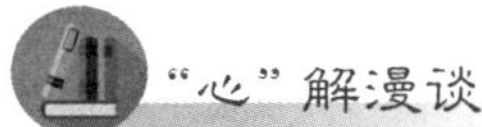

“心”解漫谈

人很容易受主观想法的影响，一旦给别人贴上标签，就会使自己的眼光和态度导向标签所指的方向。这种现象被称为“标签效应”，就像农夫断定邻居家的孩子偷斧，时时处处会发现“疑点”，怎么看别人都像贼，这充分体现标签效应影响对人的判断。

斯坦福大学心理学系罗森汉恩教授进行过著名的“假病人实验”。他招募八个人扮演假病人，假装幻听严重，结果八人中有七人被诊断为狂躁抑郁症。当被关入精神病院后，他们用正常的行为生活，不再幻听，也没有任何其他精神病理学上的症状，但是却没有一个假病人被任何一个医护人员识破。当假病人要求出院时，由于他们已经被贴上“精神病患者”的标签，医护人员都认为这些病人“妄想症”加剧。这项研究说明一旦人们认定某个人行为反常，就会把他的一切行为举止视为不正常。有时候，“病人”其实没有问题，倒是“医生”因为标签效应导致自己的判断标准出了偏差。

在医疗实践中，医生在诊断时会尽量审慎地使用标签，以避免给患者带来不必要的心理负担。此外，一项对高血压患者和健康人群的对照研究显示，在高血压未被诊断出时，患者的症状往往并不明显；然而，一旦确诊，患者可能会出现失眠、头晕、心情烦躁等多种不适感。这些不适感一方面可能由疾病本身引发，另一方面也可能是“高血压”这一标签引发的消极心理反应。这一现象同样揭示出标签效应对个体的自我认同产生强烈影响。

当然，标签并非总是负能量的枷锁，有时也能成为催人奋进的号角。古希腊著名雄辩家德摩斯梯尼年轻时，因为口吃而被人们贴上“无演说家天赋”的标签。然而，他并未因此被束缚而陷入沉沦，反而勇敢地撕下这张标签，给自己贴上“努力就能成功”的积极信条。他坚持不懈地练习，勇敢地追求自己的梦想，如同战士般与命运抗争，最终成为古希腊最杰出的雄辩家之一。

在教育领域，巧妙运用“标签效应”是一门教育艺术。每个孩子都是独此一份的珍宝，我们不应简单地用同一标签去定义他们。正面的标签如来自老师和家长的鼓励，如同温暖的阳光，能照亮孩子的优点，如同雨露，能滋养他们自信成长。那些如“坏孩子”“差生”这样的负面标签，就像乌云，会遮住孩子的光彩，让孩子陷入自我怀疑的泥潭。

因此，我们要智慧地运用标签，既要洞察每个孩子的独特之处，更要鼓励他们大胆撕去负面标签，自信地展现自我，用实力证明自己的价值。

成长锦囊

为何我们常常错看他人？

在日常生活中，我们难免会给他人贴上各种标签，如勤奋、懒惰、机灵鬼、迷糊蛋等。这些标签就像是大脑中的快捷方式，在迅速归类人群的同时，也掩盖了个体的复杂性，让人一不留神产生“误会连连看”。

例如，那个公认的“学霸君”，或许不光是学习高手，私下里还是个运动小能手，但我们似乎只盯着人家的成绩单不放。反过来，那些被贴上“淘气包”标签的家伙，心里可能也藏着个温暖的小太阳，乐于助人。

为了避免“错看”他人，我们应该用更开放的心态去看待每一个人。要多角度、全方位地扫描，别光盯着学习成绩单或者表面功夫。学会用“放大镜”寻找他人的闪光点，从其优点里“取经”。这样，我们才能更准确地认识他人，跳出刻板印象的框框，发现其独有的光芒。

相得益彰 ◆ 同行助力更添彩 | 共生效应

典故探源

成语出自汉朝王褒所作的《圣主得贤臣颂》：“若尧舜禹汤文武之君，获稷契皋陶伊尹吕望之臣，明明在朝，穆穆列布，聚精会神，相得益章。”

成语“相得益彰”的意思是彼此配合，互相补充，双方的特点和优势就能发挥得更充分，作用体现得更明显。彰：明显。

时光故事

王褒是汉代的一位文学才子。有一天，他灵感迸发，思绪穿越回到古代，生动描述尧、舜、禹、汤、文、武等伟大君主治理下的盛世繁华，挥毫写下了《圣主得贤臣颂》。王褒认为，这些帝王之所以能够成就一番伟业，关键在于他们慧眼识英才，能够重用对国家忠诚的贤能官员，诸如稷、契、皋陶、伊尹、吕望等人。

他在文章中这样写道：“若尧舜禹汤文武之君，得稷契皋陶伊尹吕望之臣，明明在朝，穆穆列布，聚精会神，相得益章。”其中，“明明在朝”指的是君王明智地将贤臣安置在朝堂之上，让他们充分发挥才能和智慧。“穆穆列布”则形容官员们有序地列队，团结一致。“聚精会神”生动地描绘他们全神贯注、专心致志的工作态度。而“相得益章”则形容君王与官员们相互配合、默契合作，淋漓尽致地展现各自的才能，使得整个国家的力量得到最大的发挥。

“心”解漫谈

在植物世界中，单独生长的植物常常显得弱不禁风，缺乏活力，甚至可能枯萎。然而，当众多植物聚集在一起生长时，它们却绿意盎然，展现出勃勃生机。这种植物间的相互影响和促进作用被称为共生效应。动物界中也有类似的现象。例如，白蚁与它们肠内的鞭毛虫之间就存在一种共生关系。鞭毛虫帮助白蚁消化硬邦邦的木头，而白蚁则为鞭毛虫提供安全舒适的居住环境和食物，简直是自然界里的互助典范。

人类社会中共生效应同样普遍存在。自古以来，成功的团队都建立在每个成员充分发挥自身优势，能够相互弥补不足的基础之上。英国的卡文迪许实验室便是典型代表。这个实验室自创立至今培养了数十位诺贝尔奖得主，被誉为科学界的圣地。科学家们在这里紧密合作，共同推动科学进步。这种"相得益彰"的状态，极大地提升了团队的整体实力。

在校园环境中，我们也能观察到共生效应的影响力。一个充满活力的集体不仅仅是学生们坐在一起听课，更重要的是他们在相互鼓励、合作与竞争中激发出学习的动力。人类社会中的共生效应使得同伴学习往往比独自学习更具成效。

常常有人说，现在的教育真是"卷"得不行，好多家长挤破头也想让孩子进名校、重点班，和尖子生们一起读书。然而，这是否总是最佳选择呢？答案并不那么简单，这种做法深受共生效应影响，还涉及孩子与同龄人互动中的心理变化。

一方面，当融入一个高水平的集体，与优秀的同学一起学习时，孩子会感受到来自环境的认可，体验到与成功者并肩的自豪。这种情感能够激发他们的自信心和上进心。这正是"与高手过招，方能成为高手"的智慧。

但另一方面，也有研究显示，在普通环境中表现突出的学生，往往自信满满，一旦进入高手如云的环境，他们可能会开始怀疑自己的能力，特别是在激烈的竞争环境下，经常产生挫败感，感觉自己总是矮人一截，这就有了"宁当鸡头，不为凤尾"的纠结。

如何看待这两种看似矛盾的现象呢？其实，它们并不是对立的，而是同时存在，相互补充的。与优秀者为伍确实能带来积极的激励作用，但非理性的竞争则可能会带来负面效应。因此，给孩子选择教育环境时，家长得多维度思考，"量体裁衣"，尊重孩子的个性特点和实际情况。

成长锦囊

对朋友依赖感太强怎么办？

当你的朋友没有及时回复你的消息时，你是不是会感到焦虑，甚至开始怀疑自己在他们心里的地位？这可能意味着你得调整一下对朋友的依赖度了。

别忘了，朋友和家人并非随叫随到的助手，他们同样有自己的生活节奏。所以，如果消息没有得到回应时，不必感到烦躁。这时，你可以试试放下手机，拿本书看看，或者聆听一段优美的音乐，让自己的心情逐渐平静下来。

降低对朋友的依赖，并不是说要和他们疏远，而是要学会在保持关系的同时，自己独立成长。试着把注意力从朋友身上转移到自己身上。心情不好的时候，找点自己喜欢的事情做，或者去做些能让自己开心的运动，比如出去走两圈，锻炼锻炼身体，这些都是调节心情的好办法。

太依赖朋友，就像走路老要靠着拐杖一样总想寻求依靠。遇到问题，先试着自己解决，真搞不定了，再找人帮忙，这样，你也能慢慢培养出自己的独立精神。

雪中送炭 ◆ 小细节里的大智慧 | 边际效应

典故探源

成语出自宋朝范成大的诗作《大雪送炭与芥隐》："无因同拨地炉灰，想见柴荆晚未开。不是雪中须送炭，聊装风景要诗来。"

成语"雪中送炭"的原意是下雪天给人及时送炭取暖。比喻在别人急需时，给予物质上或精神上的帮助。

时光故事

北宋淳化年间，东京城的冬天格外寒冷。一个风雪交加的日子，宋太宗坐在皇宫内，尽管身披裘袍，享受着炭火的温暖，却仍然感到寒气逼人。宋太宗曾经和宋太祖并肩打天下，深知江山社稷来之不易，他望着窗外的大雪，心中不禁涌起对百姓的忧虑："天气如此寒冷，那些在简陋房屋中生活的穷人们一定穿不暖，吃不饱，更没有炭火取暖，他们将如何度过这个冬天呢？"

于是，宋太宗立即召见府尹，他忧心忡忡地对府尹说："天寒地冻让我们这些有吃有穿有火烤的人都觉得难以忍受，那些缺衣少食、没有火烤的百姓，他们的处境更是艰难。你马上替我去慰问他们，帮助他们迅速解决这个燃眉之急。"府尹接到圣旨，立刻行动起来，准备好衣物、钱财、粮食和木炭，带领随从，冒着大雪，挨家挨户地将这些物品送到百姓手中。雪中送炭的善举不仅让老百姓感激涕零，而且这一举动更成为后世传颂的佳话。

"心"解漫谈

雪中送炭形象地描绘了在他人最艰难的时刻伸出援手的善举。这种行为之所以有价值，是因为它在别人最需要的时候提供最大的帮助，从而带来深切的感激，让人产生最大的满足感。在上述故事中，如果不是在冬天，而是在夏天送木炭，百姓可能就不会产生深厚的感激之情。这反映了一个有趣的心理学原理——边际效应。

边际效应是个来自经济学的概念，它向人们揭示出当逐渐增加某件消费品时，每多一点，所带来的满足感会逐渐减少。简而言之，就是“越多越不珍惜”。好比一个饥饿的人吃第一个面包时会感到特别幸福，但随着面包数量的增加，这种幸福感却逐渐递减。

为了进一步阐释这个原理，心理学家进行了一个实验：一个没有鞋穿的人意外得到一双鞋后，无论鞋子是否时髦合适，他都立刻给出高分。然而，随着他不断得到更多的鞋子，他对新鞋的评分却越来越低。这就是边际效应在作祟，即“下一双鞋”带给他的满足感在逐渐减少。

这种心理现象不仅仅出现在物质消费方面，它在日常的人际关系中也有所体现。对于那些在困难时刻伸出援手的人，人们往往会心怀更深的感激，因为他们在自己最需要的时候给予了帮助。反过来，当一切顺利时有人锦上添花，虽然人们也感谢他们的好意，但这种感激可能就不会那么深刻了。

边际效应也给出一个有益的提醒：在追求幸福的路上，并不是拥有的东西越多越好。很多时候，人们狂热地追求物质的累积，却忘了去体会内心的真实感受。时间一长，对现有资源的满足感就慢慢减少了。因此，要珍惜现有的资源，同时应尝试不断创造新鲜感，以保持生活的活力。比如，可以给旧文具贴上新标签，动手改造一下；或者参加活动时，尝试不同的角色和任务。类似的是，当学习新知识的时候，一开始可能会觉得很兴奋，但随着我们反复学习这些知识，这种满足感可能会逐渐降低，这就需要适时调整学习策略，以不一样的方式学习新的知识，以便提高学习动力。

了解边际效应的原理后，我们就能更明智地做决策了。在评估物品价值时，要理性看待它们带来的满足感。毕竟，真正的幸福感源自内心的满足，而非外在物质的堆砌。过度消费会导致边际效应递减，进而降低生活质量。在帮助他人时，要挑选那些真正需要帮助的人，学会“雪中送炭”，用心感受他们的需求，并及时送上温暖。发现生活中每个瞬间的边际效应，珍惜这些瞬间，我们才能真正品味生活的美好，感受到每一份实实在在的幸福。

为何我明明这么拼，却还是在原地打转？

你有没有觉得，有时候自己明明已经拼尽全力，却还是像在原地踏步？学新东西的时候，是不是老觉得自己没啥长进，看着别人都风风火火地往前冲？

问题的关键并不在于你是否足够努力，而在于你如何看待“努力”这件事。进步就像一棵静悄悄生长的树，需要时间的滋养、耐心的陪伴以及不懈的付出。慢慢积累的过程，看起来好像遥遥无期，甚至感觉像是得不到任何回报。但你知道吗？大多数时候，进步其实是在潜移默化中一点一滴发生的，直到某一天，你会突然发现，哇，原来我已经走了这么远！

要是你真想看到那些实实在在的成果，那就试着设定一个明确的目标吧，然后再把这个大目标拆解成一堆你跳一跳就能够得着的小目标。每完成一个，你都会获得一种“我真棒”的成就感，这也会让你更有劲头继续往前走。只要耐心地浇灌，成长就像你种下的那颗种子，总有一天，它会破土而出，绽放出属于你的那份精彩。

得寸进尺 ◆　积小胜为大胜 | 登门槛效应

成语源自西汉时期刘向编订的《战国策·秦策三》：“王不如远交而近攻，得寸则王之寸，得尺亦王之尺也。”

成语“得寸进尺”的原意是得到一寸，还想再得一尺。比喻贪心不足，有了小的，又要大的。

战国末期，秦国势力日益壮大，秦昭襄王怀揣着吞并六国的雄心壮志，准备进攻齐国。大臣范雎此时献上"远交近攻"之策，劝阻秦国攻齐。

他对秦昭襄王说："齐国离秦国很远，中间还隔着韩国和魏国。即使您打败了齐国，也很难统治那片遥远的土地。如果您想统一全国，就应该采取远交近攻的策略。对离我们远的齐国要暂时稳住，先把一些临近的国家攻下来。这样一来，秦国的版图就能不断扩大，打下一寸就是一寸，打下一尺就是一尺。当您将韩、魏两国兼并之后，齐国也必定保不住了。"

秦昭襄王听后茅塞顿开，为了防止齐国与韩、魏结盟，他派使者主动与齐国结盟。其后的四十余年，秦国继续坚持"远交近攻"之策。他们首先攻占韩国和魏国，并与齐国和楚国保持良好关系。随后从两翼进兵，成功地击败赵国和燕国，统一北方。接着，秦王又攻破楚国，平定南方。最后把齐国平定，终于实现了统一中国的伟大愿望。

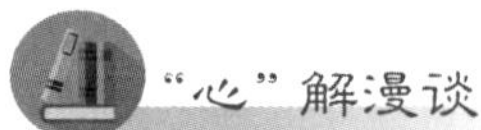

站在一座巍峨高山的脚下，它高耸入云的雄姿是不是会让你腿软，想直接

说“谢谢，下次吧”？然而，假如你从山脚下的第一级台阶开始，坚定地逐级踏步往上走，你会惊讶地发现，那座曾让你看似高不可攀的山峰，竟然在不知不觉中被你征服。这一切的背后推手，就是“登门槛效应”。

这个概念来源于一项有趣的心理学实验。美国社会心理学家弗里德曼与弗雷瑟尝试在两个居民区挂“小心驾驶”的大标语牌。在第一个居民区，他们直接向居民提出这个请求，但响应者很少，只有 17% 的居民表示同意。然而，在第二个居民区，他们改变了策略，先请居民在一份支持安全驾驶的请愿书上签字。这个小小的请求几乎得到了所有人的支持。几周后，当他们再次提出树立标语牌的请求时，竟然有 55% 的居民表示同意。

这项实验反映出人们的一种心理倾向：相较于直接面对复杂的任务，人们更愿意从简单、易行的小事做起。一旦成功迈出微小的第一步，接下来的步伐似乎就变得顺理成章，最终积小胜为大胜。这就是“登门槛效应”的魅力所在，也被人们形象地称为“得寸进尺效应”。

那么，这一效应背后的心理机制是什么呢？原来，人们内心深处有一种保持行为一致性的倾向。一旦应允了一个初步的请求，为了维护一致性，避免内心的矛盾冲突，人们会倾向于接受后续更大的请求。这种微妙的心理引导，就如同逐步抬升的门槛，循序渐进地指引人们翻越那些原本看似高不可攀的屏障。

“登门槛效应”不仅仅存在于实验室环境，它在人们的日常生活中也屡见不鲜。例如，在教育领域，教师会先给学生设定一个跳一跳就够得着的目标，等达成后再慢慢加码，学生会更有动力去挑战自我。同样，在人际交往中，如果你想得到他人的帮助，不妨从一个小而合理的请求开始。遇到大山一样的难题，拆分成“小土坡”，一个接一个攻克，你会发现，“得寸进尺”之下，世界突然变得好商量多了。

“登门槛效应”并非万能的魔法。在使用时，我们必须确保所提出的请求既合情合理，又能被对方欣然接受。此外，如果察觉到有人正试图步步紧逼，利用“登门槛效应”提出不合理的要求时，我们应明确而坚定地表达自己的想法，并勇敢地保护自己的权益。

面对挑战，别被那些看似遥远的目标吓倒。每一次胜利都是从小小的改变开始的。一点一滴积累起来，一步一个脚印地向前，你会发现，那些曾遥不可及的梦想，就在"得寸进尺"的旅途中，悄悄变成现实。

成长锦囊

遇到得寸进尺之人，我该如何应对？

生活中，总有那么一些人，你稍稍退让，他们就步步紧逼。面对这样的人，我们到底应该怎么办呢？

明确自己的边界必不可缺。可以回顾过去的经验，找出那些让自己感到心痛、愤怒的经历，这些很可能是因为我们的界限被打破。当他人试图得寸进尺地触碰我们的底线时，我们可以迅速做出判断，给予坚决的回绝。

对于那些总是喜欢占便宜、不懂得感恩的人，保持距离是明智之举。这些人根本不值得我们付出善心和同情，与其让自己深受其害，还不如尽早远离他们并切断联系。

面对无法满足的请求，温和而坚定地拒绝是必要的。你有权维护自己的权益，大多数人会理解你的立场。当遇到那些强人所难、不懂得感恩的人时，我们可以直接回复"不"，如果对方仍然纠缠不清，那就更坚定地告诉他们："绝不"。

画蛇添足 ◆ 过犹不及的代价 | 超限效应

典故探源

成语出自西汉时期刘向编订的《战国策·齐策二》："一人蛇先成，引酒且饮之，乃左手持卮，右手画蛇，曰：'吾能为之足。'"

成语"画蛇添足"的原意是画蛇的人无中生有地给蛇添上足。比喻多此一举，反而适得其反。

时光故事

战国时期，楚国的一位贵族在祭祖之后，将一壶美酒赏赠给为他办事的几个工作人员。大家看着那壶酒，脸上流露出欣喜之情，但同时也觉得酒似乎不够每人痛饮。经过商议，众人决定举行画蛇比赛，谁先画好，酒就归他一个人畅饮。

于是，大家就蹲在地上，开始专心致志地画起蛇来。其中一人手法娴熟，很快就画好了一条栩栩如生的蛇。当他刚要伸手去拿酒壶，却看到其他人还在手忙脚乱地忙活着。他心生一计，左手端起酒壶，右手又在地上继续画起来，还得意洋洋地说："你们看，我还能给蛇添上足呢！"

然而，正当他认真地给蛇画足时，另外一个人已经迅速地画好了。那个人立刻把那壶酒抢过来，毫不客气地说："蛇本来就没有足，你怎么能够给它添上足呢？"说完，他举起酒壶，痛痛快快地喝起酒来。而那个替蛇添足的人，只能在一旁眼巴巴地看着，心中充满懊悔。

"心"解漫谈

画蛇添足的故事大家都耳熟能详，画蛇时硬添上足，蛇便不像蛇了。这故事告诉我们，做事应有度，超过必要限度，多余之举不仅无益，反而可能适得其反。这不只是画画的道理，更是生活的哲理。

美国作家马克·吐温就曾体验过这种“过度”的困扰。有一次，他在教堂听牧师演讲。一开始，他觉得牧师讲得有道理，就准备捐出自己所有的钱。然而十分钟过去，牧师依旧滔滔不绝，马克·吐温感到有些不耐烦，决定只捐些零钱。又过了十分钟，冗长的演讲还在继续，于是他决定分文不捐。终于等到牧师演讲结束开始募捐，马克·吐温由于极度反感，不仅未捐分文，反而从募捐盘中拿走了两元钱。

在生活中，我们也有可能经历这种“好心办坏事”的时刻：当你犯错后，父母总是一个劲地批评你。起初，你还因为自己犯错而感到愧疚，可是当父母没完没了地数落你的时候，你可能会开始感到厌烦，甚至可能产生逆反心理，与父母对着干。他们越是强调向东，你越可能朝西。

在心理学上，这种现象被称为“超限效应”，指的就是如果一种刺激过多、过强或作用时间过长，就会引起人心里极不耐烦或逆反的心理现象。那么，明明知道效果不佳，为何父母总是难以自控地唠叨呢？

有些父母没有意识到孩子已经长大，仍然把孩子看作需要全方位呵护的幼苗，不自觉地一遍一遍叮嘱，就跟复读机似的，生怕出现任何差池，却忽视孩子日渐增长的独立性需求。还有些家长可能因为不自信，希望孩子能达到他们设定的标准，反复唠叨，甚至寄望用孩子的成功来填补自身未完成的人生遗憾。另外，部分家长控制欲过强，频繁地指导孩子的行为，以维护自己在家庭中的权威地位，也容易变成话痨。

为避免因过度干预而引发孩子的抵触情绪，家长在指导孩子时，得学会灵活调整频道，找准说话的方式和时机，做到“批评也要看天气预报”。对孩子来说，“犯一次错，只批评一次”是值得考虑的原则。如果确实需要再次提醒，也得换个花样，从不同的角度或用不同的方式来表达，别老是“炒冷饭”。这样，孩子才不会觉得“这错我犯了一万遍”，同样的错误总是被揪住不放，从而产生逆反心理。

我国传统绘画讲究“疏可走马，密不透风”，强调画面布局的巧妙，空白也是美的一部分。同样，我们在与人交往时，无论是批评还是表扬，都应该借鉴这种“布白”的艺术，话不要说得过满过多，给彼此留点空间，以便达到恰到好处的效果。

成长锦囊

如何在交换礼物时避免尴尬?

生日聚会时，礼物交换环节是不是总让你头疼？担心礼物价格太高，或者收到的不是自己喜欢的，老是收到重复的礼物也挺无趣的吧？

你其实不需要给每个人都准备礼物。选择那些你真正关心的人，根据他们的喜好挑选一份贴心的礼物，这不仅能打动人心，还能节省不少开支。

交换礼物时，别把期望值设得太高。礼物不一定要多贵重，有时候小巧精致的东西反而更暖心。每个人挑选礼物时都是尽心尽力的，因此，不管收到什么，都要心怀感激，毕竟礼轻情意重。

如果活动规定了礼物的价位，那就按要求准备。别图省钱而降低品质，也别太奢华引人非议。挑选一个性价比高的礼物，既不失礼又实惠。

如果收到的礼物不是自己想要的，不要因为要勉强使用而表现出不喜欢的样子。可以先收起来，找机会送给需要的人。这样既尊重了送礼者的心意，又不会造成浪费。

明哲保身 ◆　该出手时应出手 | 旁观者效应

典故探源

成语出自《诗经·大雅·烝民》：“既明且哲，以保其身。夙夜匪解，以事一人。”

成语“明哲保身”的原意是明于事理的人善于自保。现在多形容为了保住个人利益，回避原则斗争的庸俗作风。

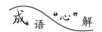

时光故事

西周时期，外族经常入侵。周宣王派出尹吉甫和另外一位大臣仲山甫前去征讨。在并肩作战的日子里，尹吉甫发现仲山甫很有才能，忠心耿耿，对他十分钦佩。两人关系融洽，配合默契，同心协力抵御外族入侵，为巩固周王朝的统治，立下不少汗马功劳。

后来，周宣王又派仲山甫到齐地去筑城。尽管知道齐地十分艰苦，筑城任务非常艰巨，仲山甫还是毫不犹豫地动身前往。在仲山甫即将启程之际，尹吉甫特地创作了一首名为《烝民》的诗篇相赠。诗中四句是"既明且哲，以保其身；夙夜匪解，以事一人"。意思是说仲山甫是一个深明事理的人，既能保证自己的安康，又能日夜操劳，毫不懈怠，兢兢业业地忠于君王。

后来，人们从"既明且哲，以保其身"中引申出成语"明哲保身"。这个成语最初是褒义的，指明智的人不参与可能危及自身的事。然而在使用过程中，它的语义逐渐转变为贬义，形容那种只顾个人利益、回避原则斗争的庸俗作风。

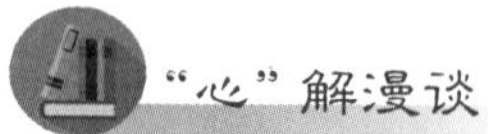

"心"解漫谈

碰到有人遇难的危急关头，现场目击者明哲保身，采取"各人自扫门前雪，不管他人瓦上霜”的行为，这往往为人们所不齿。心理学家巴利和拉塔内曾设计了一项经典实验来研究哪些因素会影响人们的救助行为。

研究者邀请了 72 名纽约大学的学生参与这项实验。他们告诉被试将以 2 人组、3 人组或者 6 人组的形式，讨论都市大学生个人问题。他们各自处于被隔开的工作间里，只能通过对讲机交流。首先参与交流的是一位男性假被试，他诉说很难适应在纽约的生活和学习，并承认压力重重，经常出现半癫痫发作状态。等到第二轮该他讲话时，他忽然开始变声，说话前后不连贯，呼吸急促地说“老毛病又快要犯了”，并上气不接下气地呼救“我快死了，救救我，啊呀……”在大喘一阵后，一点声音也没有了。

实验中，以为只有自己单独和有癫痫病的那个人在谈话的被试，有 85% 的人会冲出工作间去报告有人发病，甚至在病人还没有出声呼救时，就赶快找人帮忙；而那些认为还有其他人也在参与交流的被试，只有 31% 的人会有所行动。

心理学家根据这项实验提出“旁观者效应”，认为在危机现场，人数越多，救助行为出现的可能性反而越低。这是因为人们往往不清楚到底谁应该采取行动，或者持观望态度，期待着超级英雄从人堆里冒出来，从而导致责任分散。例如，在火灾现场，有的人可能会误以为别人已经报警，因此没有采取任何行动。

此外，为了避免因举止不当而受到嘲笑，人们可能会先观察在场其他人的反应，再决定是否进行救助。这种心理机制在群体人数较多时尤为明显，因为个体在群体中更容易受到从众心理的影响。当面临与群体行为不一致的举动时，个体可能会担心承担被批评或被嘲笑的后果。因此，当其他人没有行动时，个体也往往先按兵不动，视情况再决定是否救助，让人感觉十分冷漠。

要对抗社会的冷漠，改变“旁观者效应”带来的责任分散问题，既要有挺身而出的勇气，传播正能量的责任感，也需要采取一些策略来打破困境。例如，在实施求助时，尽量将责任具体化到个人，让每个人都清楚自己的责任所在，减少推诿，不再观望，救援行动也会更加高效。在紧急情况下，可以大声明确地向某个特定的人求助，最好直接点名道姓“嘿，穿红衣服的你，快来帮个忙！”这样不仅可以引起他人的注意，还能激发他人的责任感，“事不关己，高高挂起”的态度才会转变，从而更有可能得到及时的援助。

成长锦囊

怎样主动帮忙，才能不显得多管闲事？

有没有遇到过这样的情况：你出于好心想帮个忙，结果却被人误会是多管闲事，热心反而招来了不必要的争论？

要恰当地提供帮助，首先要明确对方是不是真的需要帮忙。如果对方并没有明确表示需要援助，我们的热心可能就会被看作是干涉。所以，等对方主动提出需要时，我们再出手相助，这样会更得体。

还有一点很重要，就是要掂量掂量自己的能力。对于那些超出我们能力范围的事情，还是要谨慎承诺，以免好心办了坏事。比如说，在小组合作的时候，别一股脑儿揽太多任务，免得到时候因为自己的进度不利，反而拖了团队的后腿。

当然，选择什么时候帮忙、怎么帮忙也是个技术活。说到底，每个人都有自己的一套生活方式。要避免在别人忙得不可开交的时候打乱别人的节奏，引发别人的反感。我们得保持点分寸感，尊重别人的空间，别太过操心。这样一来，我们的帮助才更容易被人接受，也才能真正传递我们的善意。

以身试法 ◆ 跨越警戒线 | 偏差行为

典故探源

成语出自东汉时期班固等编撰的《汉书·王尊传》：“故行贪鄙，能变更者与为治。明慎所职，毋以身试法。”

成语“以身试法”的意思是明知法律严格禁止，却还亲身去做触犯法令的事情。比喻明知故犯。以：拿，用。身：身体，性命。试：尝试。

时光故事

西汉时，安定郡官场混乱，官吏与地方富绅勾结，鱼肉百姓，民怨沸腾。安定郡太守王尊到任后，决心严厉整治，彻底改变这一乱象。他张贴告示，告诫各级官员要忠于职守，以身作则，为下属树立榜样。同时表示，自己愿与属下共勉，恪尽职守，秉公守法，为民树立楷模。对于过去有违法行为的官员，如果能改正错误，他将既往不咎，希望大家明白各自职责，不要以身试法。

看到告示后，官吏们知道王尊会动真格的，纷纷收敛行为，不敢再触犯法规。当时郡里有个心狠手辣的贪官，他搜刮民脂民膏，引起极大民愤。告示贴出后，这个贪官仍不见改悔。于是，王尊毫不手软，果断将其缉拿归案并依法惩处。这个贪官入狱后不久便因病身亡。接着，王尊又惩办了一批罪行严重且不知悔改的豪强，使得安定郡的吏治为之一新。

王尊廉洁奉公，疾恶如仇，执法如山，受到百姓的爱戴，一时传为美谈。

“心”解漫谈

在社会的大舞台上，我们每个人都按照一定的规则扮演着各自的角色。然而，总有一些人，或许是受到某种难以抗拒的诱惑，不惜以身试法，或许是出于好奇，选择偏离常规，走上与众不同的道路——偏差行为。这种行为不仅对个人成长造成深远影响，也对社会秩序和和谐稳定构成挑战。

在社会学研究中，偏差行为，又称越轨行为，是指超出常规、偏离或违背社会道德、纪律规范和法律规范的行为。通常将偏差行为分为一般偏差行为和严重偏差行为，前者通常指轻微偏离社会规范的行为，包括不道德行为和轻微违法行为；后者则是指犯罪行为。这些行为在青少年群体中一旦发生，常常成为媒体的头条，引发公众的热议。那么，我们不禁要问，为何会有人选择踏上这条列入禁忌且充满风险的道路呢？

不同的心理学派对偏差行为作了解释，从不同角度揭示其中的奥秘。心理学家弗洛伊德指出，每个人的内心都隐藏着原始的冲动，这些冲动有时可能会转化为潜在的犯罪倾向。幸运的是，社会化进程就像是一道防火墙，能够有效地遏制这些冲动。然而，当某些人在社会化的道路上迷失方向时，他们可能会发展出某种人格障碍，进而展现出犯罪行为。

心理学家科尔伯格则从道德发展的角度进一步阐释了偏差行为的成因。他将个体的道德发展划分为前习俗水平、习俗水平和后习俗水平三个层次。他认为，那些能够顺利穿越道德阶段的人，会真正地理解和遵守社会的法律制度。但那些未能成功跨越的人，可能会陷入道德的迷宫，成为潜在的偏差者。

行为主义学派的心理学家则认为人们的行为是通过奖励来塑造的。有些人通过观察他人的偏差行为及其“成功”的后果，从而学会了这种行为。例如，当一个人看到朋友在商店偷窃却逍遥法外时，他可能会认为这既无风险又有回报，就更有可能铤而走险。

值得注意的是，犯罪行为作为偏差行为的极端表现，其背后的心理演变过程更为复杂。这一过程通常始于个体与不良群体的交往，同时受负面环境的长期影响，为滋生犯罪心理提供温床。随着时间的推移，个体开始认同消极的社会信息，恶化不良心理状态，并逐渐发展出不成熟的人格特质，更有甚者发展为反社会人格。一旦个体初次尝试违法行为并尝到甜头，那些原本偶尔发生的不良行为便会转变为违法行为倾向，最终形成犯罪心理。

生活中的实例有力地证明了这一点。比如，有一名学生因为长期沉迷于网络游戏，逐渐对学习失去了兴趣，开始厌学、逃课。随后在与不良群体的接触中，他先是学会了偷窃，后来行为进一步升级，发展到了抢劫的地步。这个案例清晰地展示了偏差行为如何逐步演变为犯罪行为的过程，同时也警醒我们要密切关注青少年的心理健康以及他们所处的社交环境。

偏差行为是一个多维度、成因复杂且影响深远的社会现象。无论如何，当一个人面临跨过警戒线时，请三思而后行，不要因为一时的好奇而“以身试法”。因为天网恢恢，疏而不漏，每个人最终都要为自己的行为承担后果。通过家庭、学校和社会的共同努力，可以有效预防和干预偏差行为，帮助个体回归正常的社会轨道，促进其健康成长。

成长锦囊

如何避免被校园欺凌?

你是否曾在校园中被无端排挤，遭受过恶意的嘲笑甚至莫名的欺辱？为了守护自己的尊严和心灵，我们必须坚定地告诉欺凌者：“我不是你可以随便欺负的！”绝不容许自己成为任人欺凌的“软柿子”。

明智的做法是避免独自处于可能发生欺凌的环境。保持与同学及老师的紧密联系，不要害怕展现自己的脆弱，遇到问题时及时寻求他们的帮助。同时，积极拓展友谊，建立一个支持你的社交网络，为自己在校园中筑起一道坚实的后盾。

若不幸遭遇欺凌，保持冷静极其重要。要有意识地收集相关证据，以便在必要时进行有力的自卫。同时，注意自己的言行，避免因误解或不当行为而卷入不必要的纷争。

“胯下之辱”式的忍让是有限度的。过度的忍让等同于懦弱。勇敢地站出来，切勿助长欺凌者的嚣张气焰。保护自己是你的权利，也是你的责任。

知人善任 ◆ 发现你的职业星光|人职匹配理论

典故探源

成语出自汉朝班彪所作《王命论》:"盖在高祖,其兴也有五:一曰帝尧之苗裔,二曰体貌多奇异,三曰神武有征应,四曰宽明而仁恕,五曰知人善任使。"

成语"知人善任"的意思是能够识别人才并善于使用人才。知:了解、识别。善:善于、擅长。

时光故事

春秋时期,郑国的国相子产善于发现每个人的特长,能够挑选有能力的人委以重任。

冯简子是能决断国家大事的智者,他的见解总是一针见血,直指核心。每当国家遇到重大决策时,子产总是首先请教他。而子太叔仪容秀美,文静有礼。每当有外国使节来访,子产便派他出面,用风度和智慧赢得宾客的尊重。公孙挥是郑国的外交智囊。他对邻国官员的背景、职务和特点等情况了如指掌，子产常让他参与外事谈判。裨谌善于谋划，只有在宁静的郊外才能深入思考。子产便常常与他一同乘车前往郊外，让他在自然的怀抱中发挥智慧。

每当裨谌提出精妙的策略，子产便将这些策略告诉冯简子，让他参与决断。当计划成熟后，子产便交给子太叔执行，发挥他做事细致周到的特长，确保计划顺利实施。

在子产的领导下，每个人都能在最合适的位置上发挥作用，郑国的国事几乎无往不利，少有挫折和失败。

“心”解漫谈

在我们的生活中，有一种智慧叫作“知人善任”，也就是把合适的人放在合适的位置上。你知道吗？这种智慧其实和心理学中的“人职匹配理论”有着密切的关系。

人职匹配的基本原理是不同个体有不同的性格、才能，而各种各样的职业由于工作性质、环境、条件、方式各不相同，所以对工作者的知识、能力、气质、心理素质等也有不同的要求。因此，在进行职业决策时，应选择与自己的个性特征相适应的职业，这样才能干得顺心顺手。

心理学家霍兰德将人格划分为六种类型：研究型、社会型、企业型、艺术型、现实型和常规型。这些类型不仅揭示了人们的兴趣所在，还指出了可能适合的职业领域。举例而言，若你属于研究型，科研或学术工作将是你的不二之选；若你倾向于社会型，则教育或社会服务领域将是你的舞台。企业型人格者善于交际，有领导才能和雄心壮志，适合在政治、企业管理、市场营销等领域大展拳脚。艺术型人格者则天赋异禀，擅长音乐、绘画、体育运动等，因此艺术创作、设计、表演等行业将是他们的理想选择。动手能力强的人，即现实型人格者，将在建筑、机械等技术性岗位上驾轻就熟。而那些性格稳重、条理清晰，即常规型人格者，会计、秘书等事务性工作将是他们的拿手好戏。

那么，如何才能寻找到最适合自己的职业呢？霍兰德提出一个三步走的匹配策略：先对个性进行深度自我剖析，再开展职业全面扫描，仔细研究各种职业的需求，最后是个性与职业的精准对接。这种策略能够帮助个人找到与自身特点最为契合的职业定位，有效提升职业满意度。例如，内向的学生可能会觉得在团队项目中感到很吃力，而外向的同学却热衷于社交互动，如鱼得水。有了霍兰德的理论做指导，我们不仅可以更深入地了解自己的性格特点和优势，还能通过实习、参观等方式亲身感受不同职业的工作环境与氛围，从而更准确地锁定最适合自己的职业，充分施展才华。

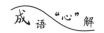

"人职匹配理论"着重指出，个人的性格特点和兴趣应当与所选择的职业相契合。在这样的工作环境中，你将能够如鱼得水，淋漓尽致地展现你的才华。然而，若置身于一个并不适合自己的职场，便如同一条鱼被困在沙漠之中，无力挣扎。"人职匹配理论"好似一把魔力之钥，助我们打开生涯决策的大门，引导我们探寻到那份最能发挥自我、最符合自身特质的职业。在这个探索过程中，我们每个人都有可能发现自己的职业星光，让职业生涯满载欢乐与成就感。

成长锦囊

只有外向的人才能成为领导者吗?

你是否曾疑惑，是否只有外向、健谈的人才能胜任领导者的角色？毕竟，在大多数人的心目中，领导者似乎总是积极主动、擅长社交的。然而，这种看法早已过时。

诚然，外向的人往往能迅速融入团队，给人留下深刻印象，但领导力的真正含义远不止于口才和社交技巧。内向和谦虚的人，尽管起初可能不显眼，但他们的细心、专注和深思熟虑，却是团队中宝贵的资产。

那些看似不善言辞、喜欢关注细节的人，初识时可能让人觉得难以接近。但随着时间的推移，你会发现他们其实是团队中最靠谱、最值得信赖的人。他们对每个小细节的把控，往往能为团队带来意想不到的成就。

每个人都有潜力成为出色的领导者，无论你内向还是外向，只要你有心，愿意为团队全心全意地付出努力，都可以成为引领团队前行的那个人。

后　记

让生活充满趣味

长久以来，我对成语与心理学的交融之美一直抱有浓厚的兴趣。无论是在学校举办心理讲座，还是在报纸杂志上撰写专栏时，我从不掩饰对这一主题的偏爱，陆陆续续也积累了一些写作素材。

随着基础教育课程改革的不断深化，中华传统文化的传承在学校教育中愈发受到重视，同时，加强不同学科间的知识融合，打破固有的学科界限已成为当前教育改革的重要方向之一，这激发了我系统梳理以往讲稿的念头。当我翻开尘封的旧文，那些连带被记录下来的时光片段，便恍若昨日重现。我回想起在上海书城埋头查阅成语词条的情景，还有数次溜回华东师范大学图书馆核查专业术语的难忘经历。重新体验那些凝固在心底的情感与心境，我不得不由衷地感叹：文字，你真是个神奇的存在！在上海教育出版社隋淑光编辑的热情鼓励下，我备受鼓舞，下定决心将这些素材整理成书，以此实现心底埋藏已久的愿望。于是，在近一年的时间里，我的思绪如汩汩流淌的细流，欢快地奔腾着，最终汇聚成了你手中的这本书。

我喜欢心理学，这是一门散发着无穷魅力的学科。它如细水长流，悄无声息地渗透到人们生活的每一个角落，关注着我们自己以及日常遇见的每一个人，揭示出生活的无限奇妙。随着社会的进步，心理健康问题越来越受到人们的重视。虽然许多人通过自助读物开始接触心理学，但那些聚焦于精神异常或情绪障碍的标题常常令人误解，以为心理学只关注这些异常情况。其实，这只是心理学博大精深领域中的一小部分，好似露出水面的冰山一角，它还有更多引人入胜的方面等待人们去了解。

我很高兴能借这本书，以成语故事为引，与大家分享心理学的知识和生活感悟，共同营造一种积极向上的心理健康教育氛围。我衷心期盼，通过这样的方式，能让读者朋友们感受到心理学的魅力——它其实是一门与我们日常生活紧密相连、充满无限趣味的科学。它不仅易于理解，而且无论年长者年幼者，都能从中汲取智慧与力量。诚然，学习心理学或许不会直接提升你的考试成绩，也无法让你的运动能力突飞猛进。但是，它能够引导你更深刻地洞察自我，学会以全新的视角去审视生活的每一个细微之处。

所以，欢迎来到这个充满趣味与神奇的心理学世界！在这里，我们将一起领略成语文化的深厚底蕴，深入探索人性的奥秘，共同揭开心理学的神秘面纱。每一篇文章都将带你走进发现之旅，让你感受到心理科学的趣味。

感激黄浦区教育局的资助计划以及黄浦区教育学院师训部的全程指导。这份难能可贵的支持，犹如一束明亮的光芒，照亮了我专业成长的道路。借此机会，我将自己的思考与感悟付诸文字，这不仅是我个人成果的展示，更是我从事心理健康教育工作二十多年来初心不改的体现。

感谢我的儿子天天。从儿时我讲你听的床边故事时光，到如今你我之间深入讨论的激烈交锋，我高兴地看到你不断在进步，正在积极思考生活的意义。你曾经提出这样的疑问："（关于心理健康教育）我们不知道的你们不讲，我们知道的你们反复讲，你们到底在忙些啥？"这番灵魂拷问让我意识到，不断更新自我，找寻并传授真正有价值的知识，是一名心理教师的重要职责。

我也要向我的太太小鱼表达深深的感激。你默默的支持与包容，让我在家庭与工作之间找到了平衡。每当我心思飘忽，愤悱不已之时，你总是耐心地提醒我把握生活的重心。你善解人意，总是体贴地不揭穿我借口写作逃避家务的小把戏，这让我感到既温暖又愧疚。

此外，我要特别感谢 Joyce。为了满足我对图文并茂的要求，你重拾画笔，不断为这本书注入新的创意。你所创作的插画，就如同你儿时收集的那些烟标、糖纸与火柴盒贴画一样，虽然简洁，却灵动鲜活，为这本书增添了许多生动的气息。

同时，我要感谢我的父母。你们常说自己"没本事"，却总能用智慧的爱鼓励我进步。你们的健康平安，让我能够无后顾之忧地追逐梦想。

书中的许多细节，总让我想起那些伴我成长的朋友们。真心感谢你们长期以来的信任与支持！回想起我们年少时一起追风的日子，以及那些并肩学习的岁月，和你们在一起的时光总能激发我的潜能。与你们的心灵交流，也是我完成这本书的重要动力。非常感谢你们给予我的各种帮助，我也会将那些既有趣又深刻的见解分享给更多的人。

仍然记得，在丽娃河畔那座圆形实验室里，我完成自己的第一份心理测量报告，也首次体验被人催眠的奇妙感觉。在那里，我有幸遇到众多心理学领域的大咖级老师。他们躬耕讲坛，谦以待人，认真严谨，无论为人还是为学，都是我学习的榜样。在此，我要向他们致以最深的敬意！

最后我要感谢每一位正在阅读这本书的读者朋友们！愿我们都能够被热爱所包围，让生活充满趣味。人本心理学家卡尔·罗杰斯说过："成为真实的自己，是每个人的权利，也是通向更丰富人生的必经之路。"希望每一个用心生活、全力以赴的人，更能理解生命中的共鸣与共情，都能收获属于自己的幸福和成就感。

曾强

2024 年 6 月

图书在版编目（CIP）数据

成语"心"解 / 曾强著. — 上海：上海教育出版社，2025.3. —（黄浦区教师学术成长书系）. — ISBN 978-7-5720-3417-6

Ⅰ. G633.302

中国国家版本馆CIP数据核字第2025HS2232号

责任编辑　隋淑光
封面设计　王　捷

Chengyu Xin Jie
成语"心"解
曾　强　著

出版发行　上海教育出版社有限公司
官　　网　www.seph.com.cn
地　　址　上海市闵行区号景路159弄C座
邮　　编　201101
印　　刷　上海商务联西印刷有限公司
开　　本　700×1000　1/16　印张 25.75
字　　数　380 千字
版　　次　2025年3月第1版
印　　次　2025年3月第1次印刷
书　　号　ISBN 978-7-5720-3417-6/G·3055
定　　价　98.00 元

如发现质量问题，读者可向本社调换　电话：021-64373213